WIZARD

WIZARD BOOK SERIES Vol. 92

投資家のための
マネーマネジメント

資産を最大限に増やすオプティマルf

Ralph Vince
ラルフ・ビンス[著]

長尾慎太郎[監修] 山下恵美子[訳]

Mathematical Trading Methods for the Futures, Options, and Stock Markets

Portfolio
Management
Formulas

Pan Rolling

Portfolio Management Formulas : Mathematical Trading Methods for
the Futures, Options, and Stock Markets
by Ralph Vince

All Rights Reserved. Authorized translation from the English language edition published
by John Wiley & Sons,Inc.

Copyright © 1990 by Ralph Vince

This translation published by arrangement with John Wiley & Sons International Rights, Inc.
through The English Agency (Japan) Ltd.

日本語版への序文

　今から15年以上も前のことになるだろうか。与えられた条件下でトレーダーが売買すべき「最適な」枚数を割り出す方法を模索して、私は数カ月にわたる悪戦苦闘の真っただ中にいた。通常は結果が2通りしかないギャンブルに適用されるいわゆる「ケリーの法則」というものを、一連のトレードに応用する方法を見いだそうとしていたわけである。平凡な毎日を送るわが身にとって、これほど楽しい刺激はなかった。その間の数カ月というもの、この数学的な問題は寝ても覚めても頭から離れず、私は夢中になって考え続けた。ある日のこと、意外にもシンプルな解答が突如ひらめいたのである。そのとき脳裏に浮かんだものはひとつ残さずメモを取り、記録した。本書はそのときのメモをまとめたものである。

　当初はこのシンプルな解答が現実世界でも十分通用するものだと楽観視していた。確かにそれは数学的に「最適な」解答ではあった……。

　リターンを、しかも過去の一連のトレードのリターンを最大化するという意味では。

　しかし、大地がわれわれの足元で常に動いているように、現実世界も絶えず変化している。

　これらの公式を現実世界に応用するに当たって、自分自身はもちろんのこと、ほかの多くの人にも試用してもらった。大概の場合は素晴らしくうまくいったが、喜びもつかの間。またしても、大地がわれわれの足元で動いていることを実感させられるはめになった。

　公式そのものに問題があるわけではない。しかし、いざ応用しようとすると、2つの厄介な問題に阻まれて立ち往生してしまうのだ。問題のひとつは、公式への入力として用いた過去のデータが変化してしまうこと、そしてもうひとつは、これらの公式を導入しようという側に相応の覚悟がないことだった。

本書で紹介する公式は出発点にすぎない。厳密な手法というよりも、定量化問題をどう扱わなければならないかを考えるための手段といったほうがよいだろう。本書は、ひとつの口座においてトレード可能なレバレッジを考えるための枠組み、つまりポートフォリオ構築のための枠組みの基礎を学ぶうえで役立つものである。少なくとも私は本書をそのように位置付けている。

　本書は理論だけの本ではない（本書で提示する公式は単なる仮説ではなく、すべて証明可能である）。本書は実用化を目指すための基礎となるものであり、特にアグレッシブなトレーダーを対象とするものである。

　これらの公式を導入しようという人々を見て私が感じたことは、人は一定の痛みの範囲内でリターンを最大化することを求めているということである。しかし、痛みを一定範囲内に抑えることは、本書の趣旨とするところではない。

　とはいえ、人間というものは弱いものであり、結局は耐えられる痛みには限度があるのが現実だ。

　本書はリターンを最大化するための数学の基礎について書かれたものではあるが、痛みに対する限度は設けていない。個人が耐え得る痛みの範囲内でリターンを最大にするための方法は、今後の研究課題となるであろうが、そういった将来的な研究を進めるための基礎固めとしても、本書はきっと役立つはずである。

2005年8月

　　　　　　　　　　　　　　　　　　　　　　　ラルフ・ビンス

監修者まえがき

　本書は、株式や先物の運用における最適なマネーマネジメント手法を解説した『Portfolio Management Formulas』の邦訳である。本文中にあるように、いかに優れた運用ストラテジーをもってしても、レバレッジの選択を誤れば、良好なパフォーマンスを期待することはできない。最終的な損益は、ひとえにストラテジーの優位性とマネーマネジメントの巧拙にかかっているのである。

　さて、資金運用において結果の優劣を決定的に分けるものとは何であろう？　奇妙に聞こえるかもしれないが、私の見たところ、それは個々人が日々納得してトレードを行えているか否か、ということに尽きる。そのためにはとりもなおさず、トレードに当たって「不安がない」ことと「手際がよい」ことが絶対に必要である。このどちらかを欠いた不本意で無責任な運用からは、生じた損益の多寡に関係なく、後味の悪い思いが残るだけである。

　クオンツ運用であれ、ボトムアップの定性的な判断による運用であれ、いわゆる情報というものは常に不確実で曖昧なものであるが、好むと好まざるとにかかわらず、私たちはそういったものに依拠して分析や考察を行わざるを得ない。したがって、自分自身が不安定な状態では、なおのことまっとうな結果はおぼつかないのである。

　逆に、迷いがなく、かつ手際よくトレードが実行できていれば、目先の損益に拘泥することなく常に落ち着いて運用に取り組める。さらに、そういったアプローチは運用における技術や感覚を向上させ、非定常的なマーケットにおいて私たちに柔軟で臨機応変な対応を可能とさせるのである。いかなる状況においても適切な行動がとれるという自信や、短期的な結果に心理状態が左右されない謙虚さこそ、個人投資家や機関投資家を問わず、運用者が目指すべきものである。

この書籍で著者のラルフ・ビンスは数学的に最適とされるレバレッジの決定方法（オプティマルｆ）を示した。書かれている内容を把握するには初歩的な数学の知識を必要とするものの、昨今のコンピューター（PC）をもってすれば、だれでも簡単に必要な計算を行うことができる。そして実際にトレードコンテストにおいてこのマネーマネジメント手法を採用したラリー・ウィリアムズは１年で資金を100倍以上にし、ビンスの理論の正しさを証明してみせた。読者におかれても、オプティマルｆを理解することで、マネーマネジメントに関する迷いは払拭され、自分の持つ運用手法のエッジを限界まで引き出すことができるであろう。

　原書の出版以来長きにわたり名著の誉れ高かった書籍の邦訳を世に出せることは、関係者一同の誇りとするところである。できるかぎり末永く多くの人に読み継がれ、それが個々人の納得のいくトレードにつながることを願う。

　最後に、翻訳に当たっては以下の方々に心から感謝の意を表したい。山下恵美子氏には正確な翻訳をしていただいた。そして阿部達郎氏にはいつもながら丁寧な編集・校正を行っていただいた。また、本書が発行される機会を得たのはパンローリング社社長の後藤康徳氏の慧眼と責任感の強さ、決断に負うところが大きい。

2005年9月

長尾慎太郎

アーレンへ

CONTENTS

日本語版への序文 ... 1
監修者まえがき ... 3
序文 ... 9

序論――本書について ... 13
   クオンツの世界への誘い ... 16
   本書で扱わないもの ... 18
   本書の構成 ... 19
   自明のことほど見落とされる ... 20
   初心者のための本ではない ... 22
   本書で用いた記号と表記法 ... 22

第1章　確率過程とギャンブル理論 ... 29
   独立試行と従属試行 ... 33
   期待値 ... 34
   事象列、起こり得る結果、正規分布 ... 37
   起こり得る結果と標準偏差 ... 40
   ハウスアドバンテージ ... 47
   ゼロを下回る期待値は必ず破産を招く ... 51
   バカラ ... 53
   ナンバーズ ... 55
   パリミューチュエル方式 ... 56
   決定指向と選択指向 ... 61
   確率過程における連勝と連敗 ... 63
   従属性の有無 ... 64
   ランテスト、Zスコア、信頼度 ... 68
   線形相関係数 ... 75

第2章　システムと最適化 ... 87
   マネーマネジメントとトレーディングシステム ... 89
   ごまかしは通用しない ... 90
   最適化を生かすも殺すも使いよう ... 93

| パフォーマンス尺度──悲観的リターンレシオ | 94 |
| 非最適化 | 97 |

第3章　利益の再投資と幾何的成長 …………… 115

トレーディングで得た利益を再投資すべきか否か	115
再投資プランにとって良いシステムかどうかを測定する──幾何平均	122
幾何平均の概算値	128
ベストな再投資方法	132

第4章　最適固定比率トレーディング …………… 145

最適固定比率	145
非対称レバレッジ	147
ケリーの公式	150
幾何平均によるオプティマルｆの求め方	153
これまでのまとめ	158
スプレッドシートによる幾何平均の求め方	160
幾何平均トレード損益	161
オプティマルｆのもっと簡単な求め方	162
オプティマルｆの利点	165
残された疑問点	167
なぜオプティマルｆを知る必要があるのか	172
ドローダウンは無意味、重要なのは最大損失額	185
オプティマルｆから外れすぎるとどうなるか	189
放物線補間法によるオプティマルｆの求め方	199
オプティマルｆとオプション	207

第5章　破産確率 …………… 219

公式	221
資金の引き出し	229
固定比率トレーディングにおける破産確率	231
破産確率とｆ	239

CONTENTS 目次

第6章　トータル・ポートフォリオ・アプローチ 243
- 現代ポートフォリオ理論　　243
- マーコビッツ・モデル　　245
- 資本資産評価理論　　250
- ポートフォリオ理論の先物への応用　　255
- 幾何平均ポートフォリオ戦略　　261
- ドローダウンの厳しさ　　269

第7章　その他の関連知識 275
- 定量的アプローチのまとめ　　275
- 見た目ほど甘くはない　　276
- スケール（タクティカル）トレーデングシステム　　281
- 古くからある格言　　284
- ミスの防ぎ方と対処方法　　285
- 利益の引き出し　　287
- 最後にもう一度ドローダウンを検証　　287
- 統計や指標の発表日について　　289
- カタストロフィーの回避　　290
- システムトレードの非定常分布　　293
- 潜在的利益の上限　　295

付録
- 付録A　期待値が負のマーケットシステムの利用法　　299
- 付録B　本書に出てきた関数のプログラミング　　302
- 付録C　累積正規分布　　312
- 付録D　暦　　313
- 付録E　オプションの計算　　320
- 付録F　ポートフォリオ・プログラム　　342
- 付録G　Zスコアの信頼度への変換　　361
- 付録H　結果のばらつきが幾何的成長に与える影響　　362
- 参考文献と推薦図書　　369

序文

　本書は数学的ツールについて書かれたものである。数学的観点から言えば、これらのツールはトレーダーにとってはきわめて重要であり、したがって本書を読むことで読者の市場観はガラリと変わるだろう。

　読者対象としては主として先物トレーダーを想定しているが、いかなる市場の参加者にとっても役立つ内容である。読者がどの市場の参加者かは知るよしもないが、どういった市場の参加者であれ、本書で紹介するツールをすべて備えている人はおそらくはいないだろう。これから徐々に明らかになるが、本書で紹介するツールはどのひとつを欠いても大きな代償を支払うことになるような重要なツールばかりである。

　トレーダーにとっての重要なツールとしてまず挙げられるのが、トレードの選択、あるいはシステムトレーダーの場合はシステムの選択である。これは大部分のトレーダーが心血を注ぐ部分であり、そのためこの分野について書かれた書籍は多い。ただし本書では、トレードの選択やシステムの選択に関連する内容は、システムの問題点や落とし穴に対する改善方法について述べるにとどめている。こういった問題点や落とし穴は、主としてトレーディングシステムの構築にコンピューターを用いることの代償として発生する場合が多い。

　本書が焦点を当てるのは、トレーダーたちになおざりにされがちなツールである。そのひとつが、レバレッジである。本書では任意のシステムを使って任意の市場でトレーディングするときの適正なレバレッジの計算方法について詳しく解説する。レバレッジというものがトレードの選択に負けず劣らず重要であることが明らかになるにつれ、トレーディングに対する読者の考え方は変わってくるはずである。どちらもトレーディングには欠かせない重要な概念なのである。本書を

読み進めていくうちに、トレードをするうえで重要なのは個々のトレードで勝ったか負けたかではなく、正しいレバレッジでトレードしたかどうか、であることも明らかになるだろう。ファンドマネジャーの多くがS&P500指数に打ち勝つことができないのは、正しいレバレッジでトレードしていないことが大きな理由のひとつである。指数は収益の再投資問題とは無縁だが、ファンドマネジャーはそういうわけにはいかないのである。

　トレード選択のための優れたツールと、レバレッジを決定するための適切なツールの次に必要になるのが、リターンの相関についての概念である。分散化とも呼ばれるこのツールもまた、トレーダーたちになおざりにされがちなツールのひとつだが、重要さにおいては最初の２つに引けをとらない。本書では分散化プロセスを定量化することで、どの市場やどのシステムでトレードすればよいかだけでなく、どのように分散化すればよいか——すなわち、それぞれの市場でトレードすべき正しいレバレッジ——についても明確にする。分散化をリスクを避けるための道具としかとらえていないトレーダーは多いが、こういった意味では分散化は残念ながら正しく理解されているとは言えない。分散化は、単にトレーディングに内包されるリスクを緩和するだけでなく、それ以上の機能を持つものである。分散化は正しく行えば、パフォーマンスの向上にも貢献する。例えば、これから本文で示していくが、同じ期間に利益を出したマーケットと損失を出したマーケットとを組み合わせることで、利益を出したマーケット以上のリターンを達成することも可能なのである。

　なおざりにされてきた２つのツール——レバレッジとリターンの相関——については、それがトレーダーにとっていかに強力なツールであるかということも、これらをなおざりにすることで支払わなければならない代償がいかに大きいかということも、ほとんど理解されていないと言えよう。またこれら２つのツールは、適切なトレードやシス

テムの選択とともに、マネーマネジメントの中核をなすものでもある。つまり、これまでに述べてきた3つのツールは、トレーディングで成功するためには絶対不可欠のものばかりなのである。これらのツールのいずれも用いることなく成功した例もあるが、それが偶然の賜物でしかないことも、次第に明らかになるだろう。

　本書の読者は、マネーマネジメント・ツールによって示される方法そのものよりも、概念的に考えることの重要性に気づく機会を与えられることにもなる。本書では、トレーディングシステムが生み出す一連のトレードを非定常的な分布として見る考え方についても説明するが、この概念は、リターンの出方に波があるのはその一連のトレードが非定常的な分布に従うことが原因であることを理解するうえできわめて重要である。さらに自由市場で売買される銘柄の価格も一連のトレードと同じ性質を持つ。自由に売買される銘柄のチャートを見ると、価格がランダムに形成されていると思われる時期と、強力な非ランダム要素（例えば、10日連続でサーキットブレーカーが発動する）が明らかに存在していると思われる時期とがあるが、こういった現象が生じるのは価格が非定常的な分布に従うことが原因である。非定常的な分布の概念を理解することで、仕掛けや手仕舞いの効果的な方法ばかり考えるのではなく、これまでとは異なるより生産的なものの見方ができるようになっていることだろう。

　最後に、本書を読むうえでぜひとも念頭に置いておいていただきたいことがある。本書のテクニックを使って口座をより長期的に成長させるための要素のひとつとして、大きなドローダウンは避けられない、という事実である。数学的に最適な方法で口座を管理しようという場合、大きなドローダウンは残念ながら避けて通ることのできない現実なのである。しかし、本書の読者は大部分のトレーダーとは違って、トレーディングの過程で大きなドローダウンに遭遇しても、心の準備ができているためにけっして慌てふためくことはないはずだ。さらに、

いかに優れたトレーディングシステムを使っていても、トレーディングをやめたくなる時期が必ずあるということも、分かってくるだろう。そこそこのシステムならば、途中でトレーディングをやめるのは賢い選択とはいえない。本書を読了した読者ならば、ほとんどのトレーダーがトレーディングをやめたくなるような局面においても、けっしてギブアップするようなことはないはずである。パンチを手控えるのは、繰り出すよりも多くのスキルを必要とするのである。

1990年6月　オハイオ州、シャグリンフォールズにて

　　　　　　　　　　　　　　　　　　　　　　　ラルフ・ビンス

序論

本書について
Introduction —— About this Book

　トレーディングの経験もあるし、自分なりに勝てると思う方法も一応は持っている。こんなとき、次のステップとしてあなたは何をすべきだろうか。

　本書は、トレーディングに対する考え方をガラリと変えるものだ。もちろんあなたには、マネーマネジメント、つまりリスクとリワードに対する自分なりの考え方があるかもしれないし、本書で扱う題材は、あなたにとってためになるものもあれば、つまらないもの、あるいはがっかりさせられるものもあるかもしれない。しかし、あなたがどう思おうと、あなたが自分なりに勝てると思っている方法でトレーディングを成功させるためには、本書の内容を理解し、実践することが絶対不可欠である。本書ではその理由を数学的な観点から解説する。

　本書が焦点を当てるのは、**有利な不確実性**（これは1989年にR・C・ウエントワースが私信のなかで初めて使った言葉）を持つ環境下での幾何的成長の最大化問題である。言い換えるならば、ひとつひとつの事象にはリスクはあるものの、事象全体でみれば有利な状況にある場合、幾何的成長を最大化するにはどうすればよいか、ということになる。本書ではこの問題をトレーディングというひとつの分野に的を絞って議論するが、このほかにも応用が見込める分野は多数ある。

　本書で扱う数学の多くは、例えば次のような幾何的成長関数にも応

用可能である。

- 細胞の増殖や体力の増強
- 広告による売り上げの伸び
- 放射性物質の崩壊
- 医薬品の半減期
- 化学反応の変化
- 体温の低下
- 人間、動物、植物、細菌、ウイルスの個体数の増加や、こういった集団内部における伝染病の拡大

　上のような例を挙げれば、枚挙にいとまはない。
　しかし、本書で扱うのは資本の幾何的成長関数のみである。関連する数学を検証し、ほかの条件も考慮したうえで、資本の成長を最大化するための方法を開発する。市場参加者たちはこれを「マネーマネジメント」と呼ぶ。前述のように、幾何的成長関数の応用分野はきわめて広い。本書で扱うのはそのほんの一部にすぎないことを銘記しておきたい。
　市場に携わる人々のなかには、マネーマネジメントに対する間違った考え方を持っている人が少なくない。しかし幸いにも、マネーマネジメントには数学的に正しい考え方というものが存在する。読者には多くのトレーダーやファンドマネジャーたちが犯してきた誤りを繰り返さないためにも、マネーマネジメントに対する数学的に正しい考え方を本書を通じてしっかりと身につけていただきたい。
　本書で提示するアイデアの多くは、先物市場に携わる人々とのプログラミング経験を通して私が独自に開発したものである。事の始まりは1988年の中ごろにさかのぼる。私があるトレーダーのために作成したプログラムのひとつに、どうにも理解しがたい例外が発生したのだ。

序論

　ある金曜日の夕方間近のことだった。私の作ったプログラムはある期間に利益を上げているにもかかわらず、そのプログラムで管理していた口座はその同じ期間に利益を上げていないことが判明したのである。プログラムには何の問題もなく、それが発するシグナルはすべてキャッチしたにもかかわらずである。なぜこんなことになったのか。私にはどうしても理解できず、その日はこの問題が脳裏から離れなかった。
　しかし翌朝には、その理由を説明できる理論と数式のすべてが頭の中にまとまっていた。本書はそこにたどり着くまでの思考の軌跡をまとめたものである。本書では、数学的に見た将来のパフォーマンスを最大化するためにはトレーダーやファンドマネジャーはどういった方法で口座を管理するべきなのかを、完全でかつ統一された形でまとめることを目指した。当然ながら既成概念が登場することもしばしばあり、かといってすべてを網羅することは不可能であるため、読者には書かれていない内容を補充しながら読み進めるといった作業を強いる場合もあるだろう。しかし本書の目的は、このテーマや類似のテーマについてすでに類書に書かれたことを繰り返すことではなく、それらを読者の関心が高まるような形で提示するとともに、時代が要求する新しいテーマを提供することにあることを、ご理解いただきたい。
　私は最初このテーマについて本を書くつもりはなかった。しかし、この問題を解決するための数学に取り組んでいるうちに、５分やそこらの会話ではとても説明し尽くせない解を見いだすに至り、その解の性質から（つまり、ひとつの解から次の解が導き出されるといった具合に、解全体が連鎖的に構築されていくということ）、一冊の本にまとめることになったというのが本書執筆に至った経緯である。すでにお話ししたように、本書は最初は単なるコンピュータープログラムのバグだと思っていたものをきっかけに、その原因を究明していった結果、必然的に生まれたものである。
　「マネーマネジメント」という言葉を聞いたとき、それがドローダ

ウンが発生しないようにすること、あるいは減らすことを意味すると考える人は多い。それが間違った考え方であることは、本書を読めばはっきりする。市場で資金を最大限に生かそうと思えば、大きなドローダウンは絶対に避けられないのである。

　本書で提示するアイデアは、金儲けができることを保証するものではなく、公式も、無から大金を生み出す手っ取り早い方法を示すものではない。**有利な状況のときに**、予想されるリスクに対する期待リワードの比率を**数学的に**最大化する方法を示すことが、本書の目指すところである。有利な状況を作りだせるかどうかは、あなた自身の問題である。また本書は、あなたがすでに市場で金儲けできる能力があること、そして有利な不確実性を持つ環境で資産運用を行っていることを前提としている。

クオンツの世界への誘い

　コンピューターを使った市場分析は、今や、オシレータや移動平均、トレーディングシステムを含むすべての数値的テクニックを凌駕するほどの発達ぶりを見せている。コンピューターを駆使したありとあらゆる最適化やシミュレーションが試みられたあとではっきりしたことは、聖杯はまだ見つかってはいないということである。

　そこでお勧めしたいのが、戦略ゲームの雄として今注目されているクオンツ分析である。これは、「数値化する」ことによって品質管理を行おうとする概念であり、何かに数字を当てはめてみれば、少なくともそのプロセスに対する何らかの理解は得られるはずだという考え方が根底にある。クオンツたちの市場に対する考え方は、**リスクマネジメント戦略**をトレーディングの基本に据えるというものである。

　現在の市場分析はまさにこの方向に進もうとしている。老練なベテランたちの直感に頼ることなく、コンピューターを駆使することでマ

ジックではなくて数学的に確かな方法で市場に打ち勝とうとするアプローチ。それがクオンツ分析である。本書もジャンルとしてはクオンツ分析の範疇には入るものの、その主流をなすものではないことを断っておきたい。

注意していただきたいのは、リスクマネジメント戦略という言葉がが必ずしもローリスクを意味するとは限らないということである。むしろその反対の意味合いが強い。本書で紹介するアプローチは、予想される損失に対する期待利益の**比率**を最大化することに重点を置いている。したがって、予想される損失は不快なほど高くなる場合も多い。

全般的に言えば、予想される損失はほとんどの人のリスク回避度をはるかに上回るものになる。例えば、本書で紹介したツールを採用した場合、提示される最適なトレード量が現在の2倍にもなることがあるかもしれない。そうなればリスクが許容範囲を超えてしまうため、トレーダーはツールから導き出された結果には従わず、現在と同じトレード量を維持しようとするだろう。こうすることで、リスクは最適量でトレードした場合の半分で済む。しかし、期待利益も半分で済むかというと、そういうわけにはいかない。この場合の期待利益は半分を**下回って**しまうのである。

最後に、本書で紹介するアプローチは漸近優位確率的に考えると成り立つことを前提にしていることに注意していただきたい。つまり、予想される損失に対する期待利益の比率は**長期的**に見れば最大化されるということである。もっと分かりやすく言えば、ここで導き出される結果は一般に何かを無限回行えば、そういった結果になるということである。

本書で扱わないもの

　本書で扱う題材は最初は理解しづらいかもしれないが、複雑なものは何ひとつない。各章が前章の内容のうえに構築されていくという教科書形式を採っているので、第1章から順に読み進めていただきたい。
　説明はできるだけ簡潔にかつ端的に行うように心がけた。複雑な現象も論文調は避け、できるだけ分かりやすい方法で過不足なく説明できるように努めた。その結果、「より高度な内容」については十分に証明できていない場合もある。理由は次の2つに分けられる。

1. その現象がまだ完全に解明されていない。
2. その現象を不完全に（そしてその結果、おそらくは不正確に）理解するだけでも、複雑で専門的な説明を延々と行う必要がある。

　その代表例が正規分布である。本書で扱う事象はすべて正規分布に従うと仮定している。こうすることで、さまざまな統計ツールが使えるようになるからである。先物価格にもこういった統計ツールを適用するが、先物価格は実際には正規分布には従わない。先物価格の分布については、安定パレート分布に従うと主張する人もいれば、t分布（スチューデントの分布）に従うと主張する人もいたりといった具合に、人によって考え方は異なる。しかし、t分布が対称分布であるのに対し、先物価格の分布が対称的にはならないことからすれば、先物価格はt分布に従わないことだけは確かである。一方、安定パレート分布はほとんど理解されていない。その理由を徹底究明しようと思えばできないことはない。ほかの分布を調べ、それを基に探っていけば、安定パレート分布が理解されるに至っていない理由を見つけだすことができるだろう。しかし、はっきりとした答えが解明されておらず、これを議論するとなると複雑なうえ時間もかかるため、ここでそれを

行うのは時間の無駄である。だからといって、探究そのものが無駄だと言っているわけではない。要するに、本書の範囲を超えた内容になるので、徹底究明は他書に譲ろうというわけである。

同様の理由で、市場の非線形性やカオス、マネーマネジメント用エキスパートシステムといった概念にも本書では触れない。これらが議論に値しないというわけではなく、題材そのものがそれぞれに本一冊分を割いて扱われるべき内容だからである。

また本書では変数を表すのにギリシャ文字は用いない。私がプログラミングを始めたのは70年代で、使った言語はFORTRANだった。ラッキーなことに、当時のキーボードにはギリシャ文字はなかった。今でもキーボードはギリシャ文字には対応しておらず、将来もそうであることを願っている。ギリシャ文字を使ったからといって、数式そのものが分かりやすくなるわけではなく、むしろ逆効果にしかならないからである。

本書の構成

第1章では、確率過程とギャンブル理論について説明する。これは、定量的アプローチという視点からトレーディングシステムを考えるための基礎となる。第2章では、トレーディングシステムについて見ていくと同時に、システムを将来のトレードに安心して使える信頼性の高いものにするにはどうすればよいかについて考える。第3章では、前の2つの章で学習したことを基に、利益の再投資の性質について考える。幾何的成長の概念もこの章から登場する。

第4章は本書のなかで最も重要な章である。この章ではオプティマルfを中心に議論を進める。オプティマルfは、任意の確率分布に従う離散的な一連の結果から最大の幾何的成長を得るためのテクニックである（ただし、これらの離散的な結果は総合的に見ると有利である

ものと仮定する）。例えば、ロサンジェルスのダウンタウンの気温を測定する温度計があったとしよう。気温は１日を通じて連続的に変化するが、測定するのは一定時間おき。例えば、１時間おきである。こういった１時間おきの測定値を、離散的な測定値と呼ぶ。これらはいわば、ひとつひとつが小さな「パケット」であり、連続関数のサンプリングによって得られるサンプルと考えてもらえばよいだろう。ルーレットゲームの結果が離散的であるのと同じように、トレーディングシステムが生み出すトレードもまた離散的である（ただし、トレードは連続関数から得られるわけではないことに注意）。

　第５章は破産確率の計算方法について説明する。第６章では、最適な分散化を図るためのオプティマルｆの組み合わせ方法について見ていく。これによって、どのシステムを選び、それぞれのシステムでどれくらいのレバレッジでトレードすればよいかを数値的に算出することが可能になる。そして第７章は、本書に関連する内容でそれまでにカバーしきれなかった事柄を補足説明するとともに、それまでの内容を簡単にまとめる。また巻末の付録では、本書で扱う公式、興味深いタスクを実行するためのコンピュータープログラムをはじめ、そのまま実装できるプログラムもいくつか紹介する。

自明のことほど見落とされる

　本書を読了した読者は、本書で提示された概念がすべて疑う余地のないものであることに気づくはずだ。それなのに、なぜ今までトレードの選択ばかりに気をとられ、本書で提示されているような「マネーマネジメント」概念に十分配慮してこなかったのか、と不思議に感じる読者もいることだろう。健全なトレーディングプログラムを作成するうえでこれらの概念がいかに重要であるかは、本書を通じて数学的に理解できるようになるだろう。

これらのテクニックがトレーダーたちにあまり重視されていないのには、理由がある。数学的に自明なことは見落とされることが多いのが現実なのである。例えば、イギリスなど左側通行の国を除く右側通行の国の交通規則について考えてみよう。車が左折しようと思った場合、左折車は対向車を優先させなければならない。

　その左折車をはじめ、同じ車線にいるすべての後続車が、対向車線の車がすべて通過し終えるまで待たなければならないとすると、現行のこの左折規則の下では、「渋滞量」はおよそA*Bカーユニットである（ただし、Aは左折車と同じ車線にいる車の台数［左折車を含む］、Bは対向車線の車の台数とする。「渋滞量」とは、車一台が通過待ちしなければならない台数を各車について合計したものと定義し、その単位を「カーユニット」とする）。

　さて今度は、左折車が優先通行権を与えられた場合を考えてみよう（2車線道路を想定。信号が赤から青に変わったら左折車が優先して通行できるものとする。また、左折車は方向指示器を点滅させているものとする）。この場合、渋滞量はおよそ1*Bカーユニットに減少する（ただし、Bは対向車線の車の台数を表す）。

　例えば、対向車線に5台、左折車線に5台いるとすると、現行の左折規則の下での渋滞量は25カーユニットだが、代替案では渋滞量は5分の1に減少して5カーユニットになる。したがって、後者のシナリオのほうが交通はスムーズになることは明白だ。交通渋滞量は指数関数なので、交通量が多いほど交通がスムーズになる割合は高まる。

　これほど素晴らしいアイデアがあるにもかかわらず、これまでに導入が検討されたことがあっただろうか。つまりここで言いたいのは、物事を行う手法には、いまだ提示されておらずとも、うまく機能し、もっともだと思えるより優れた手法が他にもあるということなのである。

初心者のための本ではない

本書は、儲かるトレーディングテクニックをすでに身につけているトレーダーを対象とするものである。そういった意味では、本書は初心者のための本ではないと言わなければならない。これは、本書読了後であれば理解していただけるはずだ。

本書で用いた記号と表記法

本書には多数の公式が登場するが、数学記号の使用は最低限にとどめるように努めた。また、用いる記号は本書を通して統一した。例えば、割り算（分数）はキーボード入力可能なスラッシュ（/）で表している。ほとんどのコンピューター言語も割り算にはスラッシュを用いている。

同様に、掛け算にはアスタリスク（*）を用いている。これには理由が４つある。第一に、割り算同様にほとんどのコンピューター言語が掛け算にアスタリスクを用いていることが挙げられる。第二に、掛け算の表記に×を用いると変数Xとの混同を招くおそれがあるからである。第三に、掛け算を表す別の表記法としてドットを用いる方法もあるが、ドットはどのキーボードにも備わっているわけではなく、それほど一般的でもないため、ドットの使用は控えてアスタリスクを用いることにした。掛け算を表すもうひとつ別の方法として演算子を使わないという方法もあるが、これでは混乱を招きかねないと判断し、この方法は避けた。これについては、次の具体例を見ていただきたい。

例えば、２つの変数AとBがあるとしよう。演算子を使わない方法で表現された次の命題を考えてみよう。

AB＝C

こういった命題が与えられたとき、これは、

A*B = C

を意味するのだろうか。あるいは、AともBとも異なる新たな変数ABを意味するのだろうか。いずれにしても、その命題が真に意味するものは書いた本人に確認しなければ分からない。

また、ベキ乗は上付きのカレット（^）を用いた。例えば、10^3は10の3乗、つまり1000を意味する。根（ルート）はベキ乗の指数が単に分数になっただけなので、1000の立方根は1000^(1/3)と表す。もちろんこれは10に等しい。ベキ乗は単に指数を上付きにしたものというよりも、演算子と考えていただきたい。したがって、一般的な数学とまったく同じように考えることができる。ルートを取るときにも同じことが言える。すなわちカレットを演算子として用いることで、ある数のルートを取るときには数学とまったく同じ方法が使えるということである。ルートのなかの数字を、ルートの指数の逆数ベキ乗にすればよいのである（その結果、1より大きい数は元の数より小さくなる）。

ベキ乗をカレットで表す理由をいろいろ述べてきたが、一番の理由は、本書の題材をプログラミングしたいと考える読者が多いだろうことを予想し、便宜性を考慮したからである。ベキ乗をカレットを使って表しておけば、プログラミングにそのまま使えるので、プログラミングスピードは上がり、簡単で、しかもエラーも少なくなるはずである。

カレットを使ったこの方法にはもうひとつメリットがある。それは、根記号を使わなくても済むことである。こうすることで、ベキ乗をキーボード入力できるだけでなく、数式を数学演算子の計算順序の規則

に沿って表現することが可能になる。また、コンピューターの発展に伴い、ベキ乗をこの方法で表現する傾向が高まってきたことも付言しておこう（私自身が何らかの方向付けをしようとしているわけではなく、すでにある傾向に従おうとしているだけで、そのほうが読者の理解力も高まると思われる）。

　ところで、われわれが今使っている記数法や数学記号は、太古の昔からずっと不変で万国共通のものだと思われがちだが、実は今の記数法に到達するまでにはさまざまな変遷をたどり、国ごとにも違っていた。底が10の体系がヨーロッパで使われるようになったのは11世紀になってからであり、しかもこの体系は分数を表現する方法がないため最初からすんなりと受け入れられたわけではない。また、小数点がジョン・ネイピアによって提唱されたのは1617年のことである。プラスとマイナス符号は15世紀にはそれぞれpとmを使って表され、＋と－の記号が初めて使われたのは1481年のことである。数学記号がある程度統一されるようになったのはごく近年になってからである。例えば、17世紀のドイツの数学者であるライプニッツは掛け算を表すのに小文字のuを逆さにしたような記号を使っていたし、ルネ・デカルトは等号を表すのに小文字のoとcを背中合わせにしたような記号を使っていた。平方根を表すのに本書では根記号の代わりに^（1/2）を使っているが、デカルトは奇しくもこの根記号を提唱した人物でもある。ローマ数字では1000はMで表されるが、初期のローマ人はMを使うようになるまでは、今われわれが無限大を表すのに使っている記号を使っていた。無限大を表す記号として今使われている記号を初めて使ったのはベルヌーイで、1713年のことである。それ以来、無限大を表す記号は現在の記号に定着した。

　数学記号のほとんどは近年になってから発達したものである。そしてコンピューターの出現とともに、その進化の速度はますます加速している。数学記号は太古の昔から変化し続けているのだから、ベキ乗

を上付きカレットで表すのは時代の流れから言えば適切だと言えよう。

今から100年後、数学記号の標準的な表記法はどのように変化しているのだろうか。われわれの子孫の時代には、現在の10を底とする単一底体系は、複数底体系に取って代わられている可能性もある。そういった体系の下では、今は表現するのが難しい数の概念や無理数も、うまく表現できるようになっているに違いない。

われわれが今当たり前だと思っている多くの慣例も、覆されるかもしれない。例えば、北極に立ったとき、すべてのものはあなたの南側に位置する。つまり、北極からはどの方向に踏み出しても、南の向きに踏み出すことになるわけである。これは、われわれの住むこの地球の表面が緯度と経度の極座標で表されているからにほかならない。極座標は（平面上に地図を作成するための）2次元システムを3次元の物体——つまり地球——の表面に無理やり当てはめようとするものである。何とバカげた、苛立たしい方法だろう。3次元の物体の表面上の点を特定するもっと良い方法はきっとあるはずだ。

コロンブスがアメリカ大陸を再発見するはるか以前、数人の大バカ者を除き、地球が平らであることは世の常識だった。船が地平線に消えて再び戻ってくることを、地球が平らであると考える以外の方法でだれが説明できただろうか。つまり私が言いたいのは、優れたシステムは時間がたてばそのうちに日常的に使われるようになるわけではなく、その優れた新しいシステムを使おうと努力しなければいつまでたっても日常的に使われるようにはならないということである。私が本書で使っているような方法で数学演算を表現するのには、ひとつにはこういった理由が背景にある。こうすることで、演算はより分かりやすく、また数式は演算の優先順位の規則に従って表現できるようになる（そして、その結果、プログラミングにそのまま使えるようになる）。

本書を理解するためには、代数と基礎統計学の最低限の知識（あるいは、過去に学習した経験）が必要である。ここで、特に重要な数学

演算の優先順位についておさらいをしておこう。本書には多くの等式が登場する。読者のなかには、括弧を付けないと演算順序を間違える人がたくさんいるはずだ（つまり、括弧を付けないと分かりにくいと感じ、意味を取り違える人がいるということ）。例えば、次の例を見てみよう。

　　1＋2*3

この式を、(1＋2)*3と解釈し、解を9とする人もいるが、これは誤りだ。正しくは、1＋(2*3)＝7である。

次の例はどうだろう。

　　$-6+7^2$

これは、－6＋49＝43が正しく、$(-6+7)^2=1$ではない。数式には演算の優先順位を決めた法則というものがあり、**カッコがない場合には**（理論的には、括弧はあとの演算を先に行わせたいときのみ付けるのが正しい）、次の順序に従って計算しなければならない。

1．ベキ乗（根記号を含む）
2．単項のマイナス
3．掛け算と割り算
4．足し算と引き算
5．優先順位が同格の場合、左から順に計算

単項のマイナスとは、被演算子をひとつしかもたないマイナス符号のことである。通常、引き算は2つの被演算子を取る。

被演算子－被演算子

これに対して、単項のマイナスは被演算子をひとつしかもたない。

－被演算子

　単項のマイナスは事実上は「負の数」を意味する。演算の優先順位の法則を理解できていない人は、今のうちに理解しておこう。そうしないと、本書で数式が出てきたときに困ることになる。
　また、本書には「マーケットシステム」という言葉がよく出てくる。マーケットシステムとは、特定の市場向けトレーディングを行うトレーディングシステムのことである。例えば債券市場向けのシステムAは、債券市場向けのシステムBとは異なるし、銀市場向けのシステムAとも異なる。また、本書では話を簡単にするために、ピラミッディングは考えないものとする。「ピラミッディング」とは今行っているトレードのポジションを徐々に増やすことを言う（つまり、買い増し、売り増し）。したがって、本書では、ピラミッディングを行わないシステムについてのみ考える。本書に出てくる概念はそれだけでもかなり複雑であるため、ピラミッディングを含めれば理解しづらくなるおそれがあるからである。といっても、ピラミッディングをまったく無視するというわけではなく、すでに開始しているトレーディングでポジションを増やした場合には、その増やしたポジションは別のシステムとして扱う。こうすることで、異なるシステム間の比較が可能になるだけでなく、当初エントリーと追加（買い増しか売り増し）エントリーとの比較も可能になる。第4章ではオプティマルfについて議論するが、任意のマーケットシステムでトレードすべき最適な枚数とは、最初にエントリーしたときのシステムを対象としていることに注意し

ていただきたい。最初にエントリーしたときのシステムとピラミッディングに用いるシステムとを区別することで、最初にエントリーしたときのシステムでトレードすべき枚数だけでなく、増やすべきポジション数も正確に知ることができる。

　本書では概念を説明するのに、賭けをする場合を想定して説明したり、ギャンブル用語を使って説明したりすることが多い。ギャンブルと投機との最大の違いは、ギャンブルはそれ自体がリスクを生み出す（したがって、社会的には道徳的に見て間違った行為だと考えられている）のに対し、投機はすでにあるリスクを投機者に移譲するものである。説明上、ギャンブルに言及したりギャンブルの例を取り上げたのは、概念をできるだけ分かりやすくするための手段にすぎない。トレーディングはトレーディング例そのものを使って説明するよりも、ギャンブルの例を挙げたほうが簡単で分かりやすい場合が往々にしてあるのだ。しかし、本書はあくまでトレーディングについて書かれたものであって、**ギャンブルについて書かれたものではない**ことを常に念頭に置いておきたい。

　本書では、文、語句、あるいはパラグラフ全体をゴチック体で表現している箇所があるが、これは単なる強調のためというよりも、それが原理であることを示すためである。したがって、少なくともゴチック体で表現された部分については、最重要事柄として完全に理解するように努めていただきたい。

第1章
確率過程とギャンブル理論
The Random Process and Gambling Theory

　空中にコインを投げてみる。するとその瞬間、あなたは自然界のなかで最も興味深いパラドックスのひとつ——確率過程——を経験することになる。つまり、コインが空中にある間は、表が出るが裏が出るかを確実に言い当てることはできないが、何度も投げているうちに、結果はある程度の確からしさで予測できるようになるということである。

　しかしどういうわけだか、確率過程については甚だしく誤解されていると同時に、誤った情報も多い。われわれの祖先が確率過程を説明する方法を見いだそうとした努力は認めよう。しかし結局はその過程で、いわゆる迷信というものを生み出してしまったのである。学校でも、確率過程については確率統計の授業でさらっと流すだけの説明を受けただけ、という人が多いのではないだろうか。確率過程がいまだに間違った理解しかされていないのも、うなづけるというものだ。

　こういった事実を踏まえたうえで、これから議論に入っていきたいと思う。

　確率過程の議論を進めながら、いくつかの原理を説明していくが、まずは、次の原理について考えてみることにしよう——**確率過程においては、起こる事象を予測することはできないが、それぞれの事象が起こり得る確率は事前に知ることができる**（こういった確率を表にま

とめたものを確率分布表という)。

　ピエール＝シモン・ラプラス（1749〜1827年）は、ある事象の起こる確率を、起こり得る事象の総数に対する、その事象が起こり得る場合の数の比として定義した。したがってコイン投げの場合、裏が出る確率は、1（コインにおける裏の数）を2（起こり得る事象の総数）で割ればよいので、0.5になる。ここに示したコイン投げの例では、結果が表になるか裏になるかは言い当てることはできないが、表が出る確率は0.5で、裏が出る確率も0.5であることは分かっている。この例からも分かるように、**確率の各値は、0（考察対象となっている事象が起こる可能性がない場合）から1（その事象が確実に起こる場合）までの値をとる。**

　ところで、確率からオッズを計算したり、その逆の計算をしなければならないことがよくある。オッズは確率の裏返しであり、確率はオッズの裏返しである。いわばこれら2つは表裏一体の関係にあると言える。では、その計算方法を見てみよう。オッズが分かっているとき、それから確率を求める式は、以下のように表すことができる。

　確率＝（その事象が起こるオッズ／(その事象が起こるオッズ＋その事象が起こらないオッズ)）

　例えば、ある馬のオッズが4対1（4：1）であるとすると、その馬の勝率は次のように計算できる。

　勝率＝$(1/(1+4))=(1/5)=0.2$

　したがって、オッズが4：1の馬は、勝率0.2と言い換えることができる。では、オッズが5対2（5：2）の場合はどうだろう。この場合の勝率は、

勝率 = (2/(2＋5)) = (2/7) = 0.2857142857

となる。

これとは逆に、確率からオッズを計算する式は次のように表すことができる。

オッズ（＝その事象が起こらないオッズ。X対1のXに相当する値）
＝ (1/確率) − 1

したがって、前に出てきたコイン投げの場合、表が出る確率が0.5なので、オッズは次のように計算できる。

オッズ = (1/0.5) − 1 = 2 − 1 = 1

オッズの式から得られる値は、「オッズ対1」の「オッズ」の値であることに注意しよう。したがってこのコイン投げの例では、オッズは1対1である。

5：2のオッズから確率0.2857142857を算出した先の例題を使って、今度は確率からオッズを計算して、オッズの式が正しいかどうかを確認してみることにする。

オッズ = (1/0.2857142857) − 1 = 3.5 − 1 = 2.5

計算ではオッズは2.5対1になったが、これは5対2のオッズとまったく同じことを意味する。これまでに見てきてすでにお分かりのように、だれかがオッズの話をしていたら、それはつまり確率の話をし

ているのと同じなのである。

　ところで、確率に潜む不確実さというものはどう扱えばよいのだろう。人間にとって不確実さほど受け入れがたいものはなく、ほとんどの人が苦手とする部分だ。われわれの住むこの世界は精密科学の支配する世界であり、確率でしか表せないような事象は理解できないと信じ込む傾向がわれわれ人間にはある。精密科学と同様、物理学もまた量子物理学が登場するまでは、揺ぎない確かなものと信じられてきた。古典物理学の世界では、観測した現象のほとんどは公式を使って説明することができた。これらの公式はきわめて正確なもので、繰り返し使われ、結果は現象が起こる前に正確に計算することができた。ところが量子物理学の登場とともに、それまで厳密だと考えられていた科学は、物理現象を確率に還元するものでしかなくなったのだ。これが多くの人々を混乱させたのは言うまでもない。

　私は値動きのランダムウォーク理論の信奉者ではないし、市場に関連するすべてのものがランダムであると読者に認めさせようとも思わない。少なくとも今のところは……。市場にランダム性はあるのか、あるいはないのか。こういった市場のランダム性を考えることは、量子物理学に勝るとも劣らぬ魅力を感じさせる。しかし、今のところは、コイン投げやカジノ賭博といった、ランダムであると確信できるものの確率過程を中心に話を進めることにする。まずは確率過程を理解することから始め、その後、応用について考える。確率過程が市場などほかの分野にも応用できるかどうかは、確率過程をしっかり理解しないことには議論のしようがないからである。

　そこで、必然とも言えるある疑問が生じる。「ランダム系列はいつ始まり、いつ終わるのか」。実は、ランダム系列には終わりはない。ブラックジャックのテーブルは、あなたがその場を去ったあとでも続行されるし、カジノでテーブルをあちこちと移り回ったとしても、あなたは確率過程から逃れることはできない。1日カジノから遠ざかれ

ば、確率過程はいったんは途切れるかもしれないが、あなたのリターンに影響し続けることに変わりはない。そこで、起こり得る事象がX個の確率過程を考えるときには、有限の長さを想定すると考えていただきたい。

独立試行と従属試行

　確率過程は2つのカテゴリーに分類することができる。1つは、事象の起こる確率が常に一定の試行である。こういった試行を、独立試行、または復元サンプリングという。この代表例が、コイン投げである。コインを投げるたびごとの確率は、その前に投げたときの結果とは無関係に、50/50で一定である。たとえ、その前の5回の結果がすべて表だったとしても、次に投げたときに表が出る確率には何の影響も及ぼさず、表が出る確率は0.5で変わらない。

　もうひとつの確率過程は、前の事象が次の事象の確率に影響を及ぼすため、事象ごとに確率が変わってくるような試行である。こういった試行を、従属試行、または非復元サンプリングといい、その代表例がブラックジャックである。ブラックジャックではカードが1枚引かれると、次にカードを引くときのトランプ札の組の組み合わせは、前に引いたときとは違ってくる。新しいトランプ札の組をシャッフルし、カードが1枚引かれるとする。そのカードがダイヤモンドのエースだったとしよう。このカードが引かれる前は、エースを引く確率は4/52または0.07692307692だったが、エースが1枚引かれたので、それを元に戻さないとすると、次にエースを引く確率は3/51、または0.05882352941になる。

　こういった従属試行はランダムな試行ではないと主張する人もいるが、結果が事前に分からないという意味ではランダムと言えるので、ここでは議論上、こういった試行もランダムな試行として扱うこと

にする。その試行が独立試行なのか従属試行なのかを調べるには、結果を確率分布表にしてみるのが一番よい。独立試行であるか従属試行であるかは、事象の起こる確率が**一定**（独立試行）か、あるいは**可変**（従属試行）かによって決まると考えることにしよう。実は、これら2つのプロセスの違いはこの点だけなのである。

この世に存在するすべてのものは、確率で表すことができる。実際に行う前にその結果が分かるような試行は、確率が1であるため、数学的にはランダムな試行とは言えない。例えば、52枚のトランプ札があったとしよう。そこから51枚の札が引かれ、引かれた札が何であるかが分かっている場合、残りの札が何であるのかは1の確率で（確実に）言い当てることができるので、これはランダムな試行ではない。独立試行については、当面は、簡単なコイン投げだけを考えることにする。

期待値

ここで、これから必要になる期待値について説明しておこう。期待値はプレーヤーズエッジ（プレーヤーに有利な場合）またはハウスアドバンテージ（カジノに有利な場合）と呼ばれることもある。

期待値 $= (1+A)*P-1$
ただし、
$P=$ 勝率
$A=$ 勝ったときに貰える額または負けたときに失う額

具体例としてコイン投げの場合を考えてみよう。コインを投げて表が出れば2ドル貰え、裏が出れば1ドル支払わなければならないとすると、1回投げるごとの期待値は次のように計算できる。

期待値 = (1 + 2)*0.5 − 1 = 3*0.5 − 1 = 1.5 − 1 = 0.5

つまり、コインを１回投げるごとに平均で50セントの儲けを期待できるということである。

上の公式は、起こり得る結果が２つしかない試行の期待値を計算するためのものである。では、起こり得る結果が３つ以上ある場合はどうなるのだろうか。次の公式は、起こり得る結果が無限にある場合の期待値を計算する式である。この式は、前述のコイン投げのように、起こり得る結果が２つしかないような場合にも対応できるため、期待値を計算する式としては、次の公式のほうが利用価値は高い。

期待値 = $\sum_{i=1}^{N} (P_i * A_i)$

ただし、
P＝勝率または敗率
A＝勝ったときに貰える額または負けたときに失う額
N＝起こり得る結果の数

式を見ると分かるように、期待値を計算するには、それぞれの利益または損失に、その利益を得られる確率またはその損失を被る確率を掛け、それらの積をすべて足し合わせればよい。

それでは、ペイオフレシオ（損益比率）が２：１のコイン投げの期待値を、後者の公式を使って計算してみよう。

期待値 = (0.5*2) + (0.5*(−1)) = 1 + (−0.5) = 0.5

つまり、コインを１回投げるごとに平均で50セントの儲けを期待できるということであり、前の式の結果に一致する。

もうひとつ例を挙げよう。例えば、３つの数字の中から、出る数字

を言い当てるゲームをしているとしよう。それぞれの数字が現れる確率は同じ（0.33）だが、3つの数字のうち、ある数字を間違って言った場合は1ドル、別のひとつを間違って言った場合は2ドル支払わなければならず、正しい数字を言い当てると3ドル貰える。この場合の期待値（ME）は、次のように計算できる。

$$ME = (0.33*(-1)) + (0.33*(-2)) + (0.33*3) = -0.33 - 0.66 + 0.99 = 0$$

また、ルーレットゲームでひとつの数字に賭けた場合の期待値は、次のようになる。

$$ME = ((1/38)*35) + ((37/38)*(-1))$$
$$= (0.02631578947*35) + (0.9736842105*(-1))$$
$$= (0.9210526315) + (-0.9736842105)$$
$$= -0.05263157903$$

つまり、ルーレットゲーム（アメリカン・ダブルゼロ）でひとつの数字に1ドル賭けた場合、1回につき平均で5.26セント損をすることになる。賭け金を5ドルに増やせば、1回の平均損失は26.3セントに増える。注意していただきたいのは、**賭け金が異なれば金額換算した期待値は違ってくるが、賭け金のパーセンテージで表した期待値は、賭けた金額によらず一定**という点である。

　連続して賭けた場合の期待値は、それぞれの賭けに対する期待値を足し合わせたものになる。例えば、ルーレットゲームでひとつの数字に最初は1ドル、2回目は10ドル、3回目は5ドル賭けたとすると、期待値は次のようになる。

$$ME = (-0.0526*1) + (-0.0526*10) + (-0.0526*5)$$

$$= -0.0526 - 0.526 - 0.263$$
$$= -0.8416$$

つまり、平均で84.16セント損をするということである。

　(独立試行という想定の下で) それまでの勝ち数または負け数によってベットサイズを変えるシステムを作ろうとしても、失敗する運命にあることは、この原理からよく理解できたと思う。期待値が負の場合には、何度賭けても敗者にしかなれないのである。

事象列、起こり得る結果、正規分布

　コインをひとつ投げた場合の確率を表にすると、起こり得る結果が2つ (表または裏) の確率分布表になることは、すでに見てきたとおりである。この場合の期待値は、起こり得る結果の期待値を合計したものになる。そこで今度は、コインを2つ投げた場合の確率について考えてみよう。起こり得る結果を表にすると次のようになる。

コイン1	コイン2	確率
表	表	0.25
表	裏	0.25
裏	表	0.25
裏	裏	0.25

　これは、両方とも表が出る確率が25％、両方とも裏が出る確率が25％、一方が表でもう一方が裏になる確率が50％と表現することもできる。これを表にすると次のようになる。

組み合わせ	確率	
表表	0.25	*
表裏	0.50	**
裏裏	0.25	*

右端の星印は、その組み合わせには何通りの異なる組み合わせ方があるかを示している。例えば、この表で表裏に星印が2つ付いているのは、コイン1が表でコイン2が裏の場合と、その逆の場合が考えられるので、異なる組み合わせ方としては2通りあるためだ。この表には星印が全部で4つあるが、これはコインを2つ投げたときの結果の異なる組み合わせ方が4通りであることを示している。

コインを3つ投げた場合の表は次のようになる。

組み合わせ	確率	
表表表	0.125	*
表表裏	0.375	***
裏裏表	0.375	***
裏裏裏	0.125	*

同様に、コインを4つ投げた場合の表は次にようになる。

組み合わせ	確率	
表表表表	0.0625	*
表表表裏	0.25	****
表表裏裏	0.375	******
裏裏裏表	0.25	****
裏裏裏裏	0.0625	*

また、コインを 6 つ投げた場合の表は以下のとおりである。

組み合わせ	確率	
表表表表表表	0.0156	*
表表表表表裏	0.0937	******
表表表表裏裏	0.2344	***************
表表表裏裏裏	0.3125	********************
表表裏裏裏裏	0.2344	***************
表裏裏裏裏裏	0.0937	******
裏裏裏裏裏裏	0.0156	*

　星印の数を縦軸にとってグラフ化すると、正規分布またはガウス分布と呼ばれる馴染みのある釣鐘状の曲線が得られる（図1.1を参照。コイン投げの結果は統計学的に厳密に言えば正規確率関数には従わず、むしろ二項分布［ベルヌーイ分布またはコイン投げ分布とも呼ばれる］に従う。しかし、N［試行回数］が増えると、二項分布は［含まれる確率が 0 にも 1 にも近くない値であることを仮定した場合の］極限形として、正規分布に近づく。これは、正規分布が左から右に向かって連続する分布であるのに対し、二項分布はそうではなく、また正規分布は常に左右対称になるが、二項分布は必ずしも左右対称にはならないというそれぞれの分布の特徴による。本書でコイン投げの結果を正規分布とみなすのは、扱っているのが有限個のコイン投げであること、それをコイン投げの母集団とみなしていること、そして確率が常に0.5であることによる。さらに、試行回数Nにある事象が起こる確率を掛けたものと、試行回数Nに余事象の確率を掛けたものが、いずれも 5 より大きいとき、二項分布は正規分布で近似することができる点にも注目したい。本書で例に挙げたコイン投げは、ある事象が起こる確率［表または裏の出る確率］が0.5で、起こらない［余事象の］確

率も0.5になるので、Nが11以上であれば正規分布で近似することができる)。最後に、コインを10個投げた場合の表を見てみよう。

組み合わせ	確率	
表10	0.001	*
表9 裏1	0.01	**********
表8 裏2	0.044	*****（45通り）
表7 裏3	0.117	*****（120通り）
表6 裏4	0.205	*****（210通り）
表5 裏5	0.246	*****（252通り）
裏6 表4	0.205	*****（210通り）
裏7 表3	0.117	*****（120通り）
裏8 表2	0.044	*****（45通り）
裏9 表1	0.01	**********
裏10	0.001	*

投げるコインの数が増えるほど、すべてが表またはすべてが裏になる確率は小さくなることに注目しよう。コインが2つの場合、両方とも表または裏が出る確率は0.25だったが、コインが3つだと0.125、4つの場合は0.0625、6つになると0.0156、10個の場合には0.001とどんどん減少していく。

起こり得る結果と標準偏差

したがって、ひとつのコインを4回投げたとき、起こり得る事象列は全部で16通りである。

図 1.1　正規確率関数

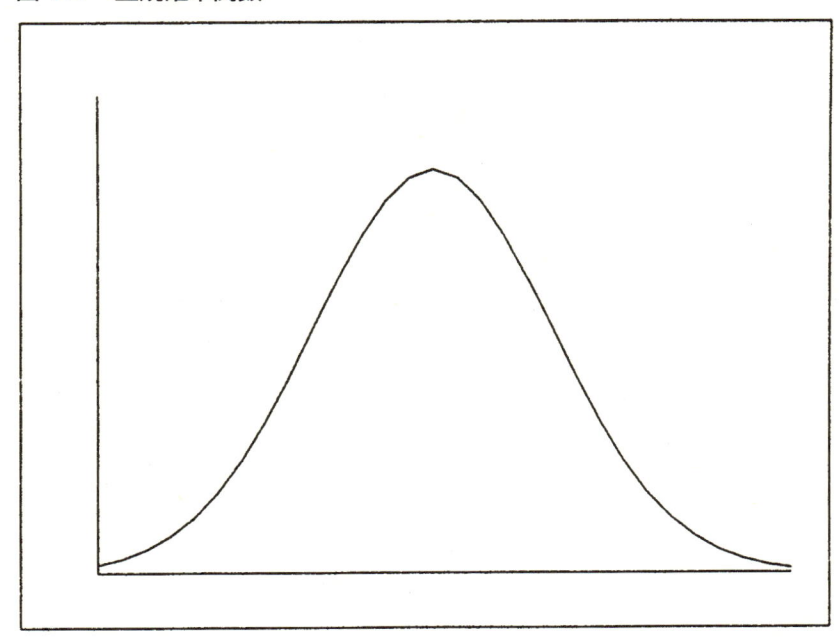

1. 表　表　表　表
2. 表　表　表　裏
3. 表　表　裏　表
4. 表　表　裏　裏
5. 表　裏　表　表
6. 表　裏　表　裏
7. 表　裏　裏　表
8. 表　裏　裏　裏
9. 裏　表　表　表
10. 裏　表　表　裏

11.　裏　表　裏　表
12.　裏　表　裏　裏
13.　裏　裏　表　表
14.　裏　裏　表　裏
15.　裏　裏　裏　表
16.　裏　裏　裏　裏

　ここでいう「事象列」とは、確率過程において起こり得る事象の、順序を考慮した場合の組み合わせを意味する。任意の状況において起こり得る事象列全体の集合を、**標本空間**という。4フリップのコイン投げは、4つのコインを一斉に投げてもよいし、ひとつのコインを4回投げてもよい（つまり、集合平均＝時間平均が成り立つ）。

　事象列の裏表表裏と表表裏裏について考えてみよう。均等賭け（毎回1単位を賭ける）の人にとってはどちらの場合も結果は同じだが、均等賭けでない場合、これら2つの事象列の最終結果は大幅に異なる場合もある。均等賭けの場合、4フリップのコイン投げでは、起こり得る事象の組み合わせは5通りしかない。つまり、

表表表表
表表表裏
表表裏裏
表裏裏裏
裏裏裏裏

の5通りである。

　しかし、4フリップのコイン投げでは起こり得る事象列は全部で16通りである。これは、均等賭けでない人にとっては懸念材料になる。

均等賭けをしていない人のことをここでは「システム」プレーヤーと呼ぶことにする。うまくいくと思える理論に基づいて賭け金を変える彼らの手法は、まさに「システム」そのものだからだ。

ひとつのコインを4回投げると、得られる事象列は起こり得る16通りの事象列のいずれかになる。同じコインをもう4回投げると、得られる事象列はおそらくは前とは違ったものになるだろう（ただし、1/16＝0.0625の確率で前と同じ事象列になる）。ゲームテーブルに行って、4つの連続したプレーを観ていると、事象列は16通りの事象列のいずれかになるが、組み合わせとしては5通りしかないことが分かる。それと同時に、**それぞれの事象列が起こる確率は一律に0.0625だが、それぞれの組み合わせが起こる確率は一律ではない**ことも分かる。

事象の組み合わせ	確率	
表表表表	0.0625	*
表表表裏	0.25	****
表表裏裏	0.375	******
裏裏裏表	0.25	****
裏裏裏裏	0.0625	*

ほとんどの人は事象列と組み合わせとの違いを理解していないため、これらを同じものだと思い込んでしまう。これはよくある誤解であり、この誤解が大きな問題に発展する場合もある。特殊な確率分布である釣鐘状の曲線、つまり**正規分布、に従うのは組み合わせのほうである（事象列ではない）**。すべての確率分布に共通する面白い性質が、**標準偏差**という統計量である。

コイン投げをはじめとする簡単な二項ゲーム（起こり得る結果が2通りのゲーム）の正規分布の標準偏差（SD）は、次の式で表される。

SD＝N*(((P*(1−P))/N)^(1/2))

ただし、

P＝その事象（例えば、表が出る）が起こる確率

N＝試行回数

　例えば、コイン投げを10回行った場合（すなわち、N＝10）の標準偏差は次のように計算することができる。

SD＝10*(((0.5*(1−0.5))/10)^(1/2))
　　＝10*(((0.5*0.5)/10)^(1/2))
　　＝10*((0.25/10)^(1/2))
　　＝10*(0.025^(1/2))
　　＝10*0.158113883
　　＝1.58113883

　図1.2を見てみよう。分布曲線上に描かれた中心線は、分布のピークの位置を表す。コイン投げの場合、表と裏が同数出るところで分布はピークを迎える。したがって、コインを10回投げた場合の分布の中心線は、表が5回、裏が5回の位置に来る。正規分布では、全事象のおよそ68.26％が＋1標準偏差と－1標準偏差の間の範囲内に入る。また＋2標準偏差と－2標準偏差の間に範囲内に入る事象は95.45％あり、＋3標準偏差と－3標準偏差の間の範囲内に入る事象は99.73％にものぼる。コインを10回投げた場合で考えてみると、1標準偏差はおよそ1.58である。したがって、表（または裏）の出る回数が3.42（5－1.58）回から6.58（5＋1.58）回の間になる確率は68％ということになる。また表（または裏）が7回出た場合は、期待した結果からのズレが1標準偏差を上回ることになる（ただし、期待した結果とは、「表が5回で裏が5回」を意味する）。

もうひとつ面白い現象に注目してみよう。コイン投げの例では、コインを投げる回数が増えるほど、表と裏が同じ回数だけ出る確率は減少する。コインを2つ投げた場合、表と裏が同じだけ出る確率は0.5だったが、コインが4つに増えると、表と裏が同じ数だけ出る確率は0.375に減少し、コインが6つになると0.3125、コインが10個の場合では0.246という具合に減少していった。この現象から言えることは、**試行回数が増えるにつれて、裏表の期待値が等しくなる確率（つまり、実際の結果が期待した結果に一致する確率）は減少する**、ということである。

　期待値とは、1回の賭けにおいて平均でどの程度の利益または損失が出るかを示すものである。しかし、利益や損失のばらつきは、期待値からは分からない。例えば、コイン投げの例では、表または裏が出る確率は50/50ということが分かっているので、コインをN回投げれば、表が出る回数はおよそ（1/2）*N回で、裏が出る回数もおよそ（1/2）*N回になるだろうということが予測できる。負けたときの損失と勝ったときの利益が同額だとすると、Nがどんなに大きくなろうと、期待値は0である。

　また、得られる結果が＋1標準偏差と－1標準偏差の間の範囲内に入る確率が68％になることも分かっている。試行回数が10回（N＝10）のとき、標準偏差は1.58、試行回数が100回（N＝100）のときは5、試行回数が1000回のときはおよそ15.81、そして試行回数が1万回のときの標準偏差は50である。

試行回数	標準偏差	標準偏差/N（％）
10	1.58	15.8％
100	5	5.0％
1,000	15.81	1.581％
10,000	50	0.5％

図1.2 正規確率関数（図に示した直線は、中心線と＋1および－1標準偏差を表す）

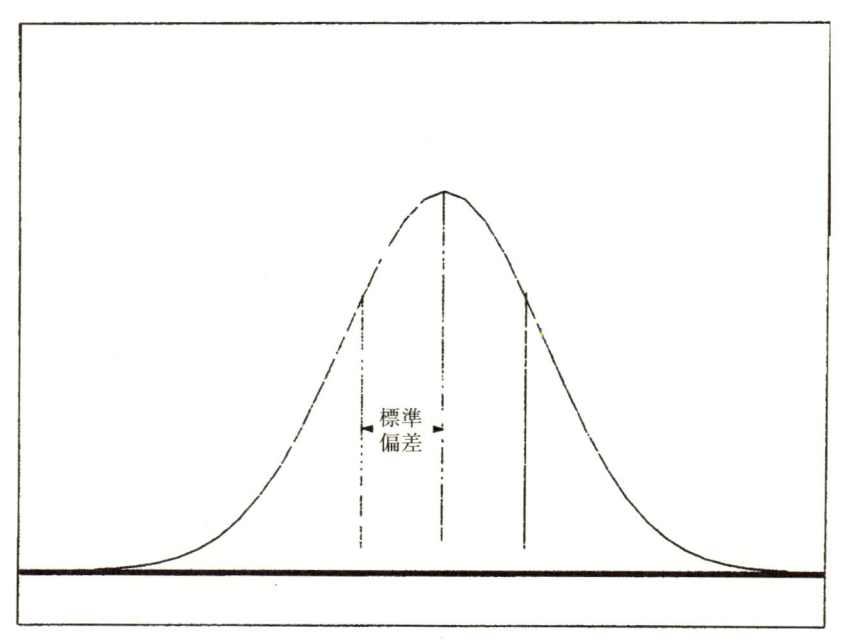

（標準偏差）

　Nが増えると、標準偏差も増えることに注目しよう。これはつまり、一般に信じられているのとは逆に、**長時間プレーを続けるほど、儲かる回数や損をする回数そのもので見た期待値から遠ざかる**ことを意味する。しかし、Nに対する比率で見た標準偏差は、Nが増えるにつれて減少する。これは、**長時間プレーを続けるほど、全試行数Nに対する比率で見た期待値に近づく**ことを意味する。これを、数学的に正しい形で表した「平均の法則」という。つまり、連続して何回も（N回）賭けた場合、Tを利益または損失総額、Eを期待した利益または損失とすると、Nが増えれば増えるほどT/NはE/Nに近づくと同時に、EとTとの差は拡大するということである。

図1.3は、コインを60回投げるゲームにおける確率過程をグラフ化したものである。グラフ上の曲線は、＋1、－1、＋2および－2の標準偏差を表す。標準偏差の線は内側にどんなに曲がろうと、外側に向かって永久に広がり続けていることに注目していただきたい。これが先ほど述べた「平均の法則」である。

ハウスアドバンテージ

次に、ハウスアドバンテージが存在する場合について考えてみよう。ここでもコイン投げを例にとって説明する。これまで見てきたのは、カジノ側にもプレーヤー側にも特に有利なルールが設けられていない公平なゲーム、つまり「フェア」なゲームでコイン投げを60回試行する場合についてであった。では、カジノ側に5％のアドバンテージがある場合はどうなるのだろうか。これは例えばコイン投げで言えば、勝ったときには1ドル儲かるが、負ければ1.10ドルの損になるようなシナリオである。

図1.4も前と同じように、60回のコイン投げゲームをグラフ化したものだが、今回は5％のハウスアドバンテージが含まれている。＋側の標準偏差が下方に曲がり始めている（そして、最終的にはゼロを下回る）のを見ると分かるように、こういったシナリオでは、プレーヤーが破産するのは必至だ。

期待値が負の場合にゲームを続けるとどうなるかを調べてみよう。

試行回数	標準偏差	期待値	＋1～－1標準偏差
10	1.58	－0.5	＋1.08～－2.08
100	5	－5	0～－10
1,000	15.81	－50	－34.19～－65.81

図 1.3　確率過程——60 回のコイン投げ結果（グラフ上の曲線は 1 標準偏差と 2 標準偏差を表す）

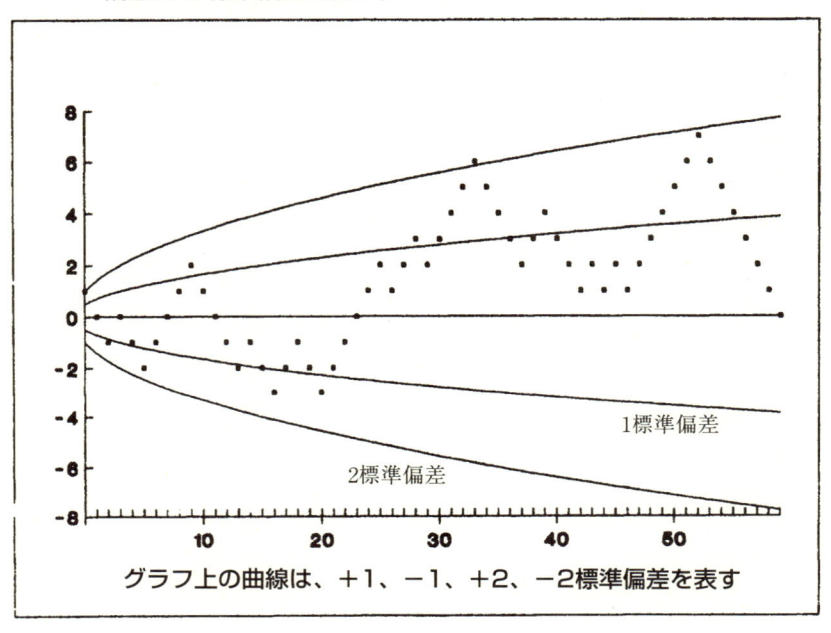

グラフ上の曲線は、＋1、－1、＋2、－2標準偏差を表す

10,000	50	－500	－450～－550
100,000	158.11	－5000	－4,842～－5,158
1,000,000	500	－50000	－49,500～－50,500

　ここにはエルゴード性の原理が働いている。つまり、1 人がカジノに行き、1 回につき 1 ドル賭ける行為を100万回続けるのと、100万人がカジノに行き 1 ドルずつ一斉に賭けるのとは同じことを意味するということである。100万ベットの場合、カジノが損をし始めるのは、期待値から何と100標準偏差も離れてからである。平均の法則より、逆にいえばプレーヤーが儲かる可能性はほとんどないということにな

図1.4　5％のハウスアドバンテージがあるときの60回のコイン投げ結果

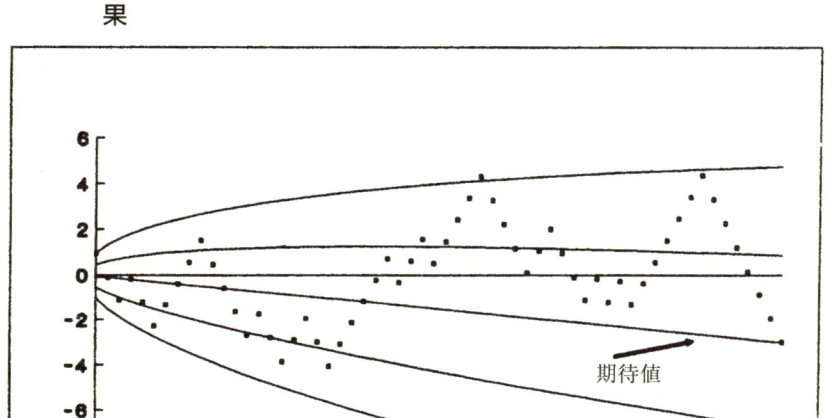

グラフ上の曲線は、＋1、－1、＋2、－2標準偏差を表す

期待値

る。スポーツ賭博と同様、カジノゲームの多くでは5％以上のハウスアドバンテージが設けられている。トレーディングは基本的にはゼロサムゲームだが、手数料、スリッページといったプレーヤー側にかかる負担の合計が5％を超えることも珍しくなく、そういった意味ではハウスアドバンテージが設けられているシナリオと同じようなものである。

次に、100回のコイン投げゲームの統計量を、5％ハウスアドバンテージがある場合とない場合について考えてみよう。

中心からの標準偏差	50/50の フェアゲーム	5％ハウスアドバンテージ ゲーム
＋3	＋15	＋10
＋2	＋10	＋5
＋1	＋5	0
0	0	－5
－1	－5	－10
－2	－10	－15
－3	－15	－20

　表を見ると分かるように、結果の99.73％がその範囲に含まれる3標準偏差では、フェアゲームの場合は＋15から－15単位の間の損益だが、5％のハウスアドバンテージがある場合は＋10から－20単位の間の損益になる。次に結果の95％がその範囲に含まれる2標準偏差を見てみよう。フェアゲームでは＋10単位から－10単位の間の損益だが、5％のハウスアドバンテージがある場合は＋5から－15単位の間の損益になる。結果の68％がその範囲に含まれる1標準偏差の場合はどうだろう。フェアゲームでは、最大利益は＋5単位で、最大損失も－5単位だが、5％ハウスアドバンテージゲームでは、得るものは何もないが最大損失は10単位にもなってしまう。5％ハウスアドバンテージの下でも、試行回数が100回を超えた場合は儲かる見込みはないわけではないが、儲かるためには、1標準偏差よりも良い結果を出さなければならないだろう。しかし正規分布では、1標準偏差を上回る結果を出す確率は、わずか0.1587％しかない。

　前の例に戻ろう。0標準偏差（つまり、中心線そのもの）では、5％のハウスアドバンテージがある場合の損失はハウスアドバンテージに等しく、50/50フェアゲームでは損失は0である。つまり、フェアゲームでは勝つ見込みもないが、負けることもないということにな

るが、5％のハウスアドバンテージゲームでは、平均で（0標準偏差で）5％の損失、すなわち試行回数100回ごとに5単位の損失を出すことになる。つまり、**独立試行を想定した場合の均等賭けでは、損失はハウスアドバンテージに等しい**のである。

ゼロを下回る期待値は必ず破産を招く

ここからもうひとつの原理を導き出すことができる。つまり、**期待値が負のゲームでは、どんなマネーマネジメント理論を駆使しても、絶対に勝てない。賭けを続ければ、どんなマネーマネジメント手法を使っても、敗者になることは明白であり、どんなに大きな元手があっても、間違いなく一文無しになる**ということである。

これは一種の警告と言えるかもしれない。負の期待値（数値の大きさは問題ではない）は、家庭崩壊を招いたり人を自殺や殺人に追い込むといった、賭け手が予想もしなかったありとあらゆる事件を引き起こしてきた。期待値が負のときに賭けをすることが、いかに採算のとれないものであるかは、以上の例でお分かりいただけたのではないだろうか。どんなに小さな負の値でも、負であることに変わりはなく、結局は最後の1セントまでするのが落ちである。これまで、このプロセスに打ち勝つ数学的手法がいろいろ模索されてきたが、すべて徒労に終わっている。これは、独立試行か従属試行かとはまったく無関係なので、その点は誤解のないように注意していただきたい。要するに、賭けの合計が負の期待値であれば、必ず敗者になる、ということなのである。

一例を挙げよう。例えば、10回の賭けのうち1回だけエッジが与えられる従属試行の場合、10回の賭けの合計が正の期待値になるようにするためには、エッジのある回には十分な賭け金を賭けなければならない。エッジのないほかの9回の平均損失が10セントで、エッジのあ

る1回では10セントの儲けが期待できるとすれば、ゼロサムゲームにもっていくだけでも、エッジのある回には9倍を上回る賭け金を賭けなければならないことになる。賭け金がそれを下回れば、依然として負の期待値の状態にあるため、プレーを続ければ一文無しになることはほぼ確実だ。

　負の期待値のゲームに参加した場合、その負の期待値に応じた分だけの元手を失うだけだと勘違いしている人は多い。例えば、ルーレットゲームの期待値が－5.26％であることが分かっている場合、ほとんどの人は、カジノに行ってルーレットゲームをしたときの平均損失が元手の5.26％だと考えてしまうようだ。これは非常に危険な誤解である。実際には、元手の5.26％の損失を出すのではなく、**賭け金総額**の5.26％の損失を出すのである。例えば、500ドル持ってルーレットゲームに参加するとしよう。毎回20ドルずつ賭けて500回プレーすると、賭け金の合計は1万ドルになる。その5.26％の損失が出るとすれば、損失は526ドルになり、元手を上回ってしまうのだ。

　賢明な賭け方はただひとつ。期待値が正のときだけ賭けることである。これから追い追い分かってくると思うが、期待値が負のときには必ず敗者になるが、期待値が正であれば必ず勝者になれるかといえば、そうではない。勝つためには賭けるべき適正な賭け金というものが存在するのだ。これについては、あとの章で詳しく議論する。今のところは、期待値が正のときだけ賭ける、ということだけを覚えておこう。次章では、市場で期待値が正の状態を見つける方法について見ていく。

　ただしカジノ賭博では、期待値が正の状態になるのは、ブラックジャックでカードを覚えることができて、かつ非常に優れたプレーヤーであり、かつ適正金額を賭けることができるときだけである。ブラックジャックについては良書がたくさん出回っているので、ここではこの程度にとどめておこう。

バカラ

　カジノに行ってギャンブルはしてみたいが、ブラックジャックのようにルールを覚えるのは面倒だという人にお勧めなのが、バカラだ。バカラはカジノゲームの中では負の期待値が最も小さいゲームである。つまり、ほかのゲームに比べると、損をするペースが緩やかということである。バカラの各確率は以下のとおりである。

　　　　バンカーが勝つ確率　　　45.842%
　　　　プレーヤーが勝つ確率　　44.683%
　　　　引き分けになる確率　　　9.547%

　バカラでは引き分けはプッシュとして扱われる（その手はなかったものとして、賭け金は戻される）ので、引き分けをなくしたときの確率は次のようになる。

　　　　バンカーが勝つ確率　　　50.68%
　　　　プレーヤーが勝つ確率　　49.32%

　それでは、期待値を計算してみよう。プレーヤーサイドの期待値は次のようになる。

$$
\begin{aligned}
ME &= (0.4932*1) + ((1-0.4932)*(-1)) \\
&= (0.4932*1) + (0.5068)*(-1)) \\
&= 0.4932 - 0.5068 \\
&= -0.0136
\end{aligned}
$$

　これはつまり、プレーヤーに対するハウスアドバンテージが1.36%

であることを意味する。

　次はバンカーサイドの期待値を計算してみよう。バンカーサイドは勝ったときだけ５％の手数料を払わなければならないので、期待値は次のようになる。

$$ME = (0.5068*0.95) + ((1-0.5068)*(-1))$$
$$= (0.5068*0.95) + (0.4932*(-1))$$
$$= 0.48146 - 0.4932$$
$$= -0.01174$$

　つまり、手数料を考慮した場合、バンカーに対するハウスアドバンテージは1.174％である。

　お分かりのように、プレーヤーの負の期待値はバンカーのそれよりも大きいので、プレーヤーに賭けるのは得策ではない。

プレーヤーのディスアドバンテージ	－0.0136
バンカーのディスアドバンテージ	－0.01174
プレーヤーに対するバンカーのエッジ	0.00186

　つまり、およそ538手（1/0.00186）後には、バンカーにはプレーヤーに対して１単位のアドバンテージがつくというわけである。そして、プレーを続ければ続けるほど、このアドバンテージは増大する。
　といっても、バンカーの期待値が正というわけではない。バンカーの期待値もプレーヤーの期待値も負であることに変わりはないが、バンカーの期待値の負の度合いがプレーヤーほど大きくないというだけの話である。したがって、１手ごとにバンカーに１単位賭けると、およそ85手（1/0.01174）ごとに１単位損をするのに対し、１手ごとに

プレーヤーに１単位賭けると、およそ74手（1/0.0136）ごとに１単位損をすることになる。確かにほかのゲームに比べれば、損をする**ペース**はゆっくりだが、損失額の**累積速度**もゆっくりかといえば、必ずしもそうとは言えない。というのは、ほとんどのバカラテーブルでは、賭け金の最低額が25ドルと決められているからである。したがって、１手ごとにバンカーに１単位賭けると、85手後の予想損失はおよそ25ドル（25ドル*85*0.01174）になる。

これをルーレットゲーム（赤か黒かに賭ける場合を想定）と比較してみよう。ただし、期待値は−0.0526、賭け金の最低額は２ドルとする。この場合、85スピン後の予想損失はおよそ９ドル（２ドル*85*0.0526）である。もうお分かりかと思うが、期待値は賭け金総額の関数にもなっているのである。バカラと同じように、１スピンごとに25ドルを賭けると、85ゲーム後には、バカラの予想損失が25ドル（85手後）であるのに対し、ルーレットの場合の予想損失は112ドル（85スピン後）になる。

ナンバーズ

最後に、ナンバーズの確率について考えてみよう。バカラが金持ちのゲームだとすれば、ナンバーズは貧しい人のゲームと言えよう。確率が何ともお粗末なのだ。000から999までの数字の中から３桁の数字をひとつ選ぶゲームを想定しよう。その数字に１ドル賭けるとする。その日の数字として選ばれる数字は通常、操作が不可能で、よく知られた数字、である。例えば、その日の株式市場の出来高の最後の５桁から最初の３桁を選んだ数字、といった具合だ。プレーヤーは数字が当たらなければ賭けた１ドルを損するだけだが、万一当たった場合には700ドル貰えるので、正味の儲けは699ドルになる。したがって、ナンバーズの期待値は次のように計算できる。

$$ME = (699*(1/1000)) + ((-1)*(1-(1/1000)))$$
$$= (699*0.001) + ((-1)*(1-0.001))$$
$$= (699*0.001)) + ((-1)*0.999)$$
$$= (0.699) + (-0.999)$$
$$= -0.3$$

 つまり、賭け金1ドル当たり30セント損をするということである。これは、キーノを含むどんなカジノゲームよりも悲惨な期待値だ。ルーレットのようなゲームの期待値もけっして良いとは言えないが、ナンバーズの期待値はそれのおよそ6倍も悪いのである。ナンバーズより期待値の悪いギャンブルは、フットボール賭博と州営宝くじだけである。

パリミューチュエル方式

 期待値が最悪のゲームは、おそらくはパリミューチュエル系と呼ばれるゲームだろう。パリミューチュエルの文字通りの意味は、「内輪で賭ける」である。パリミューチュエル方式は、1700年代、フランスの香水業者であるムッシュー・オラーが始めたものだ。ブックメーカーも兼業していたムッシュー・オラーは、賭けを請け負ったあかしとして、香水のビンをチケットの半券代わりに客に渡した。彼は客に代わって賭けをし、最終売り上げから経費を差し引いた残額を勝者に配分した。今では、このパリミューチュエル方式を採用したゲームは、州営宝くじからフットボール賭博、ナンバーズから競馬と、多種多様だ。期待値が最悪のゲームの集まりと言っても過言ではないだろう。ところが、こういったパリミューチュアル・ゲームでも期待値が正の状態になる場合が多々あるのだ。
 先ほどのナンバーズで考えてみよう。賭け金総額を概算するには、

平均払い戻し総額を（1－取り分）で割ればよい。ナンバーズの場合、取り分は30％なので、1－0.3＝0.7となり、1を0.7で割ると1.42857が得られる。平均払い戻し総額を例えば1400ドルとすると、賭け金総額は1400×1.42857＝2000ドル（およそ）と計算できる。したがって、パリミューチュエル・ゲームで期待値が正になる状態を見つけるには、まず賭け金総額を知る、あるいは少なくもその概算額を知ることから始まる。

　次に、その賭け金総額を起こり得る組み合わせの総数で割る。これによって、各組み合わせに賭けられた平均賭け金総額を割り出すことができる。ナンバーズの場合、起こり得る組み合わせは1000通りなので、先ほどの例を使えば、賭け金の概算総額2000ドルを起こり得る組み合わせの総数1000で割ると、各組み合わせに賭けられた平均賭け金総額は2ドルと計算できる。

　次は、自分が選んだ数字に賭けられた賭け金総額を計算する。これには内部情報が必要になる。しかしここでの目的は、ナンバーズをはじめとするギャンブルに勝つ方法を示すのではなく、リスク・リワードのトレードオフ問題を含む状況にアプローチするための正しい考え方を示すことにあるので、とりあえずはこの情報は入手可能であると仮定する。さて、各数字に賭けられた平均賭け金総額と、自分の選んだ数字にかけられた賭け金総額が分かったとすると、この平均賭け金総額を自分の選んだ数字に賭けられた賭け金総額で割ると、自分の選んだ数字のベットサイズに対する、各数字の平均ベットサイズの倍率が分かる。

　どの数字にも勝つチャンスが平等にあり、賭け金総額は、平均賭け金総額に起こり得る組み合わせの総数を掛けたものなので、自分の数字に賭けられたベットサイズが平均ベットサイズより少ないほうが有利であることが分かる。仮に倍率が1.5倍であったすると、各数字に賭けられた平均賭け金総額が、自分の選んだ数字に賭けられた賭け金

総額の1.5倍ということである。

　倍率が分かったところで、次はいよいよ実際の期待値を計算してみよう。期待値を計算するには、倍率に量（1－取り分）を掛ければよい。ここでいう取り分とはパリミューチュアル手数料（取り分、すなわちカジノ側が総収入、つまり賭け金の総額から抜き取る金）のことである。ナンバーズの場合、取り分は30％なので、1から取り分を引くと0.7になる。そして、例えば倍率を1.5倍とすると、それに0.7を掛けると1.05になる。最後に、この1.05から1を引いて得られた値が期待値というわけである。つまり、期待値は1.05－1＝5％である。したがって、この例におけるシチュエーションでは、ゲームを何度も続けると、平均で賭け金の5％の利益が期待できるということになる。

　しかし、これにはただし書きがつく。ナンバーズの勝率は1/1000、つまり0.001なので、この例のシチュエーションで毎回1ドルずつ賭けて1000回プレーすると、5％の利益、すなわち50ドルの利益を期待できる。ただしそのためには、この例で与えられたような条件が常に存在していなければならない。ナンバーズの場合は1000回プレーすることが可能なので、この期待値は実現可能である。

　同じことを、700万を超える組み合わせ数のある州営宝くじで行うとするとどうなるだろう。共同出資するか、毎回2つ以上の数字に賭けられるだけの大金がなければ、生きているうちに700万本を超える宝くじを買うことは不可能だろう。あなたの選んだ番号が当選するまでには（平均で）700万本の宝くじを買わなければならないので、ナンバーズの例で示したような正の期待値など考えても無意味である。払戻金を手にするまで生きている可能性はほとんどないのだから。

　期待値が意味のあるもの（正の期待値を想定）であるためには、数学的に勝つ見込みを十分得られるほどの試行を、生きているうちに（または、あなたの想定する適切な期間内に）行うことができなければならない。必要な平均試行回数は、起こり得る組み合わせ数をあな

たが1回にプレーする組み合わせ数で割った値になる。これをNと呼ぶことにしよう。このNに1回の試行にかかる時間を掛けたものが、その期待値が意味のあるものになるまでにかかる時間である。例えば、700万分の1の確率で、週1回宝くじを買うとすると、その期待値が意味のあるものになるのを見届けるには、あなたはおよそ700万週（およそ13万4615年）生きていなければならないことになる。700万の組み合わせの中から1回につき1万本の宝くじを買った場合は、その1万本の宝くじのひとつが当たるまでにかかる平均時間を考えればよいことになるが、それでも、その期待値が出るまでには700週（700万/1万、およそ13.5年）もかかってしまう。

　これまでに説明してきた手順は、ほかのパリミューチュエル方式のギャンブルにも同じように適用できる。ゲームによっては、内部情報を必要としないものもある。パリミューチュエルの代表例である競馬がそれに当たる。ただしここでは、ある馬に単勝で賭けられた賭け金を単勝賭け金の総額で割ったものが、その馬の真の勝率を表すものと仮定する。例えば、単勝賭け金の総額が2万5000ドルで、選んだ馬の単勝賭け金を2500ドルとすると、その馬の勝率は0.10になるということである。したがって、同じ馬、同じ馬場状態、同じ騎手といった具合に、同じ条件でレースを100回行った場合、その馬は10％の確率で優勝すると考えてよい。

　以上のことを前提に、選んだ馬の複勝賭け金の、複勝賭け金総額に対する割合が、その馬の単勝掛け金の、単勝賭け金総額に対する割合よりもうんと低くなる状況を見つけだすことでレースに勝つ方法について考えてみよう。例えばある馬の優勝する確率をXとすると、通常は2着または3着になる確率はXよりも低くはならないはずだ（ただし、前述したようにXはその馬が優勝する真の確率であると仮定する）。しかし、もしその馬が2着または3着になる確率が優勝する確率よりも低ければ、アノマリーが生まれるので、それを利用すれば、

もしかすると勝機をつかめる可能性があるかもしれない。

今までの話をまとめると、特定の馬に複勝式で賭けた場合の期待値は次の公式で表すことができる。ただし、馬場の取り分も考慮に入れるものとする。理論的には、期待値が正になる状況のときだけ賭ければよい。

$$((((W_i / \Sigma W)/(S_i / \Sigma S))*(1-馬場取り分))-1$$

ただし、
W_i＝i番目の馬の単勝賭け金
ΣW＝単勝賭け金の総額（すべての馬に単勝式で賭けた場合の賭け金の合計）
S_i＝i番目の馬の複勝賭け金
ΣS＝複勝賭け金の総額（すべての馬に複勝式で賭けた場合の賭け金の合計）
i＝あなたの選んだ馬

これはギャンブルなので、賭け金の計算にはケリーの公式を使えばよいことを思い出した読者もいることだろう（ケリーの公式については、第4章で詳しく説明する）。しかし、話はそれほど簡単ではない。適切な賭け金を決定するには反復収束計算が必要になるからである。複勝賭け金が増えた場合、当然ながら期待値と払戻金も変わってくる。ただし、確率は（$W_i / \Sigma W$）で決まっているので変わらない。ケリーの公式は払戻金の関数なので、払戻金が変われば賭け金を計算しなおさなければならない。つまり、正しい賭け金が決まるまでにはこうして忍耐強く何度も計算を繰り返さなければならないわけである。

賭博予想システムやトレーディングシステムと同じように、前述の公式は、あなたが思うほど簡単なものではない。競馬場に行って実際

にやってみるとそれがよく分かるはずだ。賭け金総額が60秒かそこらごとに変わるなかで、公式の計算をし、列に並んで馬券を買う。しかもこれを、レースが始まってから数十秒以内にやるのだ。勝つためのどんなシステムも、リアルタイムで使うのは、紙のうえで見るよりはるかに難しいものなのである。

決定指向と選択指向

　前にも言ったように、パリミューチュエル方式の賭けにおけるアノマリーを取り上げたのは、あくまでこの主題に関する数学を正しく理解するための考え方を示すためである。ギャンブルはそのほとんどがペテンである。プレーヤーが必ず負けるようにできているのだ。しかしそこには、もしかしたら利用できるかもしれないアノマリーというものが存在する。リスク・リワードのトレードオフ問題を含む状況（ギャンブル、トレーディングなど）におけるアノマリーとは、**正の期待値を見つける**ことができるような状況をいう。したがって、まず最初にやるべきことは、正の期待値を見つけることである。これが数学的に正しいマネーマネジメントの基本である。

　ナンバーズで数字を選ぶとき、ほとんどの人は直感で選ぶ。あるいは何か別の理由で選ぶ人もいるかもしれない。競馬場に行って、そこに来ている人々をじっくり観察してみよう。プログラムを見たり、競馬新聞を読んでいるが、すべて、入賞しそうな馬を選ぶための行為である。これとまったく同じように、株式ファンドマネジャーのほとんどが、自分が重要だと思う理由――利益、経営状態、あるいは直感――に基づいて銘柄を選ぶ。これらの行為はすべて**選択**指向である。アノマリーを生み出すのは、こういった選択指向の人々と選択するうえでの彼らの基準であり、こういったアノマリーが発現するのは、「大衆」が、オッズで表されるある事象の起こる確率を、その事象が起こ

る**実際**の確率と異なって認識しているときである。そして、こういったアノマリーが、**決定**指向の人々に正の期待値を生み出すのである。

　便宜上、ここではギャンブルを例にとって説明しているが、アノマリーはギャンブルに特有の概念というわけではなく、人生のいたるところに存在する。例えば、獲物を追いかけ回す野生のネコを考えてみよう。ネコは、獲物を追いかけ回しながら、追いかけ続けるべきなのか、諦めるべきなのかの判断を絶えず行っている。これは動物の「本能」だとか、あるいは人間の行動を議論しているときには「右脳」プロセスだととらえられがちだが、この状況は詳しく分析してみると実は数学的決定なのである。すなわち、ネコがその獲物から得られるエネルギーが燃料価の10倍（推定）だとすると、ネコは、すでに消耗したエネルギーに加え、獲物を捕えるまでにはさらなるエネルギーを消耗するだろうことを予想し、獲物を追いかけ続けるためには、その獲物を捕えられる確率が0.0909より大きくなければならないことを瞬時に計算できなければならないということである。

　この場合のオッズは10対1である。このオッズから確率を計算すると0.0909になる。この例でネコが獲物を捕えられる実際の確率が、オッズから計算される確率よりも大きければ（つまり、確率が0.0909より大きければ）、その瞬間自然の中にアノマリーが生じ、ネコはそれを利用することができる。ネコが正の期待値の状態にあるのは、その間だけである。ただし、これはすべて試算値が正確であることが条件になるのは言うまでもない。もちろん、ネコは獲物を追いかけながら頭の中でこういった計算をしているわけではない。にもかかわらず、その状況は数学で説明がつく。本能的であれ何であれ、ネコがこれらの答えに行き着くことができるかぎり、そして試算値が正確であるかぎり、ネコは生き延びることができる。そうでなければ、ネコは餓死するだろう。決定指向はもしかすると進化において大きな役割を果たしたのかもしれない。

人生において意思決定が必要とされるあらゆる局面においても、同じような能力が要求される。もちろんトレーディングも例外ではない。**決定指向とは、期待値が正のときだけアクションを起こす**ことを意味する。ある事象の起こるオッズがその事象の起こる確率に等しくないときには必ずアノマリーが生まれ、そのアノマリーを利用すればもしかすると勝機をつかめるかもしれない。一般に、オッズは「一般大衆」が決め、確率はプレーヤーであるあなたが見積もるものである。見積もった確率が本当の確率に近いほど、変則的な状況を見極められる可能性は高まる。

確率過程における連勝と連敗

独立試行を想定した均等賭けでは、あなたの敗率がハウスアドバンテージに等しいことはすでに見てきたとおりである。この法則を何とか打破しようと、ギャンブラーたちは、連敗中よりも連勝中に利益を増やしたり、あるいは連敗もそろそろ終わりに近いと思えるときには賭けを増やし、連勝に陰りが見え始めたときには賭けを減らしたりできるような賭け方を模索する。しかし、ここでもうひとつ重要な原理を紹介しよう。それは、**次に起こる事象が予測できないのと同じように、連勝や連敗も予測できない**（従属事象か独立事象かは無関係）、というものである。しかし長くやっていると、どれくらいの長さの連勝や連敗が起こるのかは、それまでの確率から予測できるようになる。

コインを投げて、裏が出たと仮定しよう。今、連続回数は1回である。もう一度投げた場合、再び裏が出る確率は50％で、裏が出れば連続回数は2回になる。それと同時に、表が出る確率も50％なので、もし表が出れば連続回数は1回でストップする。3回目も状況はまったく同じである。この論理に従ってコインを4096回投げ続けると、次のような表が得られる。

連続回数	起こる頻度	連続回数1回と比べたときの頻度	確率
1	512	1	0.50
2	256	1/2	0.25
3	128	1/4	0.125
4	64	1/8	0.0625
5	32	1/16	0.03125
6	16	1/32	0.015625
7	8	1/64	0.0078125
8	4	1/128	0.00390625
9	2	1/256	0.001953125
10	1	1/512	0.0009765625
11	1	1/1024	0.00048828125

　このパターンはこの先もどんどん続き、数字はどんどん小さくなっていく。

　これは予想パターンであることに注意しよう。コイン投げを4096回行ったときの実際のパターンは、これに似てはいるが、まったく同じではない。この4096回のコイン投げのパターンは、50/50のフェアゲームのときのパターンである。ハウスアドバンテージが設けられたゲームでは、そのアドバンテージの大きさによってパターンはゆがんでくる。

従属性の有無

　前述のとおり、コイン投げは独立試行である。つまり、コインを投げる前に発生する事象の確率を正確に計算でき、コインを投げるたびごとの確率は変わらないので、結果は予想することができるというこ

とである。試行にはブラックジャックのように従属試行のものもある。こういった従属試行における事象も、カードを引く前に正確な確率を計算できるので予想は可能だが、カードを引くたびごとの確率が常に一定というわけではない。しかし試行のなかには、次の結果が前の結果に従属するかどうかが分からないものもある。その一例がトレーディングシステムによるトレーディングで、こういったシステムが生み出す一連のトレード（連続してトレードを行った場合の損益結果）の間には従属性があるかどうかは分からない。このタイプの問題を扱うには、別のツールが必要になる。

次の図は、コインを連続して投げた場合の結果を示したものである。ただし、（＋）は勝ちを表し、（－）は負けを表すものとする。

＋＋－－－－－－－＋－＋－＋－－－＋＋＋－＋＋＋－＋＋＋

これをトレーディングに置き換えると、合計28トレードのうち、勝ちトレードが14回、負けトレードが14回である。勝ったときの儲けが1ドルで、負けたときには1ドル損をするとすると、この一連のトレードの正味損益は0ドルである。

さてここで、あなたの頭を幼児に戻そう。（コイン投げには実際には従属性はないが）当然ながら、コイン投げに従属性があるかどうかを、幼児のあなたは知らない。しかし、このコイン投げの結果を見た途端、次のようなルールがあることに気づくはずだ。すなわち、「2回続けて負けたらそれ以上賭けるな。サイドラインに行って勝ちが出始めるまで待て」。この新しいルールに従っていれば、結果は次のようになっていただろう。

＋＋－－＋－＋－＋＋－＋＋＋－＋＋＋

つまり、この新しいルールに従っていれば、勝ちが12回、負けが8回で、正味で4ドルの利益が得られたということである。あなたはこの新しいルールは絶対だと確信する。事象列（ここでは一連のトレードがこれに当たる）と組み合わせ（組み合わせで考えると、これはブレイクイーブン・ゲームになる）とが違うことを、幼児のあなたはまだ知らない。

ここには、大きな問題がひとつある。それは、あなたが、この一連のコイン投げに従属性があるかどうかを知らないということである。**従属性がなければ、一連の勝ち負けの結果だけを基にパフォーマンスを改善しようとしても無意味であり、おそらくは害はあっても利点はない**（定常分布と非定常分布とは区別しなければならない。定常分布とは、確率分布が変わらないような分布を言う。例えば、常に0.0526のディスアドバンテージがあるルーレットのようなカジノゲームがこれに当たる。一方、非定常分布とは、期待値が時間とともに変化するような分布のことである［実際には、確率分布全体が時間とともに変化する］。これの良い例がトレーディングである。トレーディングは、カジノで酔っ払ってゲームをはしごするようなものだ。5ドルチップ［期待値は－0.0526］を持ってルーレットで遊んだかと思えば、次はふらふらと、カードの組がたまたまプレーヤーに2％のアドバンテージとなっているようなブラックジャックのテーブルでプレーする。当然ながら、彼のプレー結果の分布も不安定で、期待値も結果分布も大きく変動する。これとは逆に、ひとつのテーブルでひとつのゲームに集中するような場合、結果分布は安定する。こういった状態を「定常的」と言う。システムトレーディングの結果は実際には非定常分布に従う。トレーダーが「資産カーブに基づくトレーディング」を有利に行えるようなテクニックは多分あると思うが、そういったテクニックは本書の範囲を超えているのでここでは扱わない。したがって本書では、非定常分布に従う事象も定常分布に従うものと仮定するが、この

2つが根本的に異なることだけは知っておいていただきたい)。理由はこれから追い追い分かってくるだろう。

　これはコイン投げなので、実際には1回ごとの試行に従属性はなかった。つまり、次のコイン投げの結果は、前のコイン投げの結果とは独立している(影響されない)ということである。したがって、この28回のコイン投げの事象列は完全にランダムなものだったわけである(それぞれの事象列が発生する確率はすべて等しいことを思い出していただきたい。また、正規分布に従うのは事象の組み合わせであり、分布は期待値のところでピークになる。この場合の最終結果、つまり期待値は、「正味損益がゼロになる」ことを意味する)。次に示す28回のコイン投げの事象列もまたランダムで、この事象列が発生する確率はほかのどの事象列が発生する確率とも同じである。

－－＋－－＋－－＋－－＋－－＋－－＋－＋＋＋＋＋＋＋

　前回と同様、この事象列の正味損益もゼロである。先ほどのあなたのルールをこれに適用すると、結果は次のようになる。

－－－－－－－－－－－－－－－＋＋＋＋＋＋＋

　つまり、負け14回、勝ち7回で、正味損失は7ドルである。
　繰り返すが、(定常プロセスにおいては)従属性がなければ、一連の勝ち負けの結果だけを基にパフォーマンスを改善しようとしても無意味であり、害はあっても利点はないことを銘記しておいていただきたい。

ランテスト、Zスコア、信頼度

　例えば、システムトレードの一連のトレードのように、従属性があるかどうかが分からないような事象については、ランテストをやってみるのがよい。ランテストとは、システムトレードの連勝と連敗のZスコアを求めることである。これからZスコアの求め方を見ていくことにしよう。まず、最低30のトレードデータが必要である。これには統計学的に明確な理由がある。Zスコアは正規分布を前提とするものである（この例では、連勝と連敗が正規分布に従うと仮定する）が、試行数が30を下回ると正規分布のいくつかの特徴は無効になる。つまり、特定の統計的尺度が十分に有効になるような正規分布の形状を得るためには、最低30の試行が必要なのである。

　Zスコアとは、データが正規分布の平均から何標準偏差の範囲内にあるかを示したものである。例えば、Zスコアが1の場合、あなたがテストしているデータは平均から1標準偏差の範囲内にあるということになる（ちなみに、このデータはきわめて標準的なデータ）。Zスコアが分かったら、次にそれを信頼度に換算する。正規確率関数の曲線と1標準偏差の線とx軸とで囲まれる部分の面積は、曲線とx軸とで囲まれる全面積の68%であることはすでに述べたとおりである。Zスコアは平均から何標準偏差離れているかを表し、信頼度はその標準偏差の間の面積が全体の面積に対してどれくらいの割合を占めているかを表していることより、これら2つの量は次の表のように対応づけることができる。

信頼度	Zスコア
99.73%	3.00
99%	2.58
98%	2.33

97%	2.17
96%	2.05
95.45%	2.00
95%	1.96
90%	1.64
85%	1.44
80%	1.28
75%	1.15
70%	1.04
68.27%	1.00
65%	0.94
60%	0.84
50%	0.67

　最低30のトレードデータを使って、実際にZスコアを計算してみることにしよう。われわれがやろうとしていることは、任意のシステムから期待できる連勝数または連敗数を求めることである。われわれがテストしているシステムの連勝数または連敗数は期待値と一致するのだろうか。そうでない場合、各トレード間に従属性がある――つまり、あるトレード結果は前のトレード結果に従属する――と仮定できるだけの高い信頼度がそのシステムにはあるのだろうか。こういったことを調べていく。

　ランテストの方法とシステムのZスコアの求め方を、手順に沿って見ていこう。

　1．一連のトレードについて、次のデータを集める。
　　A．全トレード数。これをNと呼ぶ。
　　B．勝ちトレード数と負けトレード数。これらの値からXを計算する（ただし、X＝2×勝ちトレード数×負けトレード数）。

C. 一連のトレードにおけるラン数。これをRとする。

具体例を見てみよう。トレードとしては以下のものを想定する。

－3　＋2　＋7　－4　＋1　－1　＋1　＋6　－1　0
－2　＋1

正味利益は＋7で、全トレード数は12である。したがって、N＝12（簡単にするため、最低30のトレードが必要というルールには従っていない）。損益の大きさについては、今のところは考えず、勝ちトレード数、負けトレード数、連勝数および連敗数だけを考える。したがって、トレード結果は＋符号と－符号の簡単な列として表すことができる。ただし、損益0のトレードは負けトレードとみなす。したがって、トレード結果を表す先ほどの列は、次のように簡単化することができる。

－＋＋－＋－＋＋－－－＋

列を見ると分かるように、勝ちトレード数が6で、負けトレード数も6である。したがって、X＝2*6*6＝72。また、ラン数は8なので、R＝8である。ここでいう**ラン**とは、その列を左から右に（つまり、発生順に）読むときに符号が変わる時点、と定義する。ただし、スタート時点をひとつとしてカウントする。したがって、この列におけるランは以下のとおりである。

－＋＋－＋－＋＋－－－＋
1 2　 3 4 5 6　 7　　 8

2．次の式を解く。

N*(R − 0.5) − X

この例の数値を入れて計算すると次のようになる。

12*(8 − 0.5) − 72 = 12*7.5 − 72 = 90 − 72 = 18

3．次の式を解く。

(X*(X − N))/(N − 1)

この例の数値を入れて計算すると次のようになる。

(72*(72 − 12))/(12 − 1)
= (72*60)/11
= 4,320/11
= 392.727272

4．ステップ3で得られた値の平方根をとる。この例における計算値は次のようになる。

392.727272^(1/2) = 19.81734775)

5．ステップ2の値をステップ4の値で割る。これがZスコアの値になる。この例におけるZスコアは、次のように計算できる。

18/19.81734775 = 0.908295107

6．先ほどの表を使って、Zスコアを信頼度に換算する。この例では、信頼度は60％と65％の間の値になる。つまり、1標準偏差よりも少し内側の範囲内ということになる。

　Zスコアが負になった場合、信頼度を求めるには－符号を取って正にすればよい（つまり、絶対値で考えればよいということ）。Zスコアが負になるということは、正の従属性のあることを意味する。つまり、連勝や連敗が正規確率関数が示すものよりも少ないということであり、したがって、勝ちは勝ちを生み、負けは負けを生む。逆に、正のZスコアは負の従属性を意味する。つまり、連勝や連敗が正規確率関数が示すものよりも多いということになり、今度は、勝ちは負けを生み、負けは勝ちを生む。

　従属性が許容できる信頼度にあるかぎり、その従属性の根底にある原因を理解していなくても、その従属性の程度に応じてやり方を変えることで、より良い判断ができるようになる。従属性の原因が分かっている場合は、従属性が有効に作用するとき、しないときはどんなときなのかや、その従属性の度合いがいつ変化するのかを、もっと正確に予測することができる。

　ランテストを行うことで、各試行間に何の従属性もない真にランダムな列で一般的に予想される連続数（連勝または連敗）と比較して、あなたの列に含まれる連続数が多いのか少ないのかを知ることができる。この例で用いた列の信頼度は比較的低いため、各試行間に従属性はないものと仮定することができる。

　では、許容できる信頼度とはどの程度の数値を言うのだろう。このテストからは、従属性があるともないとも、正確には言えない。したがって、どの程度の信頼度を許容できるものとみなすかは、個人の判断に任せられる。統計学者によれば、一般に信頼度は90％台の後半のほうの数値にするのが望ましいようだ。しかしなかには、従属性を認

めるためには、99％を上回る信頼度がなければならないとする者もいれば、95.45％（2標準偏差）程度でもよいとする者もいる。

しかし現実的には、95.45％を上回る信頼度を示すシステムなど、まずないと思って間違いはないだろう。ほとんどのシステムでは、信頼度は90％を下回るのが一般的だ。しかし、たとえ90％から95.45％程度の信頼度のシステムが見つかったとしても、金塊を探し当てたというわけにはいかない。大きな違いを出すために利用できる従属性のあることを仮定するためには、どんなに低く見積もっても95.45％は必要だ。

少し前のことだが、ブローカーの友人が資産カーブの変動を組み込んだ彼のマネーマネジメントのアイデアをプログラミングしてほしい言ってきた。私は何はともあれ、まず各トレード間に従属性があるかどうかを調べた。すでにお分かりのように、（定常プロセスでは）従属性のあることが非常に高い信頼度で証明されないかぎり、資産カーブに基づいてトレーディングのやり方を変えてもすべて無益であり、場合によっては有害なこともあるのだ。

私が友人のために作成したシステムのZスコア（423トレードのデータを使用）は－1.9739だった。つまり、信頼度に換算すれば95％を超えることになる。これはほかのトレーディングシステムに比べれば悪くはないが、統計学的には従属性の信頼度として許容できるものではない。Zスコアがマイナスということは、このシステムでは勝ちが勝ちを生み、負けが負けを生むということである。とりあえずはこれで十分だろうということで、早速システムを使ってみた。私はシステムに、負けたあとはすべてのトレードをパスし、やれば勝っていたトレードが出現したら、その次からトレードを再開するように命令した。結果は次のとおりである。

	ルール導入前	ルール導入後
利益合計	$71,800	$71,890
総トレード数	423	360
勝ちトレード数	358	310
勝率	84.63%	86.11%
1回の平均損益	$169.74	$199.69
最大ドローダウン	$4,194	$2,880
最大連敗数	4	2
4連敗	2	0
3連敗	1	0
2連敗	7	4

　上の表の計算値は、1トレードごとにかかる手数料50ドルとスリッページを含んだ値である。表から分かるように、このシステムのルール導入前のパフォーマンスは素晴らしいものだ。非の打ち所がないので、どこをどう改善すればよいのか分からなかったが、従属性のあることを見つけだし、それを利用することで、システムは著しく改善された。このシステムの信頼度は95％をわずかに上回る程度だったが、これほど信頼度の高い先物トレーディングシステムを見つけるのは難しいだろう。しかし、この信頼度は統計学的には、従属性が存在することを仮定できるほど高いものとは言えない。できれば、信頼度が90％台の後半のほうの数値のシステムを使うのが理想的である。

　これまでは、直近のトレードが勝ったか負けたかという観点だけで従属性を見てきた。今度は、一連のトレード結果が従属性を示しているかどうかを判断する方法について見ていきたいと思う。従属性を調べるランテストでは勝率と敗率は自動的に組み込まれる。しかし、連勝および連敗を調べて従属性の有無を調べるこのランテストでは、勝ち負けの順序だけを考慮し、勝った額や負けた額は考慮しなかった。

システムが真に独立したものであると言えるためには、勝ち負けが互いに独立しているだけでなく、勝った額や負けた額もまた独立していなければならない。勝った額や負けた額が互いに影響し合っていても、勝ち負けが互いに独立している（あるいはその逆）ということもあり得るからである。

これを調べるひとつの方法としては、まず勝ったトレードだけを、何らかの方法（例えば、平均よりも大きな勝ちか小さな勝ちかで分ける）で分類してランテストを行い、勝った額の大きさ間の従属性を調べる。そして負けたトレードについても同じことを行う。

線形相関係数

勝った額と負けた額との間に存在すると思われる従属性を数値化する方法はランテストだけではない。これから説明する方法のほうが、おそらくは優れた方法と言えるだろう。この方法は、勝ちと負けの大きさをランテストとはまったく異なる数学的視点で観測するものだ。ランテストと併用すれば、ランテストだけを行うよりも、トレード間の関係をより精密に測定することができる。この方法では、従属関係あるいは非従属関係を、線形相関係数ｒ（ピアソンのrとも呼ばれる）を使って数値化する。

図1.5は、完全相関の関係にある２つの事象列を表したものだ。こういった関係を「正」の相関と呼ぶ。

次に図1.6を見てみよう。これは、完全逆相関の関係にある２つの事象列を表したものである。２つの線はジグザグの向きがまったく逆になっていることに注意しよう。こういった関係を「負」の相関と呼ぶ。

２つの事象列ＸとＹの間の線形相関係数（r）は次の式で求めることができる（変数の上にあるバーは、その変数の平均を意味する記号で

図 1.5　正の完全相関（r ＝＋1.00）

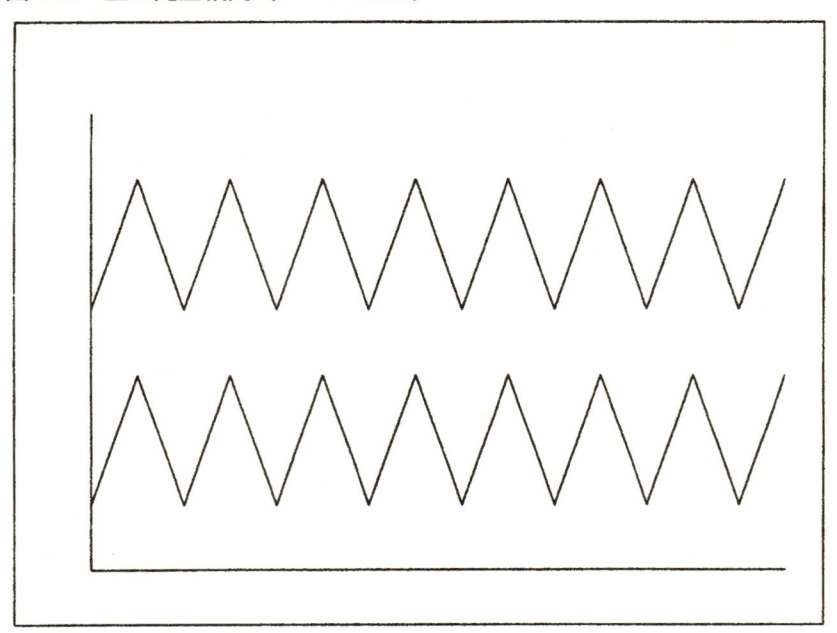

ある。例えば、$\overline{X} = ((X_1 + X_2 + \cdots X_n)/n$　である）。

$$r = \frac{\sum_a (X_a - \overline{X}) * (Y_a - \overline{Y})}{((\sum_a (X_a - \overline{X})^\wedge 2)^\wedge (1/2)) * ((\sum_a (Y_a - \overline{Y})^\wedge 2)^\wedge (1/2))}$$

では、計算方法を見ていくことにしよう。

1．XとYの平均をそれぞれ計算する。
2．各期間ごとに、Xの各データとXの平均との差、およびYの各データとYの平均との差をそれぞれ求める。
3．分子を計算する。まず、各期間ごとに、ステップ2で求めた数

図 1.6　負の完全相関（r = − 1.00）

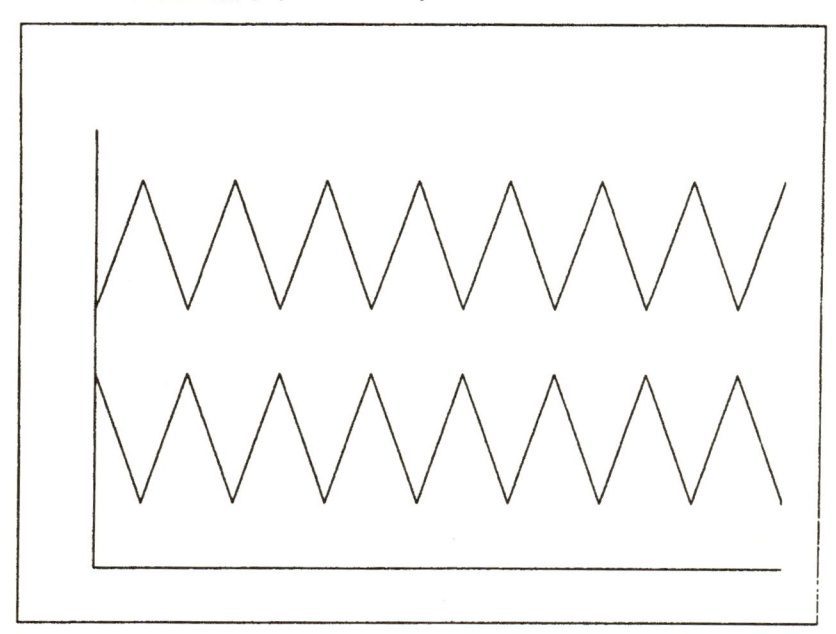

　　値を掛け合わせる。つまり、各期間ごとに、その期間のXとX
　　の平均との差と、YとYの平均との差を掛け合わせる。
4．ステップ3で各期間ごとに計算した数値をすべて足し合わせる。
　　これが分子の値になる。
5．次に分母を計算する。まず、XとYのそれぞれについて、ステ
　　ップ2で求めた数値をそれぞれ2乗する（したがって、この段
　　階で数値はすべて正になる）。
6．XとYのそれぞれについて、ステップ5で求めた数値をすべて
　　足し合わせる。
7．XとYのそれぞれについて、ステップ6で求めた数値の平方根

をとる。
8．ステップ7で求めた数値を掛け合わせる。得られた値が分母の値になる。
9．ステップ4で求めた分子の値を、ステップ8で求めた分母の値で割ったものがrの値である。

rは必ず＋1.00から－1.00までの値をとる。rが0の場合は、相関がまったくないことを意味する。

図1.7を見てみよう。この図は、次に示す21の一連のトレードをグラフ化したものである。

1, 2, 1, －1, 3, 2, －1, －2, －3, 1, －2, 3, 1, 1, 2, 3, 3, －1, 2, －1, 3

さて次は、この線形相関係数を使って、直前のトレードと現在のトレードとの間に相関があるかどうかを調べる方法について考えてみよう。それには、rの公式におけるXの値を各トレードに置き換えればよい。Yの値としては、同じトレードをひとつずつずらしたものを用いる。つまり、ひとつ前のXの値を、対応するYの値として使うということである（図1.8を参照）。

XとYの平均が異なるのは、XとYがそれぞれ対応している部分、つまりXとYとが重なっている部分だけの平均をとっているからである。したがって、Yの最後の値（3）はYの平均の計算には含まれず、同様にXの最初の値（1）はXの平均の計算には含まれない。

分子の値は、E列の値をすべて足し合わせたもの（0.8）である。分母の値を求めるには、F列の合計の平方根（8.555699）と、G列の合計の平方根（8.258329）を掛け合わせればよく、その値は70.65578に

なる。求めた分子の値0.8を分母の値70.65578で割ると、rの値が求められ、その値は0.011322になる。前に戻ってZスコアを求めると、その値は小数点以下4桁で0.5916になる。Zスコアと信頼度の対応表から、この場合の信頼度は50％を下回ることが分かる。つまり、勝ちが負けを生み、負けが勝ちを生む（Zスコアが正なので）という現象が起こることは、50％を下回る信頼度でしか言えないということである。

　ここで求めた線形相関係数0.011322からはほとんど何も分からないが、トレーディングシステムの線形相関係数は大体こんなものである。先物トレーディングシステムの場合、高い相関係数とは0.25～0.30より大きい（正の場合）か、－0.25～0.30より小さい（負の場合）場合をいう。一般に、強い正の相関があるとき、大きな勝ちの後に大きな負けが続く（あるいはその逆）ことはほとんどなく、強い負の相関（相関係数が－0.25～0.30を下回る）があるとき、大きな負けの後に大きな勝ちが続く（あるいはその逆）傾向が強い。

　各トレード間の従属性または相関を考える場合、ランテストと線形相関係数を併用することが重要である。それにはいくつか理由がある。第一に、先物トレーディングシステムによるトレード結果（つまり、利益と損失）は、正規分布には従わず、まだ確定していない先物価格が従う分布に従うことが挙げられる。ランテストはデータが正規分布に従うことを前提とするので、システムトレーディングによる利益と損失が正規分布に従う度合いによって、テスト結果の信頼性は変わってくる。

　第二の理由は、線形相関係数が損益の大きさに影響されるからである。相関係数からは、勝ちが勝ちを生み、負けが負けを生む傾向、あるいは勝ちが負けを生み、負けが勝ちを生む傾向がどの程度あるのかが分かるだけでなく、「大きな勝ちトレードの後には通常、大きな負けトレードが続くのか」や、「大きな負けトレードの後には通常、小さな負けトレードが続くのか」といったことも読み取ることができる。

A	B	C	D	E	F	G
X	Y	X−Xの平均	Y−Yの平均	C×D	Cの2乗	Dの2乗
1						
2	1	1.2	0.3	0.36	1.44	0.09
1	2	0.2	1.3	0.26	0.04	1.69
−1	1	−1.8	0.3	−0.54	3.24	0.09
3	−1	2.2	−1.7	−3.74	4.84	2.89
2	3	1.2	2.3	2.76	1.44	5.29
−1	2	−1.8	1.3	−2.34	3.24	1.69
−2	−1	−2.8	−1.7	4.76	7.84	2.89
−3	−2	−3.8	−2.7	10.26	14.44	7.29
1	−3	0.2	−3.7	−0.74	0.04	13.69
−2	1	−2.8	0.3	−0.84	7.84	0.09
3	−2	2.2	−2.7	−5.94	4.84	7.29
1	3	0.2	2.3	0.46	0.04	5.29
1	1	0.2	0.3	0.06	0.04	0.09
2	1	1.2	0.3	0.36	1.44	0.09
3	2	2.2	1.3	2.86	4.84	1.69
3	3	2.2	2.3	5.06	4.84	5.29
−1	3	−1.8	2.3	−4.14	3.24	5.29
2	−1	1.2	−1.7	−2.04	1.44	2.89
−1	2	−1.8	1.3	−2.34	3.24	1.69
3	−1	2.2	−1.7	−3.74	4.84	2.89
	3					
平均＝.8	平均＝.7	合計＝		0.8	73.2	68.2

　負の相関も、正の相関と同じように役立つ。例えば、トレード間に負の相関があると思われる場合、システムが大きな損失を出せば、次は大きな勝ちが期待できるので、いつもより枚数を増やすだろう。たとえそのトレードが負けトレードになったとしても、負の相関があるので、それほど大きな負けにはならないはずである。

　従属性があるかどうかを決定するに当たっては、アウト・オブ・サンプル・テストも行ったほうがよいだろう。アウト・オブ・サンプ

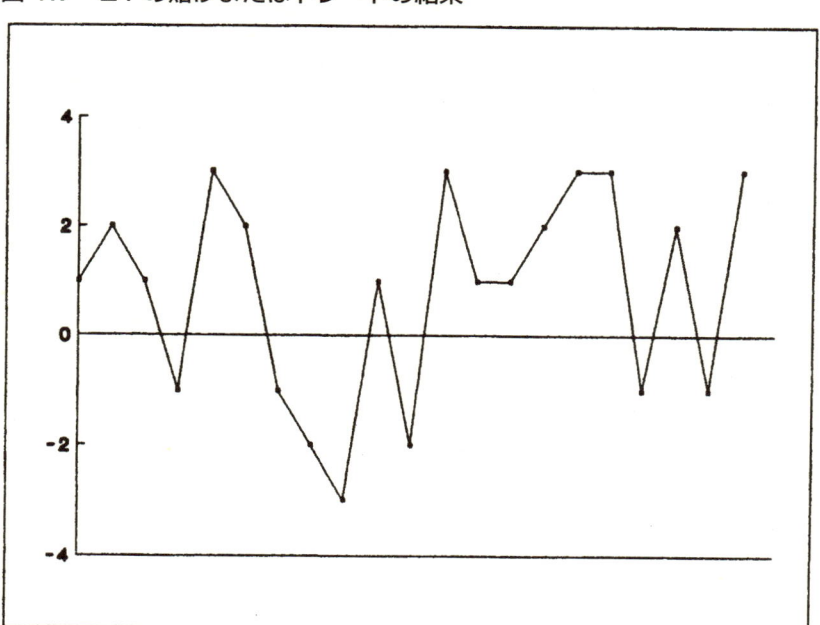

図1.7 21の賭けまたはトレードの結果

ル・テストとは、データを2つ以上の部分に分け、最初の部分のデータに従属性があれば、次の部分のデータに従属性があるかどうかを調べ、その部分のデータにも従属性があれば、その次の部分のデータの従属性を調べる、といったことを繰り返すことで、データ全体の従属性を調べるというものである。これによって、実際には従属性がないにもかかわらず、従属性があると思われる結果が導かれるのを防ぐことができる。

これら2つのツール（ランテストと線形相関係数）を使えば、先ほどのようなさまざまな疑問を解決することができる。ただし、それは、信頼度が十分に高いか、相関係数が十分に高いかの、少なくともいず

図1.8 21の賭けまたはトレードの結果を1ベットまたは1トレードだけずらしたもの

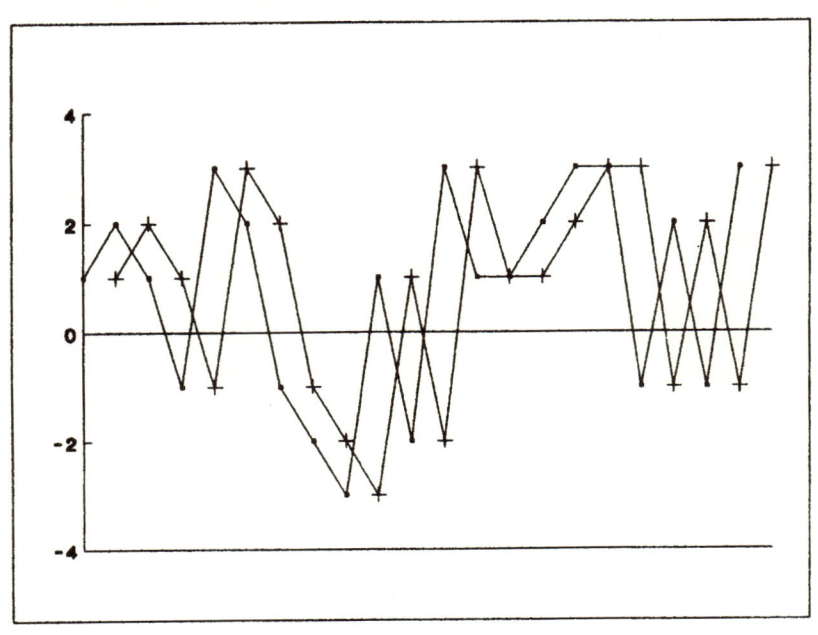

れかひとつが満たされるときのみである（ちなみに、本章で以前使ったシステムの場合、信頼度は95％を上回っていたが、相関係数はわずか0.0482と低かった）。先物の場合、先物システムトレードの母集団は従属性がないという特徴を持つため、これらのツールは役に立たない場合が多い。

ここで、Zスコアの話のなかに出てきた、信頼度95％の確率で従属性を示したシステムを思い出していただきたい。この程度の信頼度があれば、システムはトレードをパスするルールを設けることで改善することができた。ここで、興味深いが、ちょっと不安をかきたてる事実を紹介しておかなければならない。このシステムには最適化可能な

パラメータがひとつあった。もしそのパラメータに違う値を使っていたとすると、従属性はなくなっていたのである。つまり、取り上げた例で従属性があるように思えたのは、幻想だったというのか。あるいは、そのパラメータの値を一定の範囲内に維持したときだけ、従属性が現れるということなのか。もしそうだとすれば、従属性などまやかしにすぎやしまいか。これはある程度、正しい。

われわれトレーダーとしては残念なことに、ほとんどのマーケットシステムにおいては、市場間には従属性はないと仮定しなければならないことが多い。つまり、任意のマーケットシステムでトレーディングをする場合、次のトレードが前のトレードからは予測できないような環境でトレーディングをしなければならないということである。では、トレード間に従属性のあるマーケットシステムは皆無かといえば、必ずしもそうではない（トレード間に従属性のあるマーケットシステムもいくつかある）。つまり、ここで言いたいのは、従属性のあることが明確に証明できないかぎり、従属性はないものと考えたほうがよい、ということなのである。従属性のあることが明確な場合の例としては、Zスコアと線形相関係数が従属性のあることを示していて、その従属性が市場が変わっても、また最適化可能なパラメータの値が変わっても持続するようなケースが挙げられる。従属性のあることがはっきりと証明できたわけではないのに、従属性があるように振る舞えば、それはごまかしにすぎず、有害無益なことを自らの手で生み出すようなものである。たとえシステムが、パラメータがどんな値をとった場合でも95％の信頼度で従属性のあることを示したとしても、95％の信頼度は、任意の市場またはシステムのトレード間に確かに従属性があることを仮定できるほど高いとは言えないことも覚えておこう。

しかし、信頼度と線形相関係数が必要不可欠なツールであることは間違いない。これらのツールは、ごくまれにだが、その優れた本質をのぞかせることがあるからだ。それをトレーディングに利用するので

ある。そして、これらのツールを使うもっと大きなメリットは、トレーディングを行おうとしている環境に対する理解が高まるという点だろう。

　特に、長期型トレーディングシステムでは、Ｚスコアと線形相関係数が従属性のあることを示し、その従属性が、市場が変わっても、また最適化可能なパラメータの値が変わっても持続するというケースが時折あるだろう。そういったまれなケースでは、その従属性を利用して、特定のトレードをパスするか、特定のトレードのサイズを変更する（これについては、第４章で詳しく述べる）といったことを行えばよい。

　最後に、これら２つのツールの関係について大よその感覚がつかめるように、数値例をいくつか示しておこう。ここに示した例をじっくり検証することで、本題への理解度は高まるはずである。

　－10、10、－1、1
　線形相関＝－0.9172
　Ｚスコア＝1.8371または信頼度90～95％。勝ちが負けを生み、負けが勝ちを生む。

　10、－1、1、－10
　線形相関＝0.1796
　Ｚスコア＝1.8371または信頼度90～95％。勝ちが負けを生み、負けが勝ちを生む。

　10、－10、10、－10
　線形相関＝－1.0000
　Ｚスコア＝1.8371または信頼度90～95％。勝ちが負けを生み、負けが勝ちを生む。

−1、1、−1、1

線形相関＝−1.0000

Ｚスコア＝1.8371または信頼度90〜95％。勝ちが負けを生み、負けが勝ちを生む。

1、1、−1、−1

線形相関＝0.5000

Ｚスコア＝−0.6124または信頼度50％未満。勝ちが勝ちを生み、負けが負けを生む。

100、−1、50、−100、1、−50

線形相関＝−0.2542

Ｚスコア＝2.2822または信頼度が97％を上回る。勝ちが負けを生み、負けが勝ちを生む。

第2章
システムと最適化
Systems and Optimization

　トレーダーの多くは、最終的には「システム」トレーダーになる。それまで市場に打ち負かされてきた苦い経験を持つ彼らは、ある時点で、トレーディングの意思決定からは感情を排除しなければならないことに気づくからだ。

　すべてのトレーディングシステムが完全にメカニカルというわけではないが、本章では完全にメカニカルなシステムのみに焦点を当てる。「完全にメカニカル」とは、2人のトレーダーが同じシステムで同じ市場にアプローチすれば、必ず同じシグナルを得られることを意味する。つまり、人間の判断力を必要としない、ということである。

　一方、完全にメカニカルではないシステムとはどんなシステムをいうのだろうか。「エリオット波動の2段下げ後の3段上げで、ストップオーダーで買う」というようなものがこの部類に入る。なぜなら、こういったシステムは解釈を必要とするため、われわれの考える完全にメカニカルなシステムの基準を満たさないからである。2人のトレーダーがこのルールに従ったとしても、同じシグナルを得られるとは限らない。なぜなら、得られるシグナルはエリオットの波動構造をどのように解釈するかで違ってくるからだ。

　前述のとおり、本章で議論する原理は完全にメカニカルなシステムにのみ適用されるものである。トレーディングでは、テスト済みの完

全にメカニカルなシステムが**不可欠**である。その理由については、この後の２つの章を読んでいただければ明らかになるだろう。
　純粋に数学的な観点から言えば、いつ、何を売買するかを決定するためのメカニカルなルール（つまり、システム）を使わずに長期にわたって勝ち続けることは、何人といえども不可能である。もちろん、こういったルールを使わずにある程度の成功を収めたことがある人はいるかもしれないが、そのままずっと続けていけば、いつかは必ず破綻する。まだ私の言うことが信じられないようであれば、第４章を読んでいただきたい。そこでは、メカニカルなアプローチが必要な理由を数学的に説明している。さらに第６章では、数学的かつ定量的分散を行わなければ必ず失敗することにも言及している。これらの章を読んだ後でもなお、トレーディングなんて簡単さ、だからメカニカルなシステムなんて無用、という考えが変わらない人は、第７章の「見た目ほど甘くはない」を読んでいただきたい。望むリターンを得るために達成しなければならない実際のリターンを計算するための公式を見れば、必ず納得していただけるはずだ。
　あなたも、優れたシステムは市販されていないと考えているひとりだとすれば、それはひどい思い違いだ。確かに、市販のシステムのほとんどはガラクタだ。しかし、なかには良いシステムもあるし、申し分のないものだってある。優れたシステムを持っている人はそれを絶対に売らないと考えているとすれば、それもまったくの誤りだ。「良いものなら、売るはずがないじゃないか」と昔からよく言われてきたが、これには何の論拠もない。良いシステムでも売られるのである。それには理由が２つある。ひとつは金儲けのためだ。良いシステムがあったとしても、トレーディングする金がないのでは宝の持ち腐れだ。かくして、良いシステムは売りに出されるというわけである。システムを売るもうひとつの理由は、評価されたいからである。公に提供するものに自分の本名を付すのは、品質を保証します、という証拠なの

だ。しかし残念なことに、システムに作成者名として付されている名前の多くはニックネームだ。つまり、ニックネームを使っていれば、そのシステムには何らかの問題があると思ってよいだろう。

とはいえ、市販のシステムを今すぐにすべて買いあされ、と言っているわけではない。投資アイデアのほとんどがガラクタであるように、システムの99.73％はガラクタだ。でも、なかには良いシステムも存在する。

マネーマネジメントとトレーディングシステム

本書はマネーマネジメントについて書かれたものだが、良いシステムとは何かという議論を避けて通るわけにはいかない。なぜなら、この２つの間には切っても切れない深い関係があるからだ。良いシステムがあっても、きちんとしたマネーマネジメントの考え方がなければうまくはいかない（良いシステムがあってもうまく使わなければ損を出す場合もあることについては、次のいくつかの章で説明する）し、システムが利益を生み出せるようなものでなければ、世界中のどんなマネーマネジメントを駆使しても無駄である。第１章では、期待値が正でなければ破産は避けられないことについて述べた。システムもマネーマネジメントも必要不可欠なものであるのは言うまでもないが、パフォーマンス向上を目指すトレーダーやファンドマネジャーの観点から言えば、システムそのものよりもマネーマネジメントのほうがはるかに重要である。

２人の男がそれぞれ100ドルずつ持って競馬場に行くとする。２人とも賭けるレースは10レースで、元手も同じだが、どのレースにいくら賭けるかはそれぞれの判断に任せられる。一方の男の成果は１万ドルで、もう一方の男は全部すってしまった。こんなことはあり得るのだろうか。あり得るどころか、これとまったく同じ原理が市場でも常

に働いているのだ。素晴らしい実績のあるシステムを新人トレーダーが使い始めた途端に、大損を出してしまった、という話はよく見聞すると思うが、理由はもうお分かりだろう。これはシステムのせいではなくて、トレーダー側の問題なのである。つまり、トレーダーにマネーマネジメントの知識がなかったばかりに、システムが生み出せたはずの利益をみすみす棒に振ったということなのである。

システムよりもマネーマネジメントのほうがそれほど重要なのであれば、なぜ丸々1章をシステムの話に割くのか、とお思いの方もいらっしゃることだろう。それは、このあとの章で説明するマネーマネジメントの原理を応用するためには、勝てるシステム、つまり正の期待値を提供してくれるシステムが必要だからである。勝てるシステムがなければ、マネーマネジメントの原理などまったく役に立たないのだ。つまり、勝てるシステムがあってこそマネーマネジメントも生きてくるというわけである。

では、勝てるシステムとはどういったシステムのことを言うのだろうか。それをこれから見ていきたいと思う。おそらくあなたは、勝てるシステムをすでに持っているだろうし、良いと思えるシステムのテストだけでなく、いろいろなアイデアもテストしているだろう。また良いシステムをあれこれいじくり回しているかもしれない。システムトレーダーであれば、システムとアイデアは常にいじっているはずだ。優れたマネーマネジメント・プログラムを作るうえで不可欠なことは、システムの本質を見抜くことである。それが本章のテーマである。

ごまかしは通用しない

トレーディングシステムをテストするとき、ごまかしは絶対に禁物だ。どんなに優れているように思えるシステムでも、コンピューターテストを行うとまったく使い物にならないものも少なくない。たとえ

描き出すチャートがどんなに素晴らしいものに思えても、また過去2年間のパフォーマンスが良くても、最低でも5年間のデータを使ったコンピューターテストによる厳密なチェックが必要だ。あなたがプログラムしたシステムで、きちんと自立して研究室から出て行けるものがいかに少ないかが分かるだろう。

　私がプログラマーをしていたとき、われこそは聖杯を探し当てたと豪語するあらゆる種類の人々が、そのシステムを携えてひっきりなしに私の元を訪れたものだ。彼らの"素晴らしい"システムをコンピューターでテストし始めると、その瞬間に、パフォーマンスのひどさは一目瞭然だった。「そんなはずはない」。彼らが最初に発する言葉はいつもこうだった。「君のプログラムに何か問題があるんじゃないのか」（大概は、私のプログラムにも問題があった）。しかし、プログラムのバグを取り除いても、パフォーマンスは一向に改善されなかった。すると彼らはまた同じことを言うのだ。「そんなはずはない。君のプログラムに問題があるんじゃないのか」

　人はなぜこうも役に立たないシステムばかりを作ってしまうのだろうか。どのシステムもコンピューターでテストするまでは素晴らしいものに思えるのに、いざテストしてみるとまったく使い物にならないのだ。それは、モノがどのように機能するのかを最初に頭の中に作り上げてしまうという人間の持つ性質による。彼らはシステムを作る前にそれがどう機能するのかを頭の中に思い描き、それに合うようにシステムを組み立てるのである。人間というものは、自分が見たいものしか見えないものである。市場にもまったく同じことが言える。つまり、人々はまず、市場のメカニズムを頭の中に構築し、そのメカニズムに合うようなシステムを作り、描き出すチャートを見てシステムの良しあしを判断するのである。この段階では、彼らにはシステムの良い点しか見えておらず、実際のパフォーマンスについてはまるっきり分かっていない。これまでにトレーディングのアイデア、特に他人の

アイデアをプログラミングした経験をお持ちの人であれば、納得していただけるはずだ。

ここまでの話をまとめておこう。第一に、完全にメカニカルなシステムが必要であるということ、第二に、システムはコンピューターでテストし、適切な手数料とスリッページを差し引いたあとのパフォーマンスが許容できるものでなければならないということである。テストを手動で行うと、コンピューターではけっして発生しないような見落としが必ず発生する。テストプログラムを自分で作成できない場合、手動でやるとなるとあまりに複雑すぎるため、時間をある程度限定したとしても、リアルタイムでやるのはほぼ不可能だろう。

しかし、プログラマーでなければトレーディングシステムのコンピューターテストができないというわけではない。今では、「自然言語インターフェース」を装備したシステムが出回っているので、それを使えばあなたのアイデアを簡単にプログラミングし、テストすることができる。こういったシステムでもうまくいかない場合は、プロのプログラマーに依頼すればよい。トレーディングシステムのコンピューターテストには確かに金はかかるが、コンピューターテストの段階でシステムの欠陥を発見できれば、売買報告書を作成する段になって発見するよりも、結局は何倍もの節約になる。優秀なマネーマネジャーが例外なく、少なくともひとつのシステムと多数のプログラマーを抱えているのはこのためだ。市場ではごまかしは通用しないのである。

以上の話から、本章でこれからやることが自ずと見えてきたのではないだろうか。そう、本章では最適化について考える。コンピューターはわれわれの作ったシステムのコンピューターテストを可能にしてくれる一方で、一見素晴らしいものに見えながら将来的には使い物にならないようなシステムもまたコンピューターによって作られる。そこで、まず第一に考えなければならないことは、システムはなぜコンピューターテストをしなければならないのか、である。それは、自分

の使っているシステムが**将来的に正の期待値を提供してくれる**システムであるかどうかをチェックするためである。

　過去から見ると素晴らしく見えるプログラムを作るのはとても簡単だ。過去X日分のデータさえ用意してもらえれば、寸分の狂いもなくそのデータ通りの予測をするシステムを作って差し上げよう。出来上がったものは完璧なシステムだ。ただしそれは、あとから考えればの話である。「見てごらん。僕の作ったシステムは過去X日の終値を見事に予測したよ」と私は言うかもしれないが、このシステムが明日の終値も正確に予測できるとは限らないのである。

　これをルーレットゲームに置き換えて考えてみよう。あるギャンブラーが、ルーレットのボールが黒、赤、黒、赤、黒、赤の順に入るのを見ていたとしよう。そのギャンブラーは、「そうか！　黒が出た後は赤、赤が出た後は黒に賭ければいいんだ」と考えるだろう。最後に出たのが赤だったので、ギャンブラーは黒に賭ける。さて、彼は勝つことができるだろうか。彼の予想は的中するだろうか。私はそうは思わない。彼はハウスアドバンテージと同じ率で負けるだろう。最後に赤が出たことと、次に黒が出ることとの間には因果関係はまったくないのである。

　過去のデータを的中するシステムを作るのはだれにでもできるが、そんなシステムを作ったところで、トレーダーには無用の長物でしかない。重要なのは、将来的に正の期待値を提供してくれるシステムを作ることなのである。

最適化を生かすも殺すも使いよう

　どんなシステムにも定数というものがある。これらの定数は変数に変え、最適化することができる。気をつけなければならないのは、過去のデータを基に作成されたシステムはそのデータに対して最適化さ

れすぎている——つまりそのデータにカーブフィットしている——という点である。だから、過去から見れば完璧に見えるのである。しかし現実には、明日の最適パラメータは昨日の最適パラメータとは一致しないのが一般的だ。過去のデータではうまくいったシステムが、現実世界に置かれた途端に破綻するのはこのためである。

しかし最適化はけっして敵ではない。危険なのは最適化の誤用だ。最適化という概念が発見された以上、それを排除することは不可能だろう。これは、核兵器技術を排除することができないのとまったく同じ道理である。最適化も核兵器技術も排除できない以上、誤用を防いでうまく利用するしかないのである。このプロセスを非最適化という。つまり非最適化とは、最適化を賢く利用することで、システムを最適化するだけでなく、将来的に信頼のおけるものにするためのプロセスのことである。

パフォーマンス尺度——悲観的リターンレシオ

システムのパフォーマンスを測定するためには、どういった尺度を使うのがよいのだろうか。まず、この点について考えてみよう。最適化を行う場合、パラメータ値を比較するための基準を設けておく必要がある。例えば、（異なるパラメータ値を代入しながら）最適化を行う過程でどのパラメータ値がベストなのかを決定できるように、さまざまなパラメータを含み、それにいろいろな値を代入して得られるひとつの値によってベストなパラメータ値を決定できるような基準があれば便利だろう。基準としてひとつの数字（尺度）しか使えないとすると、その数字としてはどういったものを選ぶのが妥当だろうか。

理想的には、勝ちトレード比率、ペイオフレシオ、それに、利益合計と損失合計を内包した数字が望ましい。そして最後にトレード数が多いほど良い値になるように調整する。というのは、トレード数が多

いほど、将来的にも過去と同じパフォーマンスが得られる可能性が高いからである。

　こういった尺度としては絶対的なものがあるわけではないが、理想的な尺度の一例としては悲観的リターンレシオ（PRR）が挙げられる。PRRの話に入る前に、その前身であるプロフィットファクター（PF）について説明しておこう。PFは基本的には次式によって定義される。

　　PF＝（W%*AW）/（L%*AL）
　　ただし、
　　W％＝勝ちトレード比率
　　L％＝負けトレード比率（つまり、（1－W）％）
　　AW＝平均勝ちトレード額
　　AL＝平均負けトレード額

PFは次の式のように表すこともできる。

　　PF＝利益合計/損失合計

　どちらの式を使っても同じ値が得られるので、PFはこれら6つの項目をすべて内包した尺度であると言えよう。
　一方PRRは本質的にはPFと同じだが、信頼性の高いデータ（トレード数の多いデータ）ほど良い値になるように調整されている点がPFと異なる。PRRは、勝ちトレード数から勝ちトレード数の平方根を引いたもの、および負けトレード数に負けトレード数の平方根を足したものを含むPFであり、式で書くと次のようになる。

　　PRR＝（（（W－(W^(1/2))）/T）*AW）/（（（L＋(L^(1/2))）/T）*AL）
　　ただし、

W＝勝ちトレード数
L＝負けトレード数
T＝全トレード数（勝ちトレード数＋負けトレード数）
AW＝平均勝ちトレード額
AL＝平均負けトレード額

ここで、勝ちトレード比率が50％で、ペイオフレシオが2：1のシステムを考えてみよう。PFを計算すると、(0.5*2)/(0.5*1) ＝ 2 となる。しかし、（全トレード数を10と仮定して）PRRを計算すると次のようになる。

PRR ＝ (((5 − (5^(1/2)))/10)*2)/(((5 + (5^(1/2)))/10)*1)
　　 ＝ (((5 − 2.236)/10)*2)/(((5 + 2.236)/10)*1)
　　 ＝ ((2.764/10)*2)/(7.236/10)*1)
　　 ＝ ((0.2764*2)/(0.7236*1)
　　 ＝ 0.5528/0.7236
　　 ＝ 0.7639

次に、全トレード数が100のときのPRRを計算してみよう。

PRR ＝ (((50 − (50^(1/2)))/100)*2)/(((50 + (50^(1/2)))/100)*1)
　　 ＝ (((50 − 7.07)/100)*2)/(((50 + 7.07)/100)*1)
　　 ＝ ((42.93/100)*2)/((57.07/100)*1)
　　 ＝ (0.4293*2)/(0.5707*1)
　　 ＝ 0.8586/0.5707
　　 ＝ 1.5045

以上のことから次のことが言える。

Nが無限大のとき、PRR＝PF。
ただし、N＝全トレード数。

つまり、PRRは、トレード数が多くなるほど値が大きくなるPFと言い換えることができる。PRRが2.00を上回るシステムはとても良いシステムで、2.50を上回れば非常に優れたシステムである。

システムのパフォーマンスを測る尺度としては、おそらくはPRRが最良の尺度であり、これを使えば異なるパラメータ値での実行結果を比較することも可能だ。通常は、PRR値が最も高いときの実行結果がベストであるが、別の基準（平均損益、利益合計など）でも優れた実行結果を示す場合もある。

非最適化

過去のデータを使って最適化したシステムの有効性は、使ったデータ量にそのまま比例する。近年になって、最適化に用いるデータの長さについて盛んに議論されるようになったが、数学的な観点から言えばヒストリカルデータはできるだけ多いほうがよい。多くのデータからはじき出される最適パラメータ値を使ったほうが、少ないデータ量から得られるパラメータ値を使うよりも良い結果が得られるからである。

これは、第1章で示した平均の法則の正しい解釈——つまり、**長くプレーを続けるほど、全試行数（N）に対する比率でみた期待値に近づく**——に一致する。最適化の場合、期待値は任意のパラメータ値における相対パフォーマンスを意味する。つまり、**最適化に用いるデータが多いほど、任意のパラメータ値の相対パフォーマンスはその値の将来の相対パフォーマンスに近づく**ということである。ここでいう将

来とは、将来の不定期間を指し、任意のパラメータ値の相対パフォーマンスとは、そのパラメータのほかの値におけるパフォーマンスと比較したパフォーマンスを意味する。

　別の言い方をすれば、独立試行では、実際の結果は試行回数が増えるほど予想した結果に近づくということになる。これを式で表すと次のようになる。

　　Nが無限大のとき、A/N＝E/N
　　ただし、
　　A＝N回試行したときの実際の結果
　　E＝N回試行したときの予想結果

　分かりやすい例を挙げよう。例えば、チャンネルブレイクアウト・システムでトレーディングをしている場合を考えてみよう。過去X日の最高値と最安値は分かっている。最高値を上回ったときにはストップオーダーで買い、最安値を下回ったときには逆に売るものとする。最適化したいのはXである。先のルールによれば、次の週であれ、次の50年間であれ、将来の長い期間にわたって最も信頼のおけるXの値を得るには、できるだけ多くの過去のデータを使ってXを最適化しなければならないことが分かる。

　あなたはルーレットゲームについては何も知らないと仮定しよう。あなたは、ボールが赤に入る確率を知りたいと思っている。そこで、一連のスピンの結果を記録する。スピンの数が増えるにつれ、あなたの記録も増えるので、（あなたが記録しているスピンの）実際の確率も予想確率0.4736842105（アメリカン・ダブルゼロの場合）に近づく。

　将来利用するベストなパラメータ値を決定するのに、できるだけ多くの過去のデータを使ってこれらのパラメータを最適化することでベストな値を決定しようというのも、理由はまったく同じである。例え

ば、先週のデータのみを使って最適化し、得た値を次のトレーディングに使うといった状況は、ルーレットでほんの数回のスピンを記録した人が、その記録に基づいて次のいくつかのスピンの賭け方を決めるといった状況に似ている。したがって、非最適化における第一のルールは、**できるだけ長期にわたるデータセットを使って最適化する**ということである。通常、ひとつの市場につき最低5年、最低30トレードのデータを用いる。

第二のルールは極めて単純かつ明快だ。つまり、**用いるパラメータの数はできるだけ少なくする**ということである。システムがパラメータをまったく最適化しなくても利益を生み出すシステムで、長期データ（最低5年、最低30トレードのデータ）を使ってテストされたとすると、将来的にも過去と同じパフォーマンスを得られる可能性は、最適化可能なパラメータが10あった場合よりも当然ながら高くなるだろう。

ヒストリカルテストの目的は、そのシステムから将来どういったことを期待できるかを予測することにある。これはシステムの最適化とはまったく逆だ。詳しくは第4章で説明するが、将来的にどういったことが期待できるのかをできるだけ正確に予測することはきわめて重要である。最適化パラメータを増やすにつれ、予測の外れ度は大きくなる。

どのパラメータも予測の外れ度に同じように影響を及ぼすわけではない。例を使って説明しよう。昨日のレンジのX%を当日の終値に加算した値をストップオーダーの買いまたは売りのトリガーとして使うシステムがあったとしよう。このシステムは常に市場に参加しているものとする（つまり、常にポジションを持っているということ）。ここではXが最初の最適化パラメータである。そこで、2番目のパラメータとして、1回のトレードの最大損失額Yを導入する。例えば、今買いポジションを持っていて、価格がYドル下がった地点を損切りの

レベルに設定した場合、Yドルの損失を出した地点でポジションはフラットにされるはずだ。ここで注目していただきたいのは、パラメータXは日々のトレーディングに関与してくるが、パラメータYは特定の状況のときだけ関与するという点である。YのカーブよりもXのカーブのほうが過去のデータによりフィットするのは明らかである。Xのようなパラメータをシステムから取り除くか、または少なくとも、どんな状況下でも関与してくるパラメータ（ここではX）の数を最低限に減らすほうが、条件付きパラメータ（ここではY）の数を最低限に減らすかまったくなくしてしまうよりも、システムの信頼度は上がる。逆に言えば、条件付きパラメータ（ここではY）を増やすよりも、常に関与してくるパラメータ（ここではX）を増やすほうが、システムのパフォーマンスに関する予測の外れ度は大きくなるということである。

　いずれにしても、パラメータの数は少ないほうがよい。あまりいじらないシステムのほうが、将来的にも過去と同じパフォーマンスを得られる可能性は高い。とはいえ、これも絶対とは言えない。一般に、システムがたまたま面倒な時期にぶつかると、エッジが変わってしまうのと同じように、パラメータ値が変わってしまっている――つまり、システムのパフォーマンスの確率分布が好ましくない状態にシフトしてしまっている――ため、過去のパフォーマンスが将来的にも保証されるとは言えない。つまり、その面倒な時期について最適化をやり直し、得られた新しい最適パラメータ値を、その面倒な時期以前の正常な最適パラメータ値と比較してみれば、面倒な時期というのはそんなもの――つまり、その時期に最適パラメータ値でトレーディングしたとしても、あまり良いパフォーマンスは期待できない――ということが分かる。エッジが変化するという事実はどうしようもない。つまり、何とかこの事実と共存できるようにしなければならないのである。結局、これが最適化しすぎてはいけないひとつの理由である。

非最適化の第三のルールは、**パラメータに左右されない堅牢なシステムを選ぶ**ということである。図2.1を見てみよう。これは、2つの異なるシステムの、悲観的リターンレシオとパラメータ値との関係を示したものである。マーケットシステムAのカーブがマーケットシステムBのカーブより広がっている点に注目しよう。これは、マーケットシステムBのほうがパラメータ値の変動に敏感であることを意味する。これはあまり好ましいことではない。パラメータ値の変動にできるだけ感応しないようなマーケットシステムのほうが好ましい。したがって、図2.1のケースでは、悲観的リターンレシオとパラメータ値との関係がより「堅牢」なマーケットシステムAのほうが好ましいということになる。より堅牢なマーケットシステムでトレーディングすることで、将来のパフォーマンスが過去のパフォーマンスにマッチする確率は高くなる。たとえ将来の最適パラメータ値が過去のものと同じではない（通常はこのケースが多い）場合でも、悲観的リターンレシオとパラメータ値との関係を表すグラフが堅牢性を示すマーケットシステムであれば、良いパフォーマンス（比較的高い悲観的リターンレシオを維持できるという意味で）を得られる可能性が高いからである。

　これまではマーケットシステムの堅牢性というものを、任意の期間に見せる振る舞いで評価してきた。この堅牢性が、われわれが今観測しているのとは異なる期間やわれわれが観測している期間を細分化したそれぞれの期間においても存在していたことが確認できれば、そのシステムの堅牢性はよりはっきりするのではないだろうか。例えば、任意のマーケットシステムが、マーケットシステムAに対して行ったのと同じ5カ年テストで堅牢性を示した場合、それぞれのパラメータ値についてその5カ年テスト期間中の各年ごとに堅牢性を調べ、堅牢性が確認できれば、そのマーケットシステムの堅牢性はより確実なものになる。あるいは、別の5カ年の堅牢性を調べてみるのもよいかも

図2.1 堅牢性——マーケットシステムAのほうがマーケットシステムBより堅牢

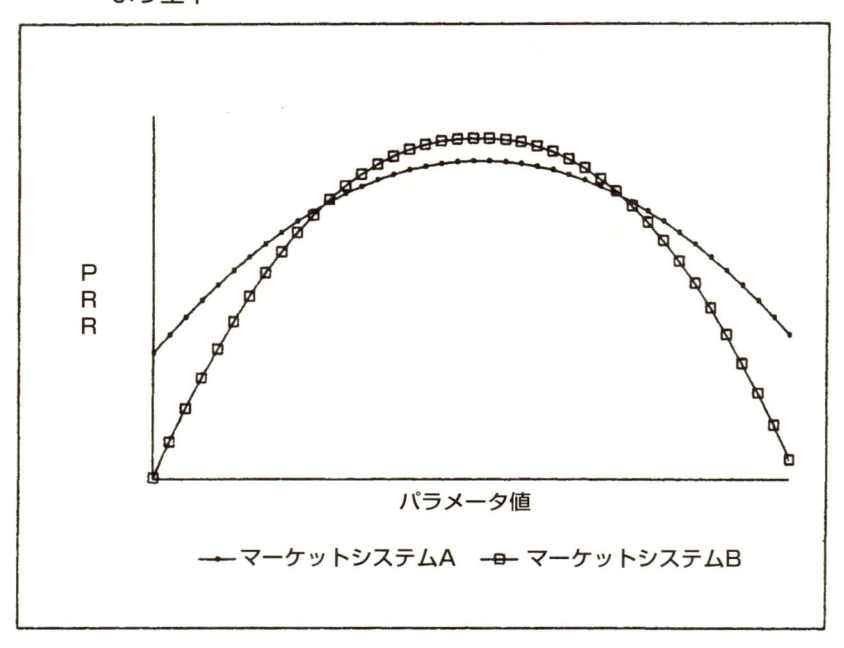

しれない。また、任意のマーケットシステムに堅牢性のあることが確認された場合、同じシステムを使って別の市場に対する堅牢性を調べてみるのもよさそうだ。

堅牢性は、ほかのマーケットシステムのカーブとの比較に基づくものなので、数学的に記述するのは容易なことではない。堅牢性の決定には、PRRとパラメータ値のグラフを用いるのが一般的だが、ほかのパフォーマンス尺度（平均損益、利益あるいは損益合計、勝ちトレード比率など）とほかのパラメータ値とのグラフを使って決めることもできる。要するに知りたいのは、そのシステムにパラメータ値、期間

や市場に左右されない堅牢性があるかどうかなのである。

　非最適化の第四のルールは、**フォワード**テストを行うということである。フォワードテストのことをアウト・オブ・サンプル・テストと呼ぶ人もいる。フォワードテストとは、基本的には、ある期間にわたってマーケットシステムを最適化し、得られた最適パラメータ値を使って次の期間においてトレーディングを行い、その成果を調べるというものである。つまり、現実の最適化プロセスをコンピューター上でシミュレートして最適パラメータ値を見つけ、それを「将来の」トレーディングに利用するというのがこのテストの基本的な考え方である。もしシステムが本当に堅牢なものであれば、フォワードテストでも収益性を示すはずなので、その堅牢性は一層はっきりする。

　フォワードテストの特徴は、2つの「ローリング」期間を用いることである。そのひとつが最適化期間で、これはその名が示すとおり、パラメータを最適化するのに用いる期間を意味する。最適化期間が終了した次の日からスタートするのが、トレーディング期間である。最適化期間から得られた最適パラメータ値を使ってシステムのパフォーマンスを実際に記録するのが、このトレーディング期間である。このトレーディング期間が終了すると、すべてをトレーディング期間と同じ日数だけ進める。例えば、トレーディング期間がちょうど1年だとすると、最適化期間の開始日と終了日をそれぞれ1年進めて同じプロセスを繰り返す。すべてのデータ処理を終了後、各トレーディング期間の結果を見ると、それが「実際」にトレーディングを行っていれば得られたであろう結果である。

　最適化期間もトレーディング期間も、長さは任意に選ぶことができる。また、最適化期間の長さとトレーディング期間の長さは同じにする必要はない（ただし、トレーディング期間の長さは最適化期間の長さより短くするのが一般的）。最適化期間およびトレーディング期間の長さとしてはどの程度がベストなのだろう。各期間の長さはマーケ

ットシステムそのものの関数になっていると思われるので、はっきりとは言えないが、ヒストリカルデータによって自ずと決まってくるだろう。それぞれのマーケットシステムのパフォーマンスは異なるので、自分にベストと思える長さは自分で決めるしかない。

　最適化期間には2通りのタイプがある。ひとつは今説明したローリングタイプである。もうひとつが「固定」タイプで、これは最適化期間の開始日を固定するというものだ（最適化期間の開始日が各サイクルで常に同じ）。その他の日付は各サイクルごとに進められる（つまり、最適化期間の終了日、およびトレーディング期間の開始日と終了日は各サイクルごとにトレーディング期間の長さだけ進められる）。したがって、最適化期間の長さは1サイクル進むごとにトレーディング期間の長さずつ長くなる。できるだけ多くのデータで最適化するという非最適化の第一のルールに従えば、この固定タイプのほうが望ましい。一般に、ローリング・フォワードテストよりも固定フォワードテストのほうが良い結果が得られる。ただし、これは現実をシミュレートするものなので、実際の手数料やスリッページを含めなければならないことに注意したい。

　以下に示すのは、2つのフォワードテストの実行結果である。ただし、最適化期間は30日、トレーディング期間は15日である。これは最適化パラメータがひとつしかないシステムで実行したものだが、最適化パラメータが2つ以上のシステムで実行してももちろん構わない（ただし、それらのパラメータ値のすべての組み合わせに対して最適化を行うこと）。

　実行結果をじっくりと検証してみよう。日付には特に注意していただきたい（表にある"record"は立会日数を意味する）。注意深く検証することで、フォワードテストの手順がよく理解できるようになるはずだ。まずは固定フォワードテストから見てみよう。

```
---------------FORWARD TEST-----------------
OPTIMIZED OVER 30 RECORDS AND TRADED OVER 15 RECORDS

OPTIMIZATION PERIOD        PARAMETERS        P & L
TRADING PERIOD             PARAMETERS        P & L
------------------------------------------------------
860101    to    860213     1.2               $5,280.00
860214    to    860307     1.2               $4,350.00

860101    to    860310     .65               $11,062.51
860311    to    860401     .65               -$743.75

860101    to    860401     .85               $12,050.00
860402    to    860422     .85               $1,598.68

860101    to    860422     .65               $13,784.94
860423    to    860513     .65               $5,830.08

860101    to    860513     .65               $19,615.01
860514    to    860604     .65               $8,032.99

860101    to    860604     .65               $27,648.00
860605    to    860625     .65               $2,153.24

860101    to    860625     .65               $29,801.24
860626    to    860717     .65               $321.26

860101    to    860717     .65               $30,122.50
860718    to    860807     .65               $2,507.49

860101    to    860807     .65               $32,629.99
860808    to    860828     .65               -$435.00

860101    to    860828     .65               $32,194.99
860829    to    860919     .65               $6,726.26

860101    to    860919     .65               $38,921.25
860922    to    861010     .65               -$1,613.75

860101    to    861010     .65               $37,307.50
861013    to    861031     .65               $5,492.50

860101    to    861031     .65               $42,800.00
861103    to    861121     .65               $1,530.00

860101    to    861121     .65               $44,330.00
861124    to    861215     .65               $438.74

860101    to    861215     .65               $44,768.74
861216    to    870107     .65               $3,237.50

860101    to    870107     .65               $48,006.24
870108    to    870128     .65               $306.26

860101    to    870128     .65               $48,312.50
870129    to    870219     .65               $3,463.76

860101    to    870219     .65               $51,776.26
870220    to    870312     .65               $693.74
```

```
----------------F O R W A R D  T E S T----------------
OPTIMIZED OVER 30 RECORDS AND TRADED OVER 15 RECORDS

OPTIMIZATION PERIOD      PARAMETERS        P & L
TRADING PERIOD           PARAMETERS        P & L
-----------------------------------------------------
860101    to    870312        .65         $52,470.00
870313    to    870402        .65            $677.51

860101    to    870402        .65         $53,147.51
870403    to    870424        .65          $7,661.23

860101    to    870424        .65         $60,808.74
870427    to    870515        .65          $2,142.50

860101    to    870515        .65         $62,951.24
870518    to    870608        .65            $795.01

860101    to    870608        .65         $63,746.25
870609    to    870629        .65          $1,975.00

860101    to    870629        .65         $65,721.25
870630    to    870721        .65         -$1,776.25

860101    to    870721        .65         $63,945.00
870722    to    870811        .65            $735.00

860101    to    870811        .65         $64,680.00
870812    to    870901        .65           -$320.00

860101    to    870901        .65         $64,360.00
870902    to    870923        .65          $1,105.00

860101    to    870923        .65         $65,465.00
870924    to    871014        .65         -$2,510.02

860101    to    871014        .65         $62,944.98
871015    to    871104        .65          $6,895.02

860101    to    871104        .65         $69,830.00
871105    to    871125        .65          $2,050.00

Optimal Parameters Over the Entire Period...
 860101    to    871104       .65         $73,960.00
Versus Forward Test Results...
 860214    to    871125                   $63,320.00
                                          ==============
```

次はローリング・フォワードテストの結果を見てみよう。

```
----------------F O R W A R D   T E S T----------------
OPTIMIZED OVER 30 RECORDS AND TRADED OVER 15 RECORDS

OPTIMIZATION PERIOD      PARAMETERS      P & L
TRADING PERIOD           PARAMETERS      P & L
-----------------------------------------------------
860102    to    860213       1.25         $5,280.00
860214    to    860307       1.25         $4,350.00

860124    to    860310        .65         $9,682.51
860311    to    860401        .65          -$743.75

860214    to    860401        .7          $8,571.24
860402    to    860422        .7          $2,896.20

860310    to    860422        .75         $4,479.94
860423    to    860513        .75         $4,930.04

860401    to    860513        .75         $7,073.74
860514    to    860604        .75         $7,285.51

860422    to    860604        .65        $15,844.19
860605    to    860625        .65         $2,153.24

860513    to    860625        .65        $11,561.24
860626    to    860717        .65           $321.26

860604    to    860717        .9          $6,409.50
860718    to    860807        .9          $2,898.74

860625    to    860807        .85         $3,893.76
860808    to    860828        .85          -$182.48

860717    to    860828        .75         $3,101.19
860829    to    860919        .75         $6,491.24

860807    to    860919        .75         $8,980.00
860922    to    861010        .75        -$1,210.00

860828    to    861010       1.05         $6,401.26
861013    to    861031       1.05         $3,100.00

860919    to    861031       1.2          $4,677.50
861103    to    861121       1.2            $890.00

861010    to    861121        .65         $7,553.75
861124    to    861215        .65           $438.74

861031    to    861215        .65         $1,968.74
861216    to    870107        .65         $3,237.50

861121    to    870107        .7          $3,705.01
870108    to    870128        .7            -$54.99
```

```
---------------FORWARD TEST-----------------
OPTIMIZED OVER 30 RECORDS AND TRADED OVER 15 RECORDS
```

OPTIMIZATION PERIOD TRADING PERIOD			PARAMETERS PARAMETERS	P & L P & L
861215	to	870128	.9	$4,246.24
870129	to	870219	.9	$1,078.75
870107	to	870219	1.25	$4,450.00
870220	to	870312	1.25	$700.00
870128	to	870312	.65	$4,470.00
870313	to	870402	.65	$677.51
870219	to	870402	1.25	$3,209.99
870403	to	870424	1.25	$3,492.49
870312	to	870424	.75	$8,813.75
870427	to	870515	.75	-$2,082.51
870402	to	870515	.65	$10,491.24
870518	to	870608	.65	$798.76
870424	to	870608	.65	$2,906.25
870609	to	870629	.65	$1,975.00
870515	to	870629	.9	$5,154.99
870630	to	870721	.9	-$760.00
870608	to	870721	.85	$1,212.49
870722	to	870811	.85	$688.75
870629	to	870811	.85	$838.74
870812	to	870901	.85	$610.00
870721	to	870901	.9	$1,910.00
870902	to	870923	.9	$2,240.00
870811	to	870923	.9	$4,212.51
870924	to	871014	.9	-$291.25
870901	to	871014	.85	$3,006.26
871015	to	871104	.85	$10,731.25
870923	to	871104	.85	$10,630.00
871105	to	871125	.85	$1,470.00

```
Optimal Parameters Over the Entire Period...
  860102   to    871104          .65        $73,960.00
Versus Forward Test Results...
  860214   to    871125                     $58,130.00
                                            =============
```

固定フォワードテストのパラメータ値が、時間の経過とともに安定してくることに注目しよう。

第五の、そして最後の非最適化ルールは、**PRRが最大のところでトレーディングするな**である。パラメータ値をX軸に、パフォーマンス（通常はPRRで測定）をY軸にとった、堅牢性を見るためのグラフ（図2.1）を振り返ってみよう。図2.1のグラフは滑らかな曲線を描いていたが、あのように滑らかな曲線になることは滅多にない。山と谷があちこちに現れてギザギザでありながらも、全体的に見るとカーブを描いているといったグラフになるのがふつうだ。次のリストを見てみよう。

パラメータ	PRR
0.50	1.09
0.55	1.10
0.60	1.20
0.65	1.35
0.70	1.30
0.75	1.79
0.80	1.78
0.85	1.90
0.90	1.79
0.95	1.87
1.00	1.75
1.05	1.30
1.10	1.50
1.15	1.50
1.20	1.50
1.25	1.00

図2.2 正しいパラメータの選択

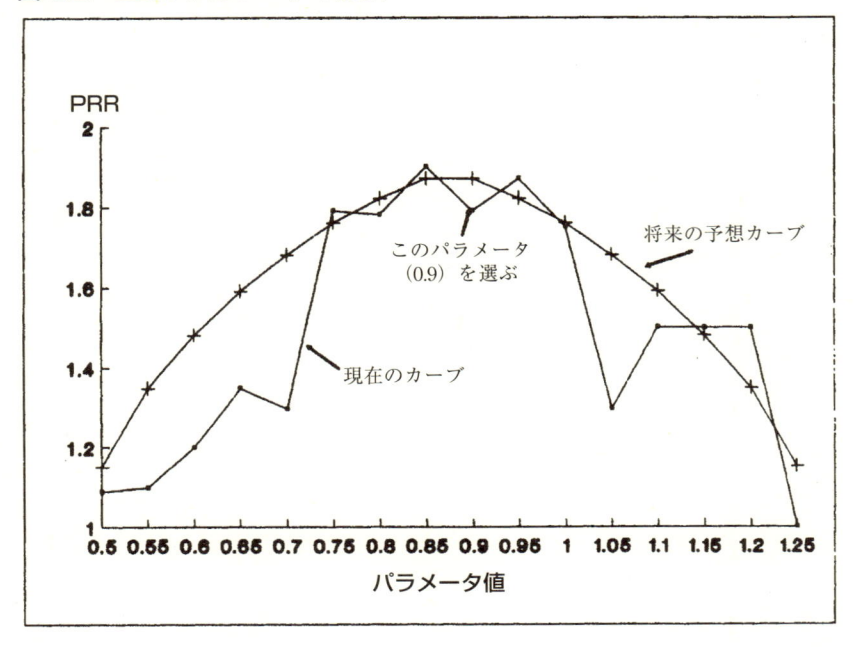

（グラフ：横軸「パラメータ値」0.5〜1.25、縦軸「PRR」1〜2。「現在のカーブ」と「将来の予想カーブ」が示され、「このパラメータ (0.9) を選ぶ」との注記がある）

　表より、パフォーマンス（PRRで測定）が最も高いのは、パラメータ値が0.85のときであることが分かる。しかし、グラフは将来的には滑らかになることが予想され、したがってパラメータ値が0.85から0.95の領域でピークを迎えると考えられる（図2.2を参照）。この場合、トレーディングはパフォーマンスが最も高いパラメータ値0.85で行うのではなく、パラメータ値が0.9のところで行ったほうがよい。その理由を説明しよう。まず、パラメータ値が近接する部分のパフォーマ

ンスは似たようなものになるという傾向がある。したがって、最適パラメータ「領域」が分かったら、前後のパラメータ値よりもパフォーマンスの低いパラメータ値を探す。パフォーマンスの値が似通っている場合は、パフォーマンスがピークのパラメータ（パフォーマンスはそれ以降は下降する）ではなくて、パフォーマンスが上昇傾向にあるパラメータを選んだほうがうまくいくからである。

　十分長い期間にわたる十分なトレード数を含むデータを使えば、パフォーマンスとパラメータ値のグラフは滑らかな曲線になる。これはエントロピーによるものである。エントロピーとは、物事が時間の経過とともに、不変で一様かつ等方的な状態へと変化していくプロセスのことをいう。熱力学第二法則はこのエントロピーの法則を説いたものだ。空気密度はある高度まで達すると一定になり、生物は分解してチリに戻る。また、光をはじめとする電磁放射は散乱する。これらはみな、エントロピーの法則によるものである。エントロピーは不可逆的な現象である。例えば、染料を1滴プールに落とすと、最初は落ちた部分の水が染料の色に染まるが、数時間後に来て見ると染料はプールの水の中に一様に溶けているだろう。これがエントロピーである。もちろん微視的に見れば、染料の分子のすべてが水の分子の中に一様に分散していない場合もあるだろう。そういったケースは、プールの中の分子の起こり得るすべての事象のひとつには違いないがごくまれなケースであり、染料が水の中に一様に分散している状態というのが一般的だろう。

　ここで、エントロピーのちょっとした実験をやってみることにしよう。次に示すエントロピーの正方形の1列目（一番左の列）から数字をひとつ選び、次に、その数字の数だけ下向きに進む。例えば、1列目の最初の数字である8を選んだとする。そこから8だけ下向きに進むと2列目、第1行の数字3に行き着く。次にそこから3だけ進むと、2列目、第4行の数字2に行き着く。これを最後の列まで続けると、

最初に選んだ数字が何であれ、最後には必ず8列目（最後の列）、第6行の数字7に行き着く。

　これには種も仕掛けもない。ただ、思いついたままの数字を並べただけのものだ。信じられない方もいらっしゃるかと思うので、今度は最初の行からひとつ数字を選んでみよう。例えば、8を選んだとすると、今度は右に8進む。行の最後まできたら、次の行の最初（一番左）に戻って右に進む。すると、4に行き着く。これを最後の行になるまで続けると、最初にどの数字を選んでも最終的には一番右下の6に行き着く。

　これでもまだ信じられないという方は、思いつくままの数字を同じ行数、同じ列数だけ並べて同じことをやってみるとよい。最初にどの数字を選ぼうと、下向き、右向きのそれぞれの場合で、必ず同じ数字に行き着くはずだ（ただし、十分な数の数字があるものとする。この実験では、十分な数の数字はエントロピーの時間に相当する）。信じる信じないにかかわらず、自然界にエントロピーが存在するということは紛れもない事実なのである。

エントロピーの正方形

8	3	5	9	3	6	4	7
4	6	2	5	2	5	3	1
2	5	5	5	2	7	2	8
4	2	9	3	5	1	6	3
1	5	4	3	7	2	9	1
7	5	9	4	5	9	4	7
9	7	4	8	4	6	4	9
8	7	5	1	6	4	8	6

パフォーマンスとパラメータ値のグラフが時間の経過とともに山や谷がなくなって滑らかになるのは、まさにこのエントロピーによるものである。したがって、パフォーマンスとパラメータ値のグラフでは、パフォーマンスがピークを迎えると思われるパラメータ領域を見つけだし、そのなかから、その両側でパフォーマンスが最大になり、そこではパフォーマンスが最も低くなるようなパラメータ値を選ぶ。理想的には、特定のシステムを使ってトレーディングしているどの市場に対しても、同じパラメータ値を使うのが望ましい。こうすることで、そのシステムはどの特定の市場の過去のデータにもカーブフィットされていないため、将来的に使えるものになる。

　非最適化は一言で言えば次の言葉に集約できる。つまり、あなたのシステムが良いシステムだと信じているのであれば、多くのトレーダーたちが犯す過ち——システムのパラメータを過去のパフォーマンスを向上させるように微調整する——を踏襲するのではなく、将来的にも過去と同じパフォーマンスを達成できるように調整する必要がある、ということである。われわれが欲しいのは、たとえ地震が起こったときでも「一緒に連れて逃げたい」システムである。これは、システムを最適化してはいけないという意味ではなく、賢く最適化しなければいけないということを言っているのである。賢く最適化する。これこそが、非最適化の目指すものである。最後に、非最適化の要点をまとめておこう。

1．できるだけ多くのデータを使って最適化する。
2．パラメータの数はなるべく少なくする。
3．パラメータ値に左右されない堅牢なシステムを選ぶ。
4．フォワードテストを行う——固定タイプが望ましい（ルール1に匹敵）。
5．パフォーマンスが最大になるようなパラメータ領域を見つけ、そのなかから、パフォーマンスがその前後で最大になり、そこ

では最低になるようなパラメータ値を選ぶ。理想的には、任意のシステムを使ってトレーディングしているどの市場に対しても、同じパラメータ値を使うのが望ましい。

非最適化したあとでも良いと思えるシステムは、手を加える必要はなく、そのまま使う。この場合、上のルールはすべて忘れてしまおう。システムはもうそれで完成である。システムトレーダーの問題点は、完成したシステムに何度も手を加えることである。良いシステムにはもう手を加えてはいけない。どうしてもいじりたいのであれば、別の新しいシステム――完成したシステムと並行して使うシステム――でやることだ。完成したシステムはプリミティブでシンプルで、ほとんど最適化されていないシステムに思えるかもしれないが、絶対にいじってはいけない。単純で、何も手を加えていないからこそ、きちんと機能するのである。システムをいじりたくてうずうずするのであれば、別のシステムを思う存分いじればよい。

第3章

利益の再投資と幾何的成長
Reinvestment of Returns and Geometric Growth Concepts

トレーディングで得た利益を再投資すべきか否か

　次のような「システムA」を考えてみよう。このシステムで2回トレーディングを行うと、1回目は50％の利益を出し、2回目は40％の損失を出す。したがって、利益を再投資しなければ10％の利益が得られるが、再投資した場合は、勝ちトレードと負けトレードが同じ順序で発生すると仮定すると10％の損失を被ることになる。

システムA

トレード番号	再投資しない場合 損益	累計	再投資した場合 損益	累計
		100		100
1	50	150	50	150
2	−40	110	−60	90

　次にシステムBを考えてみよう。このシステムでは、利益は15％、損失は5％である。再投資しない場合、2回のトレーディングで10％の正味利益が得られる。これはシステムAの場合と同じである。しかし、システムAと違うのは、このシステムでは再投資した場合にも利

益が出る点である。

システムB

トレード番号	再投資しない場合		再投資した場合	
	損益	累計	損益	累計
		100		100
1	15	150	15	150
2	−5	110	−5.75	109.25

　再投資する場合のトレーディングの特徴として認識しておかなければならないことは、**トレーディングで得た利益を再投資すると、勝てるシステムが負けるシステムに転じることはあっても、その逆はない**ということである。再投資を伴うトレーディングでは、リターンが安定していなければ、勝てるシステムでも負けるシステムに転じてしまうということなのである。さらに、**トレードの順序が変わっても、最終的な結果には影響しない**。これは、再投資するか否かにかかわらず同じである（この点を誤解している人は多い）。

システムA

トレード番号	再投資しない場合		再投資した場合	
	損益	累計	損益	累計
		100		100
1	−40	60	−40	60
2	50	110	30	90

システムB

トレード番号	再投資しない場合 損益	累計	再投資した場合 損益	累計
		100		100
1	−5	95	−5	95
2	15	110	14.25	109.25

　この現象はトレーディングを2回行ったときだけに限定されるわけではない。試しに、システムAにあと2回同じトレーディングを追加し、勝ちトレードと負けトレードのすべての発生順序別に見てみよう。

第一の順序(システムA)

トレード番号	再投資しない場合 損益	累計	再投資した場合 損益	累計
		100		100
1	−40	60	−40	60
2	50	110	30	90
3	−40	70	−36	54
4	50	120	27	81

第二の順序(システムA)

トレード番号	再投資しない場合 損益	累計	再投資した場合 損益	累計
		100		100
1	50	150	50	150
2	−40	110	−60	90
3	50	160	45	135
4	−40	120	−54	81

第三の順序（システムA）

トレード番号	再投資しない場合 損益	累計	再投資した場合 損益	累計
		100		100
1	50	150	50	150
2	50	200	75	225
3	−40	160	−90	135
4	−40	120	−54	81

第四の順序（システムA）

トレード番号	再投資しない場合 損益	累計	再投資した場合 損益	累計
		100		100
1	−40	60	−40	60
2	−40	20	−24	36
3	50	70	18	54
4	50	120	27	81

第五の順序（システムA）

トレード番号	再投資しない場合 損益	累計	再投資した場合 損益	累計
		100		100
1	50	150	50	150
2	−40	110	−60	90
3	−40	70	−36	54
4	50	120	27	81

第六の順序（システムA）

トレード番号	再投資しない場合 損益	累計	再投資した場合 損益	累計
		100		100
1	－40	60	－40	60
2	50	110	30	90
3	50	160	45	135
4	－40	120	－54	81

　これらで明らかなように、再投資するか否かにかかわらず、トレーディングの順序は最終結果には影響しない。ただし、ドローダウンは違ってくる。次のリストは、それぞれのトレーディング順序におけるドローダウンを示したものである。

第一の順序
再投資しない場合　100－60＝40（40％）
再投資した場合　　100－54＝46（46％）

第二の順序
再投資しない場合　150－100＝40（27％）
再投資した場合　　150－81＝69（46％）

第三の順序
再投資しない場合　200－120＝80（40％）
再投資した場合　　225－81＝144（64％）

第四の順序
再投資しない場合　100 − 20 = 80（80%）
再投資した場合　　100 − 36 = 64（64%）

第五の順序
再投資しない場合　150 − 70 = 80（53%）
再投資した場合　　150 − 54 = 96（64%）

第六の順序
再投資しない場合　100 − 60 = 40（40%）
再投資した場合　　135 − 81 = 54（40%）

再投資した場合のドローダウンは、パーセンテージで見た場合、ここに挙げたすべてのトレーディング順序のなかで最小でもなければ最大でもない。ドローダウンの額で見た場合でも、再投資した場合のドローダウンは最小にはならない。再投資トレーディングの副次的効果のひとつとして挙げられるのは、ドローダウンが緩和される傾向にあるという点である。再投資ベースではシステムはドローダウン期に入ると、負けトレードを出すたびに枚数を徐々に減らしていく。口座資産のパーセンテージで見たドローダウンが、再投資した場合のほうが再投資しない場合よりも常に小さいのはこのためである。

　以上のことからすると、再投資ベースのトレーディングよりも再投資をしないトレーディングのほうが良いように思える。なぜなら、再投資をしないほうが利益を出す確率が大きいからである。しかし、この考え方は正しいとは言えない。実際には、得た利益をすべて引き出すわけではなく、損失を出すたびに口座に新たに入金してその損失を補うわけでもないからだ。また、投資やトレーディングが複利効果に基づくものであるという性質を考えても、同じことが言える。（再投

資しない場合のように）複利効果を無視すれば、今から将来にかけていかに良いトレーディング成果を上げても、利益が飛躍的に伸びることはないだろう。複利効果があってこそ、口座資産は線形関数的成長から幾何関数的成長へと転じるのである。

　前に、再投資プランの下では、勝てるシステムが負けるシステムに転じることはあっても、その逆はない、と述べた。では、なぜトレーディングでは利益を再投資するのだろうか。理由はひとつしかない。再投資することで、勝てるシステムは再投資しない場合に達成できる成果をはるかに凌ぐ高い成果を上げることができるからである。

　再投資プランの下では利益が出ないと思われるような口座も、再投資しないプランの下では利益を出せる可能性があるため、やはり再投資しないプランのほうが良い、という読者もいるかもしれない。しかし、用いるシステムが十分に優れたものであれば、得られる利益は、再投資しない場合よりも再投資した場合のほうがはるかに大きく、しかも利益の差は時間がたつにつれて拡大する。市場に打ち勝つことができるシステムを持っているのであれば、資金の増加に伴って投資額を増やす方法でトレーディングしない手はない。

　トレーダーたちを再投資トレーディングから遠ざけるもうひとつの理由は、運用資産が長期にわたって成長したあとには必ず負けトレード、あるいは連敗トレードが待ち受けているからである。考えてみれば、これは当然のことと言えよう。連勝トレードは負けトレードの発生によってのみ終了し、利益を生み続けた月も、負け月の発生によってのみ終了する。再投資トレーディングの問題点は、いつか必ず発生する負けトレードが実際に発生したときに、それまでの勝ちトレードの延長で枚数を増やしてしまうことである。そのため、損失は拡大する。これとは逆に負けトレードが続くと、勝ちトレードがある日突然やってきても、それまでの延長で枚数を減らす傾向にある。

　連勝は連敗が発生する前兆であり、連敗は連勝が発生する前兆であ

ることは、統計学的に証明されているわけではない。要するにここで言いたいのは、長くトレーディングを続けていると必ず損失が発生するときが来る、ということである。再投資ベースでトレーディングしている場合、突然やってくるその損失はかなり大きなものになる。勝ちトレードが続いていれば、次のトレードが負けトレードになるとは知らずに、枚数を増やしてしまうからである。残念ながら、これを防ぐ手立てはない。定常分布の下では、従属試行の場合を除き、少なくとも統計学に裏づけされた予防手段はない。

したがって、考察対象のマーケットシステムで生み出される各トレードが独立事象であると仮定した場合、この現象は防ぎようがない。どちらのプランでトレーディングする場合でも損失が必ず発生するのとまったく同じように、これは再投資プランの下でトレーディングする場合には必ず発生する現象である。損失もゲームの一部なのである。良いマネーマネジメントが目指すものは、利益を上げられるシステムの能力を最大限に引き出すことである。したがって、賢明なトレーダーならば、正しいマネーマネジメント・テクニックによる恩恵を長期にわたって享受するために、この現象がゲームの一部であることを認識し、あるがままを受け入れることが大切である。

再投資プランにとって良いシステムかどうかを測定する──幾何平均

システムというものは、各トレード間の安定度を高めなければ、その能力を十分に引き出すことができないことは、これまでの話でもうお分かりだろう。ということは、トレーディングの話などもうやめて、有り金はすべて銀行に預けてしまったほうがよいのだろうか。ここでまた、システムAの話に戻ろう。説明を分かりやすくするために、最初の2つのトレードに加え、それぞれ1％の利益を生む2つの勝ちト

レードを追加する。

システムA

トレード番号	再投資しない場合 損益	累計	再投資した場合 損益	累計
		100		100
1	50	150	50	150
2	－40	110	－60	90
3	1	111	0.9	90.9
4	1	112	0.909	91.809
勝率		0.75		0.75
平均損益		3		－2.04775
プロフィットファクター		1.3		0.86
標準偏差		31.88		39.00
平均損益/標準偏差		0.09		－0.05

次に、システムBについて見てみよう。今度は、最初の2回のトレードに加え、それぞれ1％の損失を生む2つの負けトレードを追加する。

システムB

トレード番号	再投資しない場合 損益	累計	再投資した場合 損益	累計
		100		100
1	15	150	15	115
2	−5	110	−5.75	109.25
3	−1	109	−1.0925	108.1575
4	−1	108	−1.08157	107.0759
勝率		0.25		0.25
平均損益		2		1.768981
プロフィットファクター		2.14		1.89
標準偏差		7.68		7.87
平均損益/標準偏差		0.26		0.22

　安定度が本当にわれわれの求めているものならば、銀行口座を考えてみよう。これは各期ごとに1％の利息を支払ってくれるのだから、（トレーディングと比較すれば）完璧に安定したシステムだ。これをシステムCと呼ぶことにする。

システムC

トレード番号	再投資しない場合 損益	累計	再投資した場合 損益	累計
		100		100
1	1	101	1	101
2	1	102	1.01	102.01
3	1	103	1.0201	103.0301
4	1	104	1.030301	104.0604
勝率 1.00		1.00		
平均損益		1		1.015100
プロフィットファクター		-		-
標準偏差		0.00		0.0112916
平均損益/標準偏差		-		89.89

　システムA、B、Cに共通しているのは、再投資ベースでの標準偏差が再投資しない場合に比べて大きい（したがって、平均損益/標準偏差は小さくなる）点であり、さらに再投資ベースでのプロフィットファクター（PF）が再投資しない場合よりも低い点も同じである。

　われわれの目的は再投資トレーディングでの利益を最大化することである。この点から言えば、再投資トレーディングの結果が最も良いのはシステムBである。では、再投資しない場合のトレーディングについての情報しかないとすると、どこに注目すればこれが分かるのだろうか。勝ちトレード比率か、あるいは最終累積額か。または平均損益か。もしそうだとすれば、システムAでトレーディングするはずだから、いずれも正解ではない（しかし、先物トレーダーたちの答えで一番多いのはこれ）。では、安定度（つまり、平均損益/標準偏差が最も高いか、標準偏差が最も低いか）に注目するというのはどうだろう。またはPFが最も高いか、あるいはドローダウンが最も低いという点

に注目するというのは？　これらのいずれかに注目したとすると、金はすべて銀行に預けておくのがベストということになり、トレーディングなどやらないはずである。

　システムBの特徴は収益性と安定度がうまく調和している点である。しかしシステムAとCはそうではない。これが、システムBが再投資トレーディングで最も高いパフォーマンスを上げる理由である。では、この「調和」は何で測定するのがベストだろう。これにうってつけなのが**幾何平均**である。これは単に（対元本）最終資産比率（Terminal Wealth Relative: TWR）のN乗根をとったものである（ただし、Nは期間数（トレード数））。先の表では、再投資トレーディングの最終累積額（ただし、当初資金を1とする）がこれに当たる。したがって、各システムのTWRは次のとおりである。

システム	TWR
システムA	0.91809
システムB	1.070759
システムC	1.040604

　各システムではそれぞれ4つのトレードを行っているので、幾何平均を計算するにはTWRの4乗根をとる。したがって、各システムの幾何平均は次のようになる。

システム	幾何平均
システムA	0.978861
システムB	1.017238
システムC	1.009999

$$TWR = \prod_{i=1}^{N} HPR_i$$

幾何平均＝TWR^(1/N)
ただし、
N＝総トレード数
HPR＝保有期間全体におけるリターン（＝1＋リターン）

例えば、HPRが1.10ということは、任意の期間/賭け/トレードにおけるリターンが10％であることを意味する。TWRは、複利運用の下で、一定の期間数/賭け回数/トレード回数だけ投資を続けて行ったときの最終資金を、当初資金に対する比率として表したものである。これらの変数は別の方法で表すこともできる。

TWR＝最終資金/当初資金
幾何平均＝１プレー当たりの平均成長率、または（最終資金/当初資金）^(１/プレー回数)
または、
幾何平均＝exp((1/N)*log(TWR)
ただし、
N＝総トレード数
log(TWR)＝TWRの常用対数
exp＝指数関数

つまり、**幾何平均とは１プレー当たりのあなたの資金の平均「成長率」**のことである。したがって、利益再投資ベースでトレーディングを行うトレーダーにとって最も有用なシステムまたは市場は、幾何平均が最大のシステムまたは市場ということになる。幾何平均が１より

小さいということは、そのシステムで再投資トレーディングを行っていたならば損失を出していたことを意味する。また、現実に即した結果を得るためには、幾何平均の計算には実際のスリッページや手数料を含めなければならないことに注意しよう。

幾何平均の概算値

　幾何平均を計算するのに、すべてのHPRを掛け合わせたもののN乗根を計算するのは大変な作業である。そこで、もっと簡単に幾何平均を求める方法を紹介しよう。この方法は、手動で計算している場合、あるいは数値計算能力のあまり高くないコンピューター言語を用いている場合には特に便利である。幾何平均の2乗は、HPRの算術平均の2乗からHPRの母標準偏差の2乗を引いたもので近似することができる。したがって、幾何平均の概算値を計算するには、まずHPRの平均を2乗し、そこからHPRの母標準偏差の2乗を引く。そして、得られた値の平方根をとったものが実際の幾何平均の概算値である。これの数値例を見てみよう。ここでは4トレードを想定し、HPRの値は以下のとおりとする。

	1.00
	1.50
	1.00
	0.60
算術平均	1.025
母標準偏差	0.3191786334
幾何平均の概算値	0.9740379869

実際の幾何平均　　　　　　　0.9740037464

幾何平均の概算値（EGM）の計算方法は式で表すと次のように書くことができる。

EGM＝（（算術平均^2）－（母標準偏差^2））^（1/2）

正規確率関数の標準偏差を求める公式は第1章で紹介したが、ここでは別の方法を用いる。標準偏差の計算方法が分かっている人は、この部分は飛ばして次の節「ベストな再投資方法」に進んでいただいて構わない。

標準偏差は分散の平方根をとったものである。

$$分散 = (1/(N-1)) \sum_{i=1}^{N} ((X_i - \bar{X})^2)$$

ただし、
$\bar{X}$＝データの平均
X_i＝i番目のデータ
N＝データの総数

これはいわゆる**標本**分散である。**母**標準偏差を求めるには、この式の（N－1）をNで置き換えればよい。この理由については、本書の「序論──本書について」にある「本書で扱わないもの」の範疇に入るため、ここでは説明はしない。

標本分散の平方根をとったものが標本標準偏差であり、母分散の平方根をとったものが母標準偏差である。先ほどのデータを使って実際に計算してみよう。

1.00
1.50
1.00
0.60

1．まず、データの平均を計算する。

$\bar{X} = (1.00 + 1.50 + 1.00 + 0.6)/4$
　　$= 4.1/4$
　　$= 1.025$

2．各データとステップ1で求めた平均との差をそれぞれ計算する。

$1.00 - 1.025 = -0.025$
$1.50 - 1.025 = 0.475$
$1.00 - 1.025 = -0.025$
$0.60 - 1.025 = -0.425$

3．ステップ2で求めた数値をそれぞれ2乗する。2乗するので、値はすべて正になることに注意しよう。

$(-0.025)*(-0.025) = 0.000625$
$(0.475)*(-0.475) = 0.225625$
$(-0.025)*(-0.025) = 0.000625$
$(-0.425)*(-0.425) = 0.180625$

4．ステップ3で求めた数値をすべて足し合わせる。

```
        0.000625
        0.225625
        0.000625
  +     0.180625
        0.4075
```

5．ステップ4で求めた数値に（1/N）を掛ける。標本分散を求めたいのであれば、ステップ4で求めた数値に1/（N－1）を掛ける。ここでは、4つのHPRの母標準偏差を求めて、そこから最終的に幾何平均の概算値を求めることが目的なので、ステップ4で求めた数値に1/Nを掛ける。

母分散 ＝（1/N）*（0.4075）
　　　＝（1/4）*（0.4075）
　　　＝0.25*0.4075
　　　＝0.101875

6．標準偏差は分散の平方根をとったものなので、ステップ5で求めた数値の平方根をとる。

母標準偏差＝0.101875^（1/2）
　　　　　＝0.3191786334

したがって、この例の幾何平均の概算値は次のようになる。

$$\begin{aligned}
\text{EGM} &= ((算術平均\wedge 2) - (母標準偏差\wedge 2))\wedge(1/2) \\
&= ((1.025\wedge 2) - (0.3191786334\wedge 2))\wedge(1/2) \\
&= (1.050625 - 0.101875)\wedge 0.5 \\
&= 0.94875\wedge 0.5 \\
&= 0.9740379869
\end{aligned}$$

$$\begin{aligned}
実際の幾何平均 &= (1.00*1.50*1.00*0.60)\wedge(1/4) \\
&= 0.9\wedge 0.25 \\
&= 0.9740037464
\end{aligned}$$

幾何平均の概算値が、実際の幾何平均の代わりに十分代用できるものであることが、これでお分かりいただけたことと思う。概算値は実際の数値に極めて近いので、本書では場合に応じて使い分けることにする。

ベストな再投資方法

これまでは、常に資金の100%を再投資することを想定した再投資トレーディングについて議論してきた。有利な状況（利益が期待できる状況）下で得られる利益を最大化するためには再投資することが不可欠だが、100%の再投資というのは最も賢明な方法とはいえない。

コイン投げの例で考えてみよう。勝てば2ドル貰え、負ければ1ドル支払わなければならないとする。1プレー当たり平均でどれくらい稼げるかは、期待値を計算してみれば分かる。

$$期待値 = \sum_{i=1}^{N} (P_i * A_i)$$

ただし、
P＝勝率または敗率
A＝勝ったときに貰える額または負けたときに失う額
N＝起こり得る結果の総数

このコイン投げの期待値は次のように計算できる。

期待値＝(0.5*2)＋(0.5*(－1))
　　　＝1－0.5
　　　＝0.5

つまり、コインを1回投げるごとに平均で50セントの儲けが期待できるというわけである。賭け金を増やさなければ、最初の投げ上げからその後のすべての投げ上げを通じて、毎回50セントの儲けが期待できる。しかし独立試行では、賭け金を増やしていくのが一般的だ。つまり、勝てば、賭け金を徐々に増やしていくはずである。

ここで、マネーマネジメント・システムの基本ルールをしっかり覚えていただきたい。すなわち、**独立試行では、期待値が0以下であれば、どんなマネーマネジメント・テクニックを使っても、どんな賭け方をしても、あるいは順序を変えてみても、そのゲームの期待値が正になることはない**ということである。

ただし、このルールが適用されるのは、ひとつのマーケットシステムを使ってトレーディングしている場合だけである。2つ以上のマーケットシステムを使ってトレーディングすると、不思議な現象が発生するのだ。例えば、今使っているマーケットシステムに加え、期待値が負のマーケットシステムを新たに導入すると、マーケットシステムグループ全体の正味の期待値が、期待値が負のマーケットシステム導

入以前の正味の期待値より高くなったり、そのグループの個々のマーケットシステムのいずれの期待値よりも高くなることもあるのだ（詳しくは巻末の付録Aを参照）。

　しかし当面は、ひとつのマーケットシステムのみを用いる場合を考察対象とする。したがって、マネーマネジメント・テクニックが有意義なものとなるためには、考察対象となるマーケットシステムの期待値は正でなければならない。

　ここでもう一度、ペイオフレシオが2：1の先ほどのコイン投げの例（期待値は正）を考えてみよう。当初資金は1ドルとする。最初のプレーでは勝ち、2ドル支払われる。最初のプレーで資金のすべて（1ドル）を賭けたのと同じように、次のプレーでも資金のすべて（3ドル）を賭ける。しかし、そのプレーでは負け、3ドルの資金はすべて失われた。当初資金の1ドルだけでなく、最初のプレーで勝った2ドルも失ってしまったのである。2番目のプレーでは1ドルのフルベットで3ドル賭けたので、もしそのゲームに勝っていれば6ドル支払われたはずである。つまり、資金の100%を賭ければ、負けた（これは避けられない）途端にすべてを失うということである。

　前と同じシナリオを今度は再投資しない（つまり、一定のベットサイズで賭ける）場合で考えてみると、最初のプレーでは2ドル儲かり、2番目のプレーでは1ドル失うだけである。したがって、正味損益は1ドルの儲けとなり、資金総額は2ドルになる。ベストな賭け方というのは、どうもこれら2つのシナリオ——つまり、100%の再投資プランと再投資しないプラン——の中間にありそうである。

　マネーマネジメント戦略を考えるうえでは、どういうことが重要なのだろうか。ポイントは4つある。第一に、有利なゲームでは、数学的に可能な最高額を稼ぐことができなければならない。第二に、資金の成長率と安全性とのトレードオフも考慮しなければならない（第一の特徴を満たす場合、実現は難しいかもしれないが、考えてみるだけ

の価値はある)。第三に、勝つ見込みがあるかどうかを考慮しなければならない。最後に、ベットサイズは勝ったときに得られる額と、負けたときに失う額とに照らして決めなければならない、ということである。例えば、N回の賭けのうち1回だけエッジのあることは分かっているが、どの賭けが勝ちゲームになり、どれくらい稼げるのかは分からないし、またどの賭けが負けゲームになり、どれくらい損をするのかも分からないとすると、(長期的に考えれば)どの賭けにも総資金の一定比率を賭けるのがベストということになる。

再び、先のコイン投げで考えてみよう。当初資金は2ドルで、コインを3回投げる。1ドルのフルベットで表が出れば1ドルの儲け、裏が出れば1ドルの損失とする。また、このコインは偏っており、3回投げると必ず表が2回、裏が1回出る。また、3回とも表になったり、3回とも裏になったりすることはない。このコインが偏ったコインであることは知っているが、いつ裏が出るのかは分からない。この状況下で得られる利益を最大化するにはどうすればよいだろうか。この偏ったコインに起こり得る事象列(標本空間)は次の3通りである。

表　表　裏
表　裏　表
裏　表　表

ここでわれわれはジレンマに陥る。勝率は66%であることは分かっているが、いつ負けるかは分からない。でも、この状況下で得られる利益を最大化したい。

そこで、資金の一定比率を賭ける──最適比率は資金の1/3(計算方法については後述)──のではなく、例えば、最初の賭けでは2ドル、その後の賭けでは1ドルずつ賭けることにする。表表裏の場合も表裏表の場合も、2ドルの資金は4ドルに増えるが、裏表表の場合は、

最初の賭けで一文無しになってしまう。事象列は3通りあり、そのうちの2つでは2ドルの儲け、残りの1つでは文無しになるので、すべての事象列を総合すると4ドル（2+2+0）の儲けになると言うことができる。したがって、各事象列の平均は1.33ドル（4/3）の儲けということになる。

　ほかの賭け方も試してみるとよい。どこで負けるか分からないのだから、結局はどの賭けでも資金の一定比率を賭けるのがベストだということが分かるはずだ。最適比率は1/3、または33%である。この賭け方だと、すべての事象列を総合するとトータルで4.23ドルの儲け（1.41+1.41+1.41）になるので、勝ち負けの出る順序とは無関係に、どの順序のときでもおよそ1.41ドルの儲けになる。したがって、この場合の平均の儲けは1.41ドル（4.23/3）である。

　昔から、ギャンブラーたちはさまざまな「賭け方」システムを創意工夫してきた。そのひとつにマルチンゲールと呼ばれるものがある。これは、負けるたびに賭け金を倍にするという戦略で、この賭け方を続ければ、勝ったときに必ず1単位だけ儲けが出るというものである。しかし、マルチンゲール戦略では、連敗中の賭け金が莫大な額になってしまうこともある。この賭け方を資力の続くかぎり続ければ、最後には必ず1単位の儲けがでるので、これは一見究極の賭け方であるかのようにも思える。もちろん、期待値が正であれば、こういった戦略を用いる必要はないのだが、公平なマネーゲームや、期待値が負でしかもその度合いが小さい場合には、この戦略は使えるかもしれない。

　しかし、第1章で見てきたように、期待値が負の場合に賭けを続けても、期待値が正になることは絶対にない。マルチンゲール方式で賭けている場合を考えてみよう。最初の10回の賭けが連敗だとすると、11番目の賭けには1024単位賭けることになる。勝つ確率は最初に1単位賭けたときと同じである（独立試行）。したがって、パーセンテージベースの期待値は最初の賭けと同じだが、単位ベースでは最初の賭

けの1024倍である。したがって期待値が負であったとすると、その負の期待値は今では1024倍に膨れ上がっているわけである。

「そんなこと、問題じゃないさ」と、マルチンゲール方式で賭けているあなたは答える。「だって、11番目の賭けでも負ければ12番目の賭けはその倍賭けるからね。結局最後には1単位の儲けが出るんだ」。しかし結局は、マルチンゲール方式の賭け手は賭け金の上限という壁にぶつかることになる。これは、カジノ側の設ける限度額によるものかもしれないし、賭け手側の資力が尽きてしまったことによるものかもしれない。

理論的には、カジノ側が賭け金の上限を設定しておらず資金が無限にある場合は、この賭け方はうまくいくかに見える。しかし、資金を無尽蔵に持っている人が果たしているだろうか。マルチンゲール方式で1ドルの賭け金からスタートした場合、およそ46回続けて負けると、次に賭ける賭け金は世界の純資産を上回る額になるのだ(『ザ・マセマティックス・オブ・ギャンブリング[The Mathematics of Gambling]』でエドワード・O・ソープは、世界の純資産をおよそ30兆ドルと試算している。ソープによる試算額はいずれもかなり大まかな数字ではあるが、本書の著者にとっては十分許容できるものである。ソープの著書が出版されたのは1984年なので、年間成長率を6％として1991年の世界純資産を計算すると30兆*(1.06^7)＝およそ45兆となり、実際の数字にかなり近い。この例にあるように、1ドルの賭け金からスタートしてマルチンゲール方式で賭け続ければ、46回連続して負けると、次の賭け金は70兆3687億4417万7664ドルになるので、1991年の世界純資産46兆ドルを優に超える。こういった状況が発生する確率は、フェアゲームの場合では0.5^46＝0.0000000000001421086 [ゼロが13個] である。しかし、赤か黒かに賭けるルーレットゲームで同じように賭けた場合、47回目のスピンで同額が必要になるが、この状況が発生する確率は（1−0.4736842105）^46＝0.000000000001504301 [ゼロが12

個〕である。期待値が負であれば、負の度合いがいかに小さくても、世界の純資産と同じだけの額を賭けなければならなくなる確率が10倍になってしまう点に注目したい）。

　結局、マルチンゲール方式による賭け手は、カジノ（カジノ賭博の場合）や自分の資力（トレードの場合）によって賭け金の最高額に限度が設けられることになり、最終的にはこの最高額を賭けて負けるので破産に追い込まれるというわけである。しかも、この事態は期待値にかかわらず必ず発生する。マルチンゲールが、期待値が正のときには手を出すものではないし、公平なゲームや期待値が負の場合にはまったく役に立たないのはこういった理由による。確かに、マルチンゲール方式で賭けた場合、プレーヤーはゲームテーブルを勝者として立ち去ることがほとんどだろう。しかし、負けたときにはどうなるか。プレーヤーが勝ったときにカジノ側が被るのと同じ程度の損失で済むかといえば、そんなことはない。そんな額とは比較にならないほど大きな損失をプレーヤーは被ることになるのである。

　マルチンゲール方式の賭け手が破綻に追い込まれるのは、賭け金に上限があるというよりも、むしろその上限に達するまでの賭け回数に原因がある（これは、カジノで賭け金の最低額が設けられている理由のひとつでもある）。これを克服するためにギャンブラーたちが行ってきたのが、スモール・マルチンゲールと呼ばれているものである。これは、若干の妥協をはかったマルチンゲールとでも言えようか。

　スモール・マルチンゲール方式は、賭け金最高額に達するまでに要する賭け回数を増やすことによって生き残りを図ろうとするものである。基本的には、１サイクルにつき１単位の利益を得ることを目標とする。システムの説明は例を示したほうが分かりやすいので、例を使って説明しよう。スモール・マルチンゲールではプレーヤーは「賭けリスト」を常に見ながら、そのリストの最初の賭け金と最後の賭け金の合計を次の賭けに賭ける。賭けに勝てば、リストの最初と最後の賭

け金を棒線で消す。したがって次の賭け金は、最初と最後の賭け金を削除した新しいリストの最初と最後の賭け金を合計したものになる。リストは1からスタートする。賭けに負けたときには、数字がひとつ（1、2、3、4……）リストの最後に加えられる。1単位の利益が出たところでひとつのサイクルが終了する。リストの数字が2だけになったときには、そのリストを「1、1」に書き換える。次に示す4つの異なるサイクル例を参考にして、このシステムの仕組みをしっかり把握していただきたい。

賭け番号	リスト	ベットサイズ	勝敗
1	1	1	勝

賭け番号	リスト	ベットサイズ	勝敗
1	1	1	負
2	1,1	2	勝
3	1	1	勝

賭け番号	リスト	ベットサイズ	勝敗
1	1	1	負
2	1,1	2	負
3	1,1,2	3	勝
4	1	1	勝

賭け番号	リスト	ベットサイズ	勝敗
1	1	1	負
2	1,1	2	負
3	1,1,2	3	負
4	1,1,2,3	4	勝

5	1,2	3	負
6	1,2,3	4	勝
7	1,1	2	負
8	1,1,2	……1単位の利益が出るまで続く	

　マルチンゲールシステムがそうであるように、スモール・マルチンゲールシステムも結局は負けるシステムである。期待値が負の賭けを何度繰り返したところで、結局は負の期待値しか得られないのである。

　もうひとつのシステムが逆マルチンゲールで、これは（名前からも分かるように）マルチンゲールとまったく逆のシステムである。逆マルチンゲールでは、勝ったあとの賭け金を倍にする。つまり、連勝を狙って利益を最大化しようというのがこの戦略の狙いである。マルチンゲールが最終的に1単位の利益を出すのに対して、逆マルチンゲールは、資金の100％を投じた場合、いったん負けるとすべてを失う（たとえ期待値が正のゲームであったとしても）。

　実は、前述した固定比率トレーディングは、逆スモール・マルチンゲールなのである。本章の前の部分に出てきた偏ったコインの例を覚えているだろうか。その例のなかに出てきた「ベスト」な戦略こそが、逆スモール・マルチンゲールだったのである。ただし、固定比率トレーディング、すなわち逆スモール・マルチンゲールが最適な賭け方システムと言えるのは、あくまで期待値が正である場合に限られることに注意しよう。

　もうひとつのよく知られたシステムがリザーブ戦略である。リザーブ戦略では、「ベース＋利益の一部」を賭けるのが基本だが、最後の賭けが勝ちだった場合、次の賭けでは最後の賭けと同じ額だけ賭ける。例えば、ペイオフレシオが1：1のゲームで毎回1ドル賭けたときに、結果が勝、勝、負、勝の順で発生したとしよう。最初の賭け金は1ドルである。最初の賭けは勝ったので、2番目の賭けの賭け金も1回目

と同じ1ドルである。2番目の賭けも勝ったので、総利益は2ドルに増える。3番目の賭けの賭け金は、2番目の賭けが勝ったので1ドルである。しかし、3番目の賭けは負けて1ドルの損失を出したので、総利益は1ドルに減った。3番目の賭けは負けだったので、4番目の賭け金はベース（1ドル）+利益の50％（1ドル*0.5）=1.50ドルに増やす。4番目の賭けは勝ったので1.50ドル儲け、結局総利益は2.50ドルになった。4番目の賭けは勝ったので、5番目の賭け金は5番目と同じ1.50ドルである。

一見すると、リザーブ戦略は理想的な賭け方システムのように思える。しかし、ほかの賭け方システム同様、長期的に見ると、リザーブ戦略のパフォーマンスは単純な固定比率（逆スモール・マルチンゲール）アプローチにも及ばない。ギャンブラーやトレーダーたちの間でよく使われるもうひとつの賭け方が、「ベース+平方根アプローチ」というものである。これは、「基本的にはスタート時の賭け金（ベース）+利益の平方根」を賭けるというものだ。このように、賭け方システムはいくらでも作り出せる。

どういうわけだか、負けトレードのあと、連敗のあと、あるいはドローダウンのあとに枚数を増やす傾向が多くの人に見られる。しかし、再三にわたってコンピューターシミュレーション（私自身が行ったり、別の人にやってもらったり）を行った結果、これはマネーマネジメントの方法としては非常にお粗末であることが分かった。マルチンゲールやスモールマルチンゲールとさほど変わりはないのである。トレーディングの大部分は独立試行であると仮定しているので、過去のトレードは現在のトレードには何の影響も及ぼさないはずである。それまでの20トレードがすべて勝ちトレードだろうと負けトレードだろうと、次のトレードには何の関係もないのである。

興味深いことに、先ほど述べたコンピューターシミュレーションからはすべて同じ結果が得られた。どのシミュレーションからも、プレ

ーヤーに有利な独立試行では、資金の増加に応じて賭け金を増やすのがよく、ベットサイズは総資金の一定比率にするのが最適であるという結果が導き出されたのである。正味の結果が正になる、長期にわたる一連の独立した賭けやトレーディング結果をデータとして用い、これらのデータにさまざまな賭け方システムを適用してみる研究がこれまで再三にわたって行われてきた。この種の研究はすべて、総資金の大きさに比例してベットサイズを増やすような賭け方システムを用いるのがよい、という同じ結果に帰着している。

　また、『ギャンブリング・タイムズ（Gambling Times）』誌の1987年6月号でウィリアム・T・ジエンバは、一定比率賭けがほかのどの賭け方戦略よりも優れているという研究結果を発表している（Ziemba, William T., "A Betting Simulation, The Mathematics of Gambling and Investment," Gambling Times, pp.46-47, 80, June, 1987.）。さらに、ジエンバはその記事のなかで、最適比率（ケリーの公式を使って計算）ではほかの比率よりはるかに高いパフォーマンスを上げられることを示している。彼が行ったのは、当初資金を1000ドルとして、700の競馬レースの賭けを1000シーズンに渡ってシミュレートするというものだ。そして、一文無しになったシーズン数、利益の出たシーズン数、5000ドル、1万ドル、10万ドルを超える利益を上げたシーズン数を調べるだけでなく、最終資金の最低額、最高額、平均、メジアンも計算した。彼のこの研究結果からも、資金の一定比率を賭けるのが最も優れた賭け方システムであることが明確に示されている。

　「ちょっと待ってよ。そもそも賭け方システムなんてものは無駄だって、さっき言ったんじゃないの？　第1章でも、ハウスアドバンテージはどうしようもないから、プレー数を増やすしかないって、言ったんじゃなかった？」なんて声が読者から聞こえてきそうだ。

　期待値が負のときは確かにそのとおりである。しかし、期待値が正

の場合は、話がまったく違ってくる。期待値が正の場合の問題は、その状況をどうすれば最大限に利用できるか、なのである。

第4章
最適固定比率トレーディング
Optimal Fixed Fractional Trading

　これまでの章は、いわば本章のための準備である。本章は本書のなかで最も重要な章なので、しっかり理解していただきたい。

最適固定比率

　特定の状況またはシステムで賭けやトレーディングをする場合、まず最初に考えなければならないのは、その状況またはシステムに正の期待値が存在するかどうかであることは、すでに述べたとおりである。また前章では、期待値で見れば（すなわち、期待値が正であるということ）「良い賭け」のように思えても、利益の再投資を考えた場合にはそれほど良い賭けではない場合もあることが分かった（そのシステムのパフォーマンスにばらつきがあるにもかかわらず、再投資する利益の割合が大きすぎる場合）。利益を再投資しても期待値（＝パーセンテージベースでの期待値。金額ベースでの期待値は上昇──しかも幾何的に。再投資をしたくなるのはこのためである）が上がることはないからである。たとえ数値は小さくても正の期待値が存在する場合、次に考えなければならないのは、その正の期待値をどうすれば最大限に活用することができるかである。独立試行については、総資産の一定比率を再投資することが正の期待値の最大限の活用につなが

ることはすでに述べた(従属試行の場合も、独立試行の場合同様、正の期待値を最大限に活用するには総資産の一定比率を賭ければよいという考え方が適用できる。ただし、従属試行の場合には、賭け率は各トレードごとに変えるのがベストである。各トレードにおける最適賭け率は、それぞれのトレードの勝率とペイオフによって決まる)。これより、次の原理が導き出される。すなわち、**独立試行の場合でエッジがあるとき(つまり、期待値が正のとき)、最大損失の除数に用いられる0から1までの間の数値として表される最適固定比率(f)が、各トレードにおける最適賭け率になる**、ということである。

　最適固定比率のことを、総資産の何％を賭ければよいかを示すものであると考えている人は多いが、これは誤解である。オプティマルfは総資産の賭け率そのものではなく、賭け率を求めるための中間ステップにすぎない。オプティマルfは最大損失の除数として用いられるもので、総資産を(最大損失/オプティマルf)で割ったものが賭け数や枚数になる。

　また、**証拠金が数学的に最適な枚数とは何の関係もない**こともこれから明らかにしていく。

　次ページの図から分かるように、fカーブは0から1の間でお椀を逆さにしたような形の曲線を描く。カーブの頂点に対応するfの値が、利益を最大にする各トレード(または賭け)における総資産の賭け率である。

　ほとんどの人が、fは右上がりの直線関数だという思い違いをしているが、これは、右上がりのグラフを、リスクを増やせばそれだけ儲かる額も増えることを意味していると思い込んでいるためである。こういった誤解の原因は、正の期待値を負の期待値の単なる鏡像ととらえている点にある。つまり、期待値が負のときにプレー数を増やせば損失の累積速度がアップするのと同じように、期待値が正のときにプレー数を増やせば利益の累積速度がアップすると信じ込んでいるとい

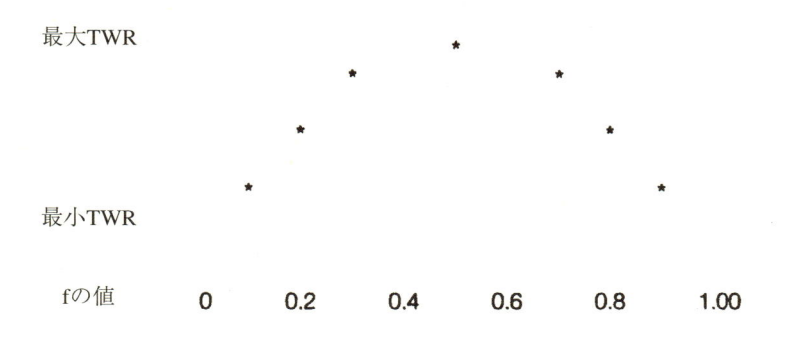

```
最大TWR                    *
                        *     *
                     *
                  *              *
                                    *
最小TWR       *                        *

fの値      0    0.2   0.4   0.6   0.8   1.00
```

うことである。しかし、これはまったくの誤解である。期待値が正の場合でも、プレー数を増やしていけばそれが裏目に出るときは必ず来る。利益を再投資しているため、そのときがいつになるのかは、システムの収益性と安定性（つまり、システムの幾何平均）とによって異なる。

非対称レバレッジ

　損失の埋め合わせに必要な額は、損失の増加に伴い幾何的に増加することは覚えているだろうか。損失を埋め合わせるのに必要な上昇率は次の式で表される。

　必要な上昇率＝（1／（1－損失率））－1

　つまり20％の損失が出ると、それをカバーするにはその後の上昇率が25％でなければならないということである。30％の損失なら、42％

図 4.1 非対称レバレッジ

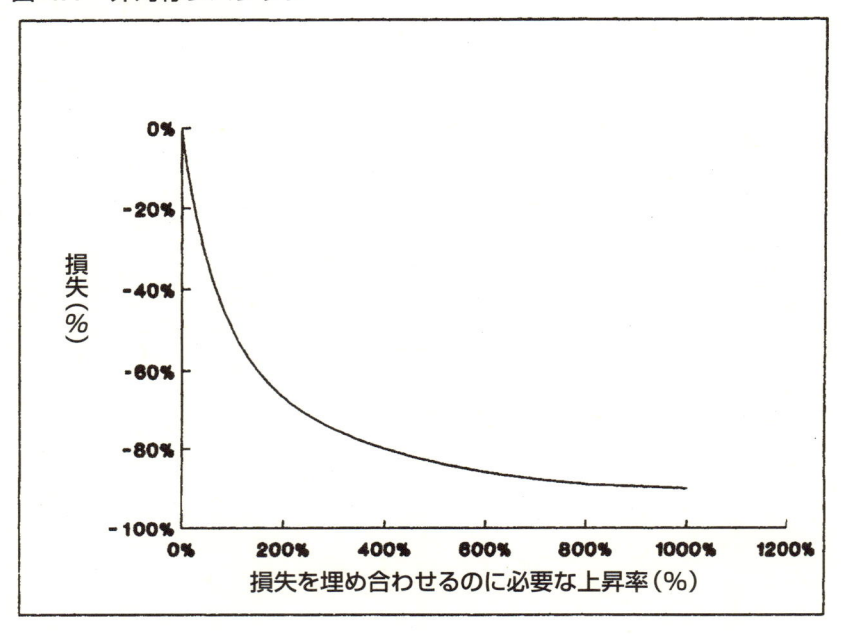

損失(%) / 損失を埋め合わせるのに必要な上昇率(%)

の上昇率が必要になる。これを非対称レバレッジという。固定比率トレーディングでは、トレーダーは利益を出したあとよりも損失を出したあとで枚数を増やす傾向があることはすでに述べた。非対称レバレッジが増幅するのはこのためである。ｆ関数が曲線を描くのも、この非対称レバレッジで説明がつく。つまり、ｆカーブのピークは、損失を出したとしても（非対称レバレッジを利用して）損失からうまく脱することで、一連のトレードによる利益を最大化するために取るべき正しい枚数を指示する位置を表すものなのである（図4.1）。ｆカーブ

のピークに対応するｆ値（X軸）をオプティマルｆ（ｆは必ず小文字で表す）という。

つまりｆが曲線状の関数になるのは、ひとつには利益を再投資したときに非対称レバレッジが増幅するという事実によるものなのである。

では、このオプティマルｆの値はどのように求めればよいのだろうか。ギャンブルの世界ではこの数十年にわたってオプティマルｆの求め方が研究されてきたが、最も有名かつ正確なのがケリーのシステムと呼ばれるものである。これは、1956年初期にジョン・L・ケリー・ジュニアによって開発され、1956年7月に『ベル・システム・テクニカル・ジャーナル（Bell System Technical Journal）』誌に発表された数学モデルを応用したものである（Kelly, J.L., Jr., "A New Interpretation of Information Rate," Bell System Technical Journal, pp. 917-926, July, 1956）。ケリーの法則は、最適賭け率が成長関数G(ｆ)を最大にする資産の固定比率(ｆ)であることを述べたものである。G(ｆ)は次の式で表される。

$$G(f) = P*\ln(1+B*f) + (1-P)*\ln(1-f)$$

ただし、

ｆ＝最適固定比率
P＝賭けまたはトレードの勝率
B＝ペイオフレシオ
ln()＝自然対数（底は2.71828……）

起こり得る結果が2つあるような試行のオプティマルｆは、次に述べるケリーの公式を使えば簡単に計算できる。

ケリーの公式

　ベルシステム社のエンジニアたちが長距離データ通信の問題に取り組み始めたのは、1940年代の終わりごろのことである。当時の長距離データ通信の問題点は、回線が一見ランダムな「ノイズ」の影響を受けるため、送信がそのノイズによって妨害されることだった。かなり独創的な解決策を打ち出したのがベル研究所のエンジニアたちだった。何とも奇妙なことに、このデータ通信上の問題点とギャンブルのマネーマネジメントに関連する幾何的成長問題との間には多くの類似点があるのだ（どちらの問題も、有利な不確実性が存在する環境から生み出されるため）。ケリーの公式はこれらの問題の解決策から派生したもののひとつである。

　ケリーの第一公式は、

　$f = 2*P - 1$

である。

　ただし、
　f ＝最適固定比率
　P ＝賭けまたはトレードの勝率

　この公式は、利益と損失が常に同額のときに正しいオプティマル f の値を計算することができる。例えば、一連の賭けの結果が次のような場合を考えてみよう。

　$-1, +1, +1, -1, -1, +1, +1, +1, +1, -1$

合計10の賭けのうち、勝ったのは6回なので、オプティマルfは次のようになる。

$$f = (0.6*2) - 1$$
$$= 1.2 - 1$$
$$= 0.2$$

利益と損失が常に同額ではない場合、この公式は使えない。こういったケースの例としては、前に出てきたペイオフレシオが2：1（勝った場合は2単位の利益、負けた場合は1単位の損失）のコイン投げが挙げられる。このような場合には、次のケリーの公式（ケリーの第二公式）を使う。

$$f = ((B+1)*P - 1)/B$$

ただし、
f＝最適固定比率
P＝賭けまたはトレードの勝率
B＝ペイオフレシオ

したがって、ペイオフレシオが2：1のコイン投げのオプティマルfは次のようになる。

$$f = ((2+1)*0.5 - 1)/2$$
$$= (3*0.5 - 1)/2$$
$$= (1.5 - 1)/2$$
$$= 0.5/2$$
$$= 0.25$$

この公式が使えるのは、利益が常に同額で損失も常に同額のときのみである。この条件が満たされなければ、この公式からは正しいオプティマルfの値を得ることはできない。

例えば、次に示す一連の賭けまたはトレード結果を考えてみよう。

+9, +18, +7, +1, +10, -5, -3, -17, -7

この場合、利益と損失はそれぞれに同額ではないので、前の公式は使えない。しかし、前の公式を使ってとにかくfを計算してみることにしよう。

9回の事象のうち5回が勝ちなので、P=0.555である。次に、Bを計算するために、利益と損失の平均を計算しておこう（これは間違いなのだが、この部分をこのように誤解しているトレーダーが多い）。利益の平均は9で、損失の平均は8である。したがって、B=1.125となる。これらの値をケリーの第二公式に代入するとfは次のようになる。

f = ((1.125 + 1)*0.555 - 1)/1.125
  = (2.125*0.555 - 1)/1.125
  = (1.179375 - 1)/1.125
  = 0.179375/1.125
  = 0.159444444

したがって、f=0.16である。この値が正しいオプティマルfの値ではないことは、本章でこのあと説明する。この一連のトレードの正しいオプティマルfは0.24になる。利益が常に同額でないとき、かつ/または、損失が常に同額でないときにはケリーの法則は適用できな

い。適用しても正しいオプティマル f の値は得られない。

　ケリーの第二公式の分子は、第1章で定義した、起こり得る結果が2通りある試行の期待値に等しいことに注目しよう。したがって、利益と損失がそれぞれに同額の場合（利益と損失が同額かどうかは無関係）、オプティマル f は次のように書き換えることができる。

　f ＝期待値/B

ただし、
　f ＝最適固定比率
　B＝ペイオフレシオ

幾何平均によるオプティマル f の求め方

　実際のトレーディングでは、利益も損失もトレードごとに異なるのが一般的だ。したがって、オプティマル f の計算には残念ながらケリーの公式は使えない。では、正しい枚数を決めるための数学的に正しいオプティマル f はどのように計算すればよいのだろうか。

　詳しくは本章でこのあと説明するが、正しい枚数や正しい株数でトレードすることは、今までに考えられてきた以上に重要な問題である。勝つか負けるかは、レバレッジによって決まると言っても過言ではない。どんなシステムでも負けトレードを経験するし、ドローダウンを避けて通ることもできない。これは当たり前のことであり、紛れもない事実である。しかし、常に正しい枚数（つまり、数学的に正しい量）でトレードすることができれば、損失を最小限に抑えることができるし、オプティマル f に基づく正しい枚数でトレーディングすれば、ドローダウンからのリカバリーも早い。

　そのための方法をこれから見ていくことにしよう。まず最初に、

HPRの公式を f を含む式に書き換えておこう。

　HPR＝1＋f*(－トレード損益/最大損失)

TWRはHPRの幾何積であり、幾何平均はTWRのN乗根なので、それぞれ次のように書くことができる。

$$TWR = \prod_{i=1}^{N}(1+f^{*}(-トレード損益_i/最大損失))$$

トレード損益iとは、i番目のトレードの損益のことをいう。

$$幾何平均 = \left(\prod_{i=1}^{N}(1+f^{*}(-トレード損益_i/最大損失))\right)^{\wedge}(1/N)$$

幾何平均は、以前示した幾何平均の概算値を計算する方法に、上に示したHPRを適用して求めてもよいし、上に示したTWRを以前示した幾何平均の公式（以下を参照）に代入して求めてもよい。

　幾何平均＝exp((1/N)*log(TWR))

ただし、
N＝総トレード数
log(TWR)＝TWRの常用対数(底は10)
exp＝指数関数

TWRが最大になるときの f の値を求めるには、0.01から1までのさまざまな f 値をTWRの式に代入してみればよい。TWRが最大になるときの f の値が、固定比率を使ったときにリターンが最大になる f の値である。オプティマル f は幾何平均が最も大きくなる f の値と言

い換えることもできる。TWRも幾何平均も同じf値で最大になるので、オプティマルfの値はTWRが最大になるfの値として求めてもよいし、幾何平均が最大になるfの値として求めてもよい。

　この作業はコンピューターを使えば簡単だ。fの値を0.01から1.0まで0.01ずつ増やしながらTWRの値を計算すればよい。TWR値が前の値よりも低くなったら、その前のTWRに対応するfの値がオプティマルfというわけである。もちろん手動で計算しても構わないが、トレード数が増えてくるとかなり面倒である。（手動かコンピューターかを問わず）オプティマルfを求める最も速い方法は、反復収束法だ。まずfの境界を決める。ここでは境界をf＝0およびf＝1.00に定める。初期値として例えばf＝0.10を選び、対応するTWRを計算する。fの値を一定量ずつ増やしながら対応するTWRをそれぞれ計算していく。この例ではfの値は0.10ずつ増やしていくが、（上限の1.00を上回らなければ）どんな値を使っても構わない。これをTWRの値が前の値より低くなるまで続ける。この例では、f＝0.30のとき、TWRの値はf＝0.20のときの値より低くなる。したがって、ここでfの境界を0.20および0.30に変更し、TWRの値が1点（この点がオプティマルf）に収束するまで同じプロセスを繰り返す。このプロセスを実際の数値計算で確認してみよう（次ページ参照）。

```
           f＝0.10
トレード損益        HPR
       9        1.052941
      18        1.105882
       7        1.041176
       1        1.005882
      10        1.058823
      −5        0.970588      HPR＝1＋(f*(−トレード損益/最大損失))
      −3        0.982352
     −17        0.9
      −7        0.958823
          TWR＝1.062409      TWRはHPRをすべて掛け合わせたもの


           f＝0.20
トレード損益        HPR
       9        1.105882
      18        1.211764
       7        1.082352
       1        1.011764
      10        1.117647
      −5        0.941176
      −3        0.964705
     −17        0.8
      −7        0.917647
          TWR＝1.093231


           f＝0.30
トレード損益        HPR
       9        1.158823
      18        1.317647
       7        1.123529
       1        1.017647
      10        1.176470
      −5        0.911764
      −3        0.947058
     −17        0.7
      −7        0.876470
          TWR＝1.088113
```

第4章　最適固定比率トレーディング

```
           f＝0.25
トレード損益        HPR
      9       1.132352
     18       1.264705
      7       1.102941
      1       1.014705
     10       1.147058
     -5       0.926470
     -3       0.955882
    -17       0.75
     -7       0.897058
           TWR＝1.095387
```

```
           f＝0.23
トレード損益        HPR
      9       1.121764
     18       1.243529
      7       1.094705
      1       1.013529
     10       1.135294
     -5       0.932352
     -3       0.959411
    -17       0.77
     -7       0.905294
           TWR＝1.095634
```

```
           f＝0.24
トレード損益        HPR
      9       1.127058
     18       1.254117
      7       1.098823
      1       1.014117
     10       1.141176
     -5       0.929411
     -3       0.957647
    -17       0.76
     -7       0.901176
           TWR＝1.095698
```

これまでのまとめ

　前章では、良いシステムとは幾何平均の高いシステムであることを述べた。しかし、幾何平均を計算するためにはｆの値を知らなければならない。読者の混乱を避けるために、ここでそのプロセスをまとめておくことにしよう。

1. 任意のマーケットシステムのトレードリストを用意する。
2. オプティマルｆを求める。これは、ｆの値を０から１までの間でいろいろに変えながら試行錯誤で求めてもよいし、反復収束法で求めてもよい。ＴＷＲが最大になるｆの値がオプティマルｆである。
3. オプティマルｆが求まったら、そのｆの値に対応するＴＷＲのＮ乗根をとる。ただし、Ｎは総トレード数を表す。得られた値がそのマーケットシステムの幾何平均である。幾何平均は、ほかのマーケットシステムとの比較に用いることができ、ｆ値はそのマーケットシステムでトレードすべき枚数を決めるのに用いる。

　ＴＷＲが最大になるｆの値が分かったら、それを金額に変換する。そのためには、最大損失をそのオプティマルｆの負数で割ればよい。例えば、最大損失が100ドルで、オプティマルｆが0.25だとすると、金額換算したオプティマルｆは－100ドル／－0.25＝400ドルになる。つまり、資金400ドルにつき１単位賭ければよいということである。
　コイン投げの例で考えてみよう。コイン投げの結果が＋２、－１の場合、オプティマルｆは0.25である。最大損失は１ドルなので、オプティマルｆを金額に換算すると、－１／－0.25＝４ドルになる。したがって、このコイン投げで最大の利益を上げるには、資金４ドルにつ

き1ドル賭ければよいということである。賭ける額がこれを上回っても下回っても、最大利益を上げることはできない。この賭け方で10回賭けをした場合、期待できる利益は9ドルである。

　今見てきた方法で求めたオプティマルｆの値は、次の式を使って求めた値に一致する。

$$f = ((B+1)*P - 1)/B$$

　この式を使って同じ結果が得られるのは、もちろん損失と利益がそれぞれ同額のときだけである。こういったケースでは、どちらの方法を使っても構わない。また損失と利益が同額のときは、上のケリーの公式（ケリーの第二公式）、最も高いＴＷＲに対応するｆを求める方法か次の式（ケリーの第一公式）のいずれを使ってもよい。

$$f = 2*P - 1$$

　損失と利益が同額のときは、これら3つの方法のいずれを使っても同じｆの値が得られる。

　ケリーの2つの公式には制約（つまり、利益が常に同額で損失も常に同額であるか、または、利益と損失が常に同額）があるにせよ、これら3つの方法はすべて、先に述べたマネーマネジメント戦略の4つのポイントを満たしている。しかも最も高いＴＷＲの値からオプティマルｆを求める方法については、こういった制約は一切なく、マネーマネジメント戦略の4つのポイントを常に満たしている。

　これらの概念がどうも理解しにくい場合は、賭け金を金額ではなく単位（ユニット。例えば、5ドルチップ1枚、先物1枚、100株で1単位など）で考えてみると分かりやすいだろう。1単位に相当する金額を計算するには、最大損失をオプティマルｆの負数で割ればよい。

オプティマルfは、（常に1単位ずつ賭ける場合の）システムの収益性と（常に1単位ずつ賭ける場合の）リスクとのバランスが最もよくとれた賭け率を表すものである。個々の利益や損失の大きさは証拠金の大きさによって決まるわけではないので、証拠金はまったく無関係であることに注意しよう（利益も損失も証拠金の大きさにかかわらず同じ額になる）。利益や損失は、1単位（例えば先物1枚）のエクスポージャ（オープンポジション）によって発生するものなのである。マネーマネジメントでは証拠金の大きさなど、もっと無意味である。なぜなら、損失の大きさが証拠金の範囲内に抑えられるわけではないからである。

スプレッドシートによる幾何平均の求め方

オプティマルfの値が分かっている場合、あるいはfの値をテストしたい場合、Lotus 1-2-3などのスプレッドシートを使って幾何平均とTWRを計算することができる。その方法を例で見てみよう。

（$f=0.5$、最大損失 = -50 とする）

	A列	B列	C列	D列	E列
1行目					1
2行目	15	0.3	0.6	1.6	1.6
3行目	-5	-0.1	-0.2	0.8	1.28

セルの説明

A1からD1はブランク

E1は初期値1に設定

A2以下のセルは各トレードの損益

B2以下のセル＝A2／（最大損失の絶対値）

C2以下のセル＝B2/f

D2以下のセル＝C2＋1

E2以下のセル＝E1*D2

トレードの最後（最後の行）のE列（つまり、セルE3）の値が求めるTWRの値になる。そして、このTWRのN乗根（Nは総トレード数）が幾何平均である。上の例では、TWR（セルE3）の1/2乗（総トレード数＝2なので）を計算すると1.131371となり、これが幾何平均になる。

幾何平均トレード損益

　ここまでくると、ごく自然の成り行きとして、幾何平均トレード損益がどれくらいになるのかを知りたいと思うのは当然である。幾何平均トレード損益とは、毎回利益を再投資し、小数点以下の枚数でも売買できると仮定した場合の、1トレードの1枚当たりの平均損益のことをいう。要するに、固定比率ベースでトレーディングしている場合の期待値のことである。**この数字は、トレードした枚数が多いときに負けトレードが発生した場合、あるいはトレードした枚数が少ないときに勝ちトレードが発生した場合にどういった影響があるのかを示すものである。つまり、システムの固定比率ベースでの1トレードの1枚当たりのパフォーマンスということである**（幾何平均トレード損益は、1トレードの1枚当たりの期待値を金額換算したものである。1トレード当たりのパーセンテージベースでの期待値は幾何平均から1を引いた値になる。例えば、幾何平均が1.025だとすると、ポジションサイズとは無関係に1トレード当たりの期待値は2.5％ということになる）。マーケットシステムの平均トレード損益を、そのシステム

がトレーディングに使えるかどうかの判断材料にするトレーダーが多いが、意思決定に当たっては、PRRに加え、平均トレード損益ではなく幾何平均トレード損益（一般に、平均トレード損益より低い）のほうを見なければならない。

幾何平均トレード損益＝G*（最大損失／－f）

ただし、
G＝幾何平均－1
f ＝最適固定比率
（最大損失は常に負数になることに注意しよう）

例えば、システムの幾何平均が1.017238、最大損失が8000ドル、オプティマルfが0.31だとすると、幾何平均トレード損益は次のように計算できる。

幾何平均トレード損益＝（1.017238－1)*(－8000／－0.31）
　　　　　　　　　＝0.017238*25806.45
　　　　　　　　　＝444.85ドル

オプティマルfのもっと簡単な求め方

　オプティマルfの値を求める方法にはいろいろある。本章でこれまでに紹介してきた方法は、数学的に見れば最も論理的な方法だろう。つまり、オプティマルfの正確な値が求められることは、式を検証してみれば明白ということである。これらの式にはHPRが使われているので、これから紹介する方法に比べ、直観的な分かりやすさはあるかもしれない。しかしこれから紹介するfの別の計算方法は、前の方

法に比べると簡単なので、こちらのほうが好みだという人もいるだろう。得られるf値は、この方法で計算しても、前の方法で計算しても同じである。

前の方法と同様、この方法でも、fにさまざまなテスト値を代入してTWRが最大になるfの値を求める。しかし、前の方法と違うのは、TWRの値を計算するのにHPRを使わなくても済む点である。あるシステムの一連のトレードが次のようであると仮定しよう。

＋100ドル
－500ドル
＋1500ドル
－600ドル

この場合も最大損失を用いるので、まず最大損失を抜き出しておく。この場合の最大損失は－600ドルである。

さて、これからfの任意のテスト値に対するTWRを求めていくわけだが、第一ステップとしていわゆる**初期値**を計算する。そのためにはまず最大損失をfのテスト値で割る。最初のテスト値0.01についてやってみよう。最大損失は－600ドルなので、それを0.01で割ると－6万ドルになる。これを正数にしたものが初期値である。したがって、fのテスト値0.01に対するこの一連のトレードの初期値は6万ドルということになる。

次に、それぞれのトレードについて**実行値**を計算する。そのためには、まず前の実行値を初期値で割る（最初のトレードの場合、前の実行値と初期値が同じ値なので、この値は1になる）。次に、得られた値に現在のトレード損益を掛け、最後に得られた値と前の実行値を足し合わせれば、それが現在の実行値である。

損益	実行値
	60000 （←これが初期値）
＋100ドル	60100
－500ドル	59599.16667
＋1500ドル	61089.14584
－600ドル	60478.28438

TWRを求めるには、実行値列の最後の数値を初期値で割ればよい。したがって、この例のTWRは次のようになる。

TWR ＝ 60478.25438/60000
　　＝ 1.007970906

このプロセスを、fのテスト値を増やしながら繰り返す。例えば、次のfの値を0.02とすると、最大損失の絶対値を0.02で割ると、－600/0.02 ＝ －3万となるので、3万がf＝0.02のときの初期値になる。前のやり方にならって実行値を計算すると次のようになる。

損益	実行値	
	30000	
＋100ドル	30100	((30000/30000)*100)＋30000
－500ドル	29598.33	((30100/30000)*(－500))＋30100
＋1500ドル	31078.2465	((29598.33/30000)*1500)＋29598.33
－600ドル	30456.68157	((31078.2465/30000)*(－600))＋31078.2465

この場合のTWR ＝ 30456.68157/30000 ＝ 1.015222719

このプロセスを、TWRが最大になるfの値が得られるまで繰り返

す。この方法で得られるTWRの値もオプティマルfの値も、HPRを使った方法で得られる値と同じである。

オプティマルfの利点

ある2人が自分たちに有利な条件の同等の賭けやトレーディング機会を得たとしよう。一方はオプティマルfを使い、他方は別のマネーマネジメント・システムを使う。このとき、オプティマルfを使ったほうの総資産は、ほかの方法を使ったほうの総資産に対して比率が時間とともに大きくなり、しかもそうなる確率も時間とともに高くなることは、数学的に証明されている。長い目で見れば、オプティマルfを使ったほうの資産は、ほかのマネーマネジメント・システムを使ったほうの資産より無限に大きくなり、そうなる確率は1に近づく。

さらに、目的達成額を設定し、有利な条件の賭けまたはトレーディング機会を得た場合、オプティマルfを使った場合のほうがほかの賭け方システムを使った場合よりも、その目標額に早く達することができる。

オプティマルfが、エッジのあるゲームでは固定比率賭け戦略を利用することで数学的に可能な最高額を稼ぐ、というマネーマネジメントの第一のポイントを満たしていることは明らかである。オプティマルfには勝率と、利益額および損失額も組み込まれているため、第三および第四のポイントも満たしている。第二のポイントである安全面については、次章の「破産確率」のところで詳しく見ていく。

以前に出てきた、次の一連の賭けまたはトレードについて再び考えてみよう。

$+9, +18, +7, +1, +10, -5, -3, -17, -7$

利益も損失もそれぞれに同額ではないので、こういった場合の賭けまたはトレードにはケリーの公式は使えないことはすでに述べた。でもとにかく、（多くのトレーダーたちがよくやるように）利益と損失の平均をそれぞれとり、それをケリーの公式に代入してfの値を計算すると0.16になるが、これがオプティマルfの正しい値ではないことも述べた。ケリーの公式はひとつの賭けやトレードに対して適用すべきものなので、一連の賭けやトレードの利益や損失を平均して、その値をケリーの公式に代入しても正しいオプティマルfの値を得ることはできないのである。

　この一連の賭けまたはトレードでは、TWRの値はfの値が0.24のときに最大になる。つまり、資金71ドルにつき1ドル賭ければよいということである。この一連の賭けやトレードにおいて固定比率で賭けたときに資金の最適な幾何的成長が達成できるのは、fの値が0.24のときである。この一連の賭けやトレードを1サイクル～100サイクル繰り返したときの異なるfの値におけるTWRの値を見てみよう。

　この9回の連続賭けやトレードを1サイクル行った場合、f＝0.16のときのTWRは1.085で、f＝0.24のときは1.096である。つまり、1サイクルの場合、f＝0.16はf＝0.24のときの99％の利益を達成できるということになる。サイクル数を増やしたときのTWRの値は以下のとおりである。

サイクル数	賭けや トレード総数	TWRの値 f＝0.24	f＝0.16	TWRの差（％）
1	9	1.096	1.085	1％
10	90	2.494	2.261	9.4％
40	360	38.694	26.132	32.5％
100	900	9313.312	3490.761	62.5％

この表から分かるように、賭けやトレードを900回（100サイクル）繰り返したとき、ケリーの公式を使って求めたｆの値に基づく賭けやトレードの成果は、オプティマルｆ（＝0.24）のときの37.5％にしか及ばない。逆に言えば、賭けやトレードを900回繰り返したとき、オプティマルｆ＝0.24（0.16よりわずか0.08高いだけ）による利益は、ｆ＝0.16のときの利益のおよそ267％にもなるのである。

　賭けやトレード回数を11サイクル増やして、賭けやトレード総数が999になったときを考えてみよう。このとき、ｆ＝0.16のTWRは8563.302（賭けまたはトレード数が900のときのｆ＝0.24におけるTWRにも及ばない）で、ｆ＝0.24のTWRは2万5451.045になる。つまり、ｆ＝0.16はｆ＝0.24のわずか33.6％しか稼ぎ出せないというわけである。あるいは、ｆ＝0.24はｆ＝0.16の297％も稼げると言ってもよい。ケリーの公式がトレーディングには使えないことは、これでよく理解していただけたのではないだろうか。

　上の例から言えることは、オプティマルｆは短期的にはさほど有効とは言えないが、期間が長期に及ぶにつれ、それを使うことの重要性は高まる、ということである。つまり、オプティマルｆを使ってトレーディングするときには、システムに十分な時間を与え、けっして短期で奇跡的な成果を期待してはいけないということである。時間がたてばたつほど（つまり、賭けやトレード数が増えるほど）、オプティマルｆを使った場合と別のマネーマネジメント戦略を使った場合との差は拡大するのである。

残された疑問点

　ここで、ある疑問が生じるはずだ。つまり、「正確なオプティマルｆを求めるためには、どれくらいの時間枠、すなわちトレードサンプルが必要なのか」ということである。得られるオプティマルｆの値は、

その値を求めるのに使った過去の一定期間における最適値である。したがって将来的にも同じ値が適用できるとは必ずしも言えないが、過去のデータを使う以外に方法はない。では、正確なオプティマルｆを求めるためには過去のデータはどれくらい必要なのだろうか。ひとつのトレードでは十分でないことは明らかだ。ひとつのトレードでは起こり得る結果が０と１の２通りしかなく、その１回のトレードの勝ち負けによって、次のトレードで資金を全部投資するか、トレードを行わないかを決めるしかないからである。

現時点では、この問題は物理的に証明するよりも、むしろ理論的に考えたほうがよいだろう。今、２つのサイコロを振ったときに出る目の合計が12になる回数を答えさせるプログラムを作成しているとしよう。オッズが分かっていないとすると、結果をシミュレートして確率を計算するしかない。そのためにまず必要なのは、出た目の合計がこれまで何回12になったかを表すための変数である。２番目の変数として、これまで何回サイコロを振ったかを表す、除数として用いるための変数も必要だ。最初の変数を２番目の変数で割った比率が、サイコロを振ったときに出る目の合計が12になる予想確率になる。シミュレーション回数が多くなるにつれて、予想確率は実際の確率にどんどん近づいていくだろう（偏りのない一組のサイコロを１回投げたときに出る目の合計が12になる実際の確率は0.0277777、または1/36）。

言うなれば、これも先に述べた有名な平均の法則のひとつである。損益合計を全プレー数で割った比率は、プレー数を無限に増やすと、予想される結果を全プレー数で割った比率に近づく。この論理をトレーディングに適用すると、任意の市場またはシステムのできるだけ長期にわたるトレードデータを用いるほど、そのデータから導き出されるオプティマルｆの値は将来のオプティマルｆの値に等しくなるということが言える。

ケリーの公式をもう一度見てみよう。この公式に必要なデータは以

下の3つである。

1．勝率
2．勝ったときに得られる利益
3．負けたときに被る損失

つまり、ケリーの公式を使うためには、結果の確率分布が事象が発生する前に分かっていなければならないということになる。

しかし、こういったことはトレーディングではあり得ない。したがってトレーディングについて考える場合は、任意のシステムの過去のトレードデータを、将来のトレードの確率分布の代理として使わなければならないというわけである。この分布の精度は、過去のデータ量が多いほど高くなる。

ここでは、トレーディングシステムが生み出す一連のトレードは、一般にそれ以前のトレーディング結果とは無関係であることを前提にしている。しかしここで今一度、定常分布と非定常分布について説明している第1章の66～67ページを振り返ってみよう。定常分布は扱いがとても簡単だ。定常分布では、期待値が正の状態（トレーディングに利用できる状態）が存在するか、存在しない（独立試行の定常分布で期待値が負の場合はプレーしないのがベストな策）かのいずれかしかないからである。これに対して、非定常分布はかなり厄介だ。現実世界における事象のほとんどは、この非定常分布に属する。だからこそ、マーフィーの法則といった人生の「法則」が生まれるのだろうし、人の人生が楽しい時期が続いたかと思えば、今度は苦しい時期が続くといったことの繰り返しで、その時期がどれくらい続くのかは分からないし、その楽しさ、苦しさの度合いが予想できないのも、おそらくはこのためだろう。

トレーディングシステムが生み出す一連のトレードは独立事象では

あるが、（厄介な部類に属する）非定常的確率分布に従う。これらの一連のトレードを長期にわたって観測すると、うまくいく時期といかない時期があるらしいことが分かってくる（つまり、損益の確率分布が動的、言い換えるならば、変動が激しいということ）。しかし、システムが生み出す結果を見て、これだったらこのシステムをトレーディングに使ってもよいだろうと判断するとき、われわれが実際に見ているのは、そのシステムが過去に生み出した損益分布を合成したものにすぎない。

　これと同じことがオプティマル f についても言える。つまり、あるシステムのオプティマル f を計算するとき、実際には、長期にわたるトレード損益の合成確率分布に基づいてオプティマル f を計算していることになる。過去のある時期には、われわれがオプティマル f とみなしている以外の値がオプティマル f であったこともあるだろう。したがって、将来、損益の確率分布が変われば、オプティマル f の値も**その瞬間に**変わることが予想される。しかし長期的にみれば、確率分布が変動しても、オプティマル f の値は計算値に収束していくのがわれわれにとっては望ましい。

　次の問題は、「オプティマル f はどれくらいの頻度で計算し直せばよいのか」である。オプティマル f はひとつのトレードが終わるたびごとに計算し直すのが理想的である。これは今説明した平均の法則と理由はまったく同じである。しかし実際には、十分な長さのトレードデータ（最低30トレード）を使って計算したオプティマル f は、（著しく大きな利益または損失が生じないかぎり）新たにトレードを行うたびごとに計算し直しても値が大きく変わることはほとんどない。もちろん、新たに行ったトレードで最大損失が生じれば、当然ながらオプティマル f の値は変わってくる。1987年10月以降の株価指数先物を思い出していただきたい。オプティマル f の値は、その月の初めと終わりとでは大幅に変わった。

ここで、ちょっとばかり面白い実験をしてみよう。任意の市場やシステムのトレード履歴を基にオプティマルfの値を求めるに当たり、最も「堅牢」なオプティマルfの値を得るために、そのトレード履歴から最大利益と最大損失を出したトレードを除去するとどういうことになるだろう。

　この最適化したデータから得られるfの値は楽観的すぎる値になるのは必至であり、そのためトレーダーはfカーブのピークよりずっと右側でトレーディングすることになる（つまり、枚数が多すぎるということ）。過去のオプティマルfの値が将来の値に一致することはほとんどない。しかしフォワードテストを使えばこの問題は解決でき、将来のfの値として用いるのに最適な値を、単純な最適化による方法よりもはるかに現実に近い値として見積もることができる。したがって、もしあなたが最適化したシステムを使っていて、コンピューターに強いのであれば、フォワードテストを使ってfを求めるのがベストである。フォワードテストを使えば、fの値が楽観的になりすぎることはない。具体的には、まず一定期間にわたって最適化を行い、得られた最適パラメータ値を次のデータ区間に使って、アウト・オブ・サンプル・トレードを求める。このプロセスをすべてのデータにわたって繰り返し、得られたすべてのアウト・オブ・サンプル・トレードからオプティマルfを求める。

　フォワードテストを行わないかできない場合は、最適化可能なパラメータを持たないシステムを使うか、あるいは将来のトレードは（過去の最適パラメータ値を使っても）どうせ過去ほどうまくはいかないのだから、fの値を思い切って変えてみる。

　しかし、fの値そのものは最適化によって求めたわけだから、この方法はあまりすっきりしない。また、得られるfカーブもそれほど堅牢ではない。将来のオプティマルfが過去のオプティマルfと同じでないのであれば、誤差が生じる余地はそれほど大きくはない。できれ

ば、最適化可能なパラメータを持たず、長いトレード履歴を持つシステムを使うのが理想的だろう。ただし、そういったシステムの過去のパフォーマンスは、最適化可能なシステムのそれとは比肩し得るものでないことは、言うまでもない。しかし、そういったシステムから得られるオプティマル f は、最適化可能なシステムから得られるオプティマル f よりも、将来的には使える可能性は高い。詳しくはこのあと見ていくが、オプティマル f から外れると、将来的に支払わなければならない代償はかなり大きなものになる。もうお気づきかと思うが、**先物トレーディングにおけるコンピューターの果たすべき役割は、これまで誤解されてきた。コンピューターの使用は、パラメータの最適化のためではなく、口座管理にこそ重点を置くべきなのである。**

なぜオプティマル f を知る必要があるのか

　図4.2から図4.6は、固定比率トレーディングではオプティマル f を使うことがいかに重要であるかを示したものである。グラフは、X軸に0から1.0までの f の値をとり、Y軸にそれぞれの f の値に対応するTWRの値をとってプロットしたものである。X軸の1目盛りは0.05である。

　また、各グラフの上方には対応するスプレッドシートが示されている。スプレッドシートの各列の一番上の数値が f の値で、その下の値がそれぞれの f 値に対応する初期値（＝最大損失／f 値の負数）である。資金1初期値につき1単位を賭ける。一番左の列が、40回のトレード結果である。5種類のスプレッドシートとグラフの違いは、トレード結果を示すこの列だけである。

　各トレード列を上から下に見ていくと、各セル（現在のセル）の値は、前のセルの値をその列の初期値で割ったものに現在の損益を掛け、得られた値を前のセルの値に加算したものになっていることが分かる。

セルの値を列の最後まで計算し、列の最後の値をその列の初期値（＝最大損失/f値の負数）で割ったものがその列のTWRの値である。この方法を使えば、これまでよりも簡単にTWRの値を求めることができる。しかしTWRを連続的に計算するという点においては、いずれの方法も同じである。つまり、現在の損益を掛ける値は整数でなくても構わないということである。もちろん初期値の値も小数で構わない。数値例で考えてみよう。

例えば、損益が＋1.2、－1の順に交互に発生するトレーディング（図4.2）では、f＝0.05のときの初期値は20である。

$-1/(-0.05) = 20$

つまり、資金20単位につき1単位賭ければよいということである。最初の賭けでは1.2単位の利益が出たので、総資金は21.2単位に増えた（当初資金が20単位で、資金20単位につき1単位賭けるので、賭けたのは1単位）。次の賭けでは1単位の損失が出た。さて、ここで問題である。「この負けた賭けには何単位賭けたのだろうか」

21.20（2回目の賭けをする前の資金）を20（初期値）で割ると1.06になるので、賭けたのは1単位と答える人もいるだろう。現実世界では、賭け金はほとんどの場合は整数でなければならない——つまり、分割賭けはできない（チップは分割できないし、先物も分割できない）——ので、こういった場合の賭け金は1単位になる。しかし、このシミュレーションでは分割賭けを認めている。分割賭けでもよしとするのは、当初資金がいくらであってもTWRの計算結果に矛盾が生じないようにするためである。どのシミュレーションも、ちょうど1単位をフルベットできる程度の資金からスタートしていることに注目しよう。各シミュレーションがそれ以上の資金からスタートしたらどうなるだろう。例えば、各シミュレーションが1.99単位賭けられるだ

20回の試行 事象	f値 0.05	0.1	0.15	0.2	0.25	0.3	0.35	0.4	0.45
初期値 -->	20.00	10.00	6.67	5.00	4.00	3.33	2.86	2.50	2.22
1.2	21.20	11.20	7.87	6.20	5.20	4.59	4.06	3.70	3.42
-1	20.14	10.08	6.69	4.96	3.90	3.17	2.64	2.22	1.88
1.2	21.35	11.29	7.89	6.15	5.07	4.32	3.74	3.29	2.90
-1	20.28	10.16	6.71	4.92	3.80	3.02	2.43	1.97	1.59
1.2	21.50	11.38	7.91	6.10	4.94	4.11	3.46	2.92	2.46
-1	20.42	10.24	6.73	4.88	3.71	2.88	2.25	1.75	1.35
1.2	21.65	11.47	7.94	6.05	4.82	3.91	3.19	2.59	2.08
-1	20.57	10.32	6.75	4.84	3.61	2.74	2.07	1.55	1.14
1.2	21.80	11.56	7.96	6.00	4.70	3.72	2.94	2.30	1.76
-1	20.71	10.41	6.77	4.80	3.52	2.61	1.91	1.38	0.97
1.2	21.95	11.66	7.99	5.96	4.58	3.54	2.72	2.04	1.49
-1	20.85	10.49	6.79	4.76	3.44	2.48	1.77	1.23	0.82
1.2	22.11	11.75	8.01	5.91	4.47	3.37	2.51	1.81	1.26
-1	21.00	10.57	6.81	4.73	3.35	2.36	1.63	1.09	0.69
1.2	22.26	11.84	8.03	5.86	4.36	3.21	2.32	1.61	1.07
-1	21.15	10.66	6.83	4.69	3.27	2.25	1.51	0.97	0.59
1.2	22.42	11.94	8.06	5.81	4.25	3.06	2.14	1.43	0.91
-1	21.30	10.74	6.85	4.65	3.18	2.14	1.39	0.86	0.50
1.2	22.57	12.03	8.08	5.77	4.14	2.91	1.97	1.27	0.77
-1	21.44	10.83	6.87	4.61	3.11	2.04	1.28	0.76	0.42
1.2	22.73	12.13	8.11	5.72	4.04	2.77	1.82	1.13	0.65
-1	21.60	10.92	6.89	4.58	3.03	1.94	1.18	0.68	0.36
1.2	22.89	12.23	8.13	5.68	3.94	2.64	1.68	1.00	0.55
-1	21.75	11.00	6.91	4.54	2.95	1.85	1.09	0.60	0.30
1.2	23.05	12.32	8.15	5.63	3.84	2.51	1.55	0.89	0.47
-1	21.90	11.09	6.93	4.50	2.88	1.76	1.01	0.53	0.26
1.2	23.21	12.42	8.18	5.59	3.74	2.39	1.43	0.79	0.40
-1	22.05	11.18	6.95	4.47	2.81	1.67	0.93	0.47	0.22
1.2	23.37	12.52	8.20	5.54	3.65	2.28	1.32	0.70	0.33
-1	22.21	11.27	6.97	4.43	2.74	1.59	0.86	0.42	0.18
1.2	23.54	12.62	8.23	5.50	3.56	2.17	1.22	0.62	0.28
-1	22.36	11.36	6.99	4.40	2.67	1.52	0.79	0.37	0.16
1.2	23.70	12.72	8.25	5.45	3.47	2.06	1.13	0.55	0.24
-1	22.52	11.45	7.01	4.36	2.60	1.44	0.73	0.33	0.13
1.2	23.87	12.82	8.28	5.41	3.38	1.96	1.04	0.49	0.20
-1	22.68	11.54	7.04	4.33	2.54	1.38	0.68	0.29	0.11
1.2	24.04	12.93	8.30	5.37	3.30	1.87	0.96	0.44	0.17
-1	22.83	11.63	7.06	4.29	2.47	1.31	0.62	0.26	0.09
1.2	24.20	13.03	8.33	5.32	3.21	1.78	0.89	0.39	0.15
-1	22.99	11.73	7.08	4.26	2.41	1.25	0.58	0.23	0.08
TWR -------->	1.15	1.17	1.06	0.85	0.60	0.37	0.20	0.09	0.04

図4.2 ＋1.2と－1が20回ずつ発生するトレードにおけるf値とTWRとの関係

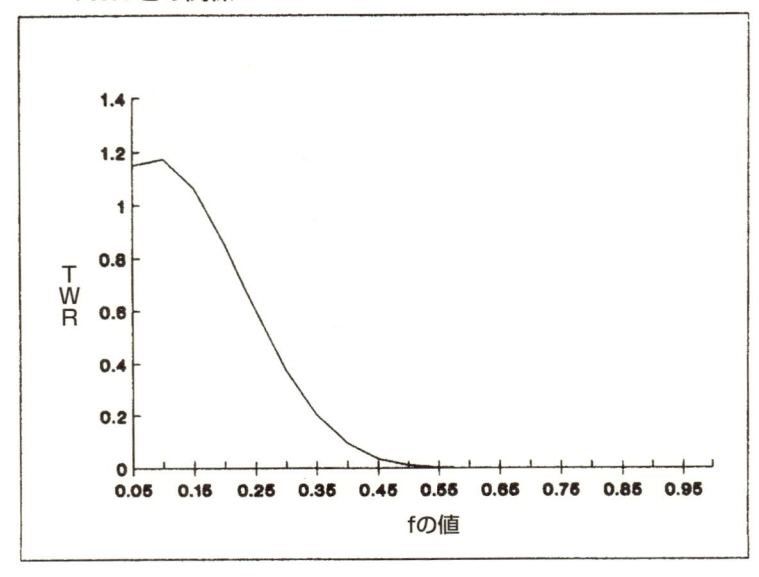

0.5	0.55	0.6	0.65	0.7	0.75	0.8	0.85	0.9	0.95	1
2.00	1.82	1.67	1.54	1.43	1.33	1.25	1.18	1.11	1.05	1.00
3.20	3.02	2.87	2.74	2.63	2.53	2.45	2.38	2.31	2.25	2.20
1.60	1.36	1.15	0.96	0.79	0.63	0.49	0.36	0.23	0.11	0.00
2.56	2.25	1.97	1.71	1.45	1.20	0.96	0.72	0.48	0.24	0.00
1.28	1.01	0.79	0.60	0.44	0.30	0.19	0.11	0.05	0.01	0.00
2.05	1.68	1.36	1.06	0.80	0.57	0.38	0.22	0.10	0.03	0.00
1.02	0.76	0.54	0.37	0.24	0.14	0.08	0.03	0.01	.00	0.00
1.64	1.26	0.93	0.66	0.44	0.27	0.15	0.07	0.02	.00	0.00
0.82	0.57	0.37	0.23	0.13	0.07	0.03	0.01	.00	.00	0.00
1.31	0.94	0.64	0.41	0.24	0.13	0.06	0.02	.00	.00	0.00
0.66	0.42	0.26	0.14	0.07	0.03	0.01	.00	.00	.00	0.00
1.05	0.70	0.44	0.26	0.13	0.06	0.02	0.01	.00	.00	0.00
0.52	0.32	0.18	0.09	0.04	0.02	.00	.00	.00	.00	0.00
0.84	0.52	0.30	0.16	0.07	0.03	0.01	.00	.00	.00	0.00
0.42	0.24	0.12	0.06	0.02	0.01	.00	.00	.00	.00	0.00
0.67	0.39	0.21	0.10	0.04	0.01	.00	.00	.00	.00	0.00
0.34	0.18	0.08	0.03	0.01	.00	.00	.00	.00	.00	0.00
0.54	0.29	0.14	0.06	0.02	0.01	.00	.00	.00	.00	0.00
0.27	0.13	0.06	0.02	0.01	.00	.00	.00	.00	.00	0.00
0.43	0.22	0.10	0.04	0.01	.00	.00	.00	.00	.00	0.00
0.21	0.10	0.04	0.01	.00	.00	.00	.00	.00	.00	0.00
0.34	0.16	0.07	0.02	0.01	.00	.00	.00	.00	.00	0.00
0.17	0.07	0.03	0.01	.00	.00	.00	.00	.00	.00	0.00
0.27	0.12	0.05	0.02	.00	.00	.00	.00	.00	.00	0.00
0.14	0.05	0.02	0.01	.00	.00	.00	.00	.00	.00	0.00
0.22	0.09	0.03	0.01	.00	.00	.00	.00	.00	.00	0.00
0.11	0.04	0.01	.00	.00	.00	.00	.00	.00	.00	0.00
0.18	0.07	0.02	0.01	.00	.00	.00	.00	.00	.00	0.00
0.09	0.03	0.01	.00	.00	.00	.00	.00	.00	.00	0.00
0.14	0.05	0.02	.00	.00	.00	.00	.00	.00	.00	0.00
0.07	0.02	0.01	.00	.00	.00	.00	.00	.00	.00	0.00
0.11	0.04	0.01	.00	.00	.00	.00	.00	.00	.00	0.00
0.06	0.02	.00	.00	.00	.00	.00	.00	.00	.00	0.00
0.09	0.03	0.01	.00	.00	.00	.00	.00	.00	.00	0.00
0.05	0.01	.00	.00	.00	.00	.00	.00	.00	.00	0.00
0.07	0.02	.00	.00	.00	.00	.00	.00	.00	.00	0.00
0.04	0.01	.00	.00	.00	.00	.00	.00	.00	.00	0.00
0.06	0.02	.00	.00	.00	.00	.00	.00	.00	.00	0.00
0.03	0.01	.00	.00	.00	.00	.00	.00	.00	.00	0.00
0.05	0.01	.00	.00	.00	.00	.00	.00	.00	.00	0.00
0.02	0.01	.00	.00	.00	.00	.00	.00	.00	.00	0.00
0.01	.00	.00	.00	.00	.00	.00	.00	.00	.00	0.00

けの資金からスタートしたらどうなるだろう。整数単位でしか賭けられないとすると、TWRの値はまったく違ったものになるだろう。

　さらに、当初資金が初期値（最大損失/オプティマルfの負数）に比べて大きいほど、整数賭けは分割賭けに近づく。数値例で見てみよう。前の例で、当初資金400単位からトレーディングを始めた場合、最初の賭けのあとの総資金は次のようになっていただろう。

　　資金 = 400 + ((400/20)*1.2)
　　　　= 400 + (20*1.2)
　　　　= 400 + 24
　　　　= 424

20回の試行									
	f値 -->								
事象	0.05	0.1	0.15	0.2	0.25	0.3	0.35	0.4	0.45
初期値 -->	20.00	10.00	6.67	5.00	4.00	3.33	2.86	2.50	2.22
1.5	21.50	11.50	8.17	6.50	5.50	4.83	4.36	4.00	3.72
-1	20.43	10.35	6.94	5.20	4.13	3.38	2.83	2.40	2.05
1.5	21.96	11.90	8.50	6.76	5.67	4.91	4.32	3.84	3.43
-1	20.86	10.71	7.23	5.41	4.25	3.43	2.81	2.30	1.89
1.5	22.42	12.32	8.85	7.03	5.85	4.98	4.28	3.69	3.16
-1	21.30	11.09	7.53	5.62	4.39	3.49	2.78	2.21	1.74
1.5	22.90	12.75	9.22	7.31	6.03	5.05	4.24	3.54	2.91
-1	21.75	11.48	7.84	5.85	4.52	3.54	2.76	2.12	1.60
1.5	23.39	13.20	9.60	7.60	6.22	5.13	4.21	3.40	2.68
-1	22.22	11.88	8.16	6.08	4.67	3.59	2.73	2.04	1.47
1.5	23.88	13.66	10.00	7.91	6.41	5.21	4.17	3.26	2.47
-1	22.69	12.29	8.50	6.33	4.81	3.64	2.71	1.96	1.36
1.5	24.39	14.14	10.41	8.22	6.62	5.28	4.13	3.13	2.28
-1	23.17	12.72	8.85	6.58	4.96	3.70	2.69	1.88	1.25
1.5	24.91	14.63	10.84	8.55	6.82	5.36	4.10	3.01	2.10
-1	23.66	13.17	9.21	6.84	5.12	3.75	2.66	1.80	1.15
1.5	25.44	15.14	11.28	8.90	7.04	5.44	4.06	2.89	1.93
-1	24.17	13.63	9.59	7.12	5.28	3.81	2.64	1.73	1.06
1.5	25.98	15.67	11.75	9.25	7.26	5.53	4.03	2.77	1.78
-1	24.68	14.11	9.99	7.40	5.44	3.87	2.62	1.66	0.98
1.5	26.53	16.22	12.23	9.62	7.48	5.61	3.99	2.66	1.64
-1	25.20	14.60	10.40	7.70	5.61	3.93	2.59	1.60	0.90
1.5	27.10	16.79	12.74	10.01	7.72	5.69	3.96	2.55	1.51
-1	25.74	15.11	10.83	8.01	5.79	3.99	2.57	1.53	0.83
1.5	27.67	17.38	13.26	10.41	7.96	5.78	3.92	2.45	1.40
-1	26.29	15.64	11.28	8.33	5.97	4.05	2.55	1.47	0.77
1.5	28.26	17.99	13.81	10.82	8.21	5.87	3.89	2.35	1.28
-1	26.85	16.19	11.74	8.66	6.15	4.11	2.53	1.41	0.70
1.5	28.86	18.61	14.38	11.26	8.46	5.95	3.85	2.26	1.18
-1	27.42	16.75	12.22	9.00	6.35	4.17	2.50	1.36	0.65
1.5	29.47	19.27	14.98	11.71	8.73	6.04	3.82	2.17	1.09
-1	28.00	17.34	12.73	9.36	6.54	4.23	2.48	1.30	0.60
1.5	30.10	19.94	15.59	12.17	9.00	6.13	3.79	2.08	1.00
-1	28.59	17.95	13.25	9.74	6.75	4.29	2.46	1.25	0.55
1.5	30.74	20.64	16.24	12.66	9.28	6.23	3.75	2.00	0.92
-1	29.20	18.57	13.80	10.13	6.96	4.36	2.44	1.20	0.51
1.5	31.39	21.36	16.91	13.17	9.57	6.32	3.72	1.92	0.85
-1	29.82	19.23	14.37	10.53	7.18	4.42	2.42	1.15	0.47
1.5	32.06	22.11	17.60	13.69	9.87	6.41	3.69	1.84	0.78
-1	30.46	19.90	14.96	10.96	7.40	4.49	2.40	1.11	0.43
TWR -------->	1.52	1.99	2.24	2.19	1.85	1.35	0.84	0.44	0.19

図4.3　＋1.5と－1が交互に20回ずつ発生するトレードにおけるf値とTWRとの関係

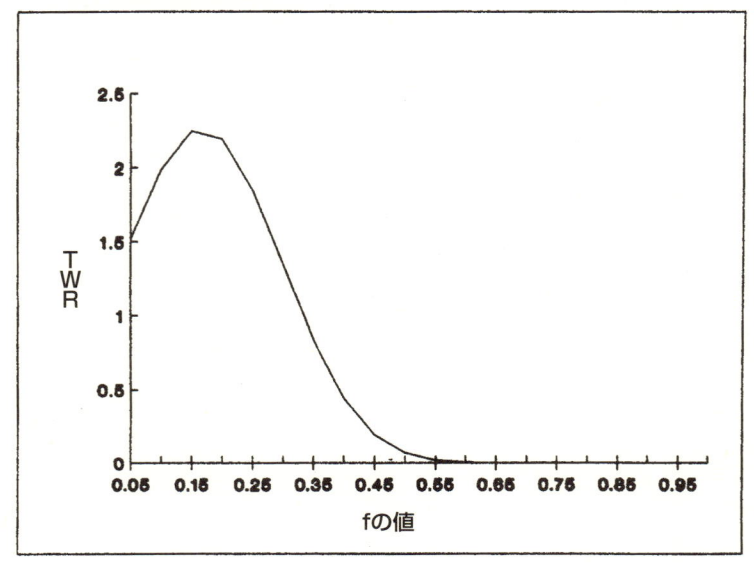

0.5	0.55	0.6	0.65	0.7	0.75	0.8	0.85	0.9	0.95	1
2.00	1.82	1.67	1.54	1.43	1.33	1.25	1.18	1.11	1.05	1.00
3.50	3.32	3.17	3.04	2.93	2.83	2.75	2.68	2.61	2.55	2.50
1.75	1.49	1.27	1.06	0.88	0.71	0.55	0.40	0.26	0.13	0.00
3.06	2.73	2.41	2.10	1.80	1.51	1.21	0.91	0.61	0.31	0.00
1.53	1.23	0.96	0.74	0.54	0.38	0.24	0.14	0.06	0.02	0.00
2.68	2.24	1.83	1.45	1.11	0.80	0.53	0.31	0.14	0.04	0.00
1.34	1.01	0.73	0.51	0.33	0.20	0.11	0.05	0.01	.00	0.00
2.34	1.84	1.39	1.00	0.68	0.42	0.23	0.11	0.03	.00	0.00
1.17	0.83	0.56	0.35	0.20	0.11	0.05	0.02	.00	.00	0.00
2.05	1.51	1.06	0.69	0.42	0.23	0.10	0.04	0.01	.00	0.00
1.03	0.68	0.42	0.24	0.13	0.06	0.02	0.01	.00	.00	0.00
1.80	1.24	0.80	0.48	0.26	0.12	0.05	0.01	.00	.00	0.00
0.90	0.56	0.32	0.17	0.08	0.03	0.01	.00	.00	.00	0.00
1.57	1.02	0.61	0.33	0.16	0.06	0.02	.00	.00	.00	0.00
0.79	0.46	0.24	0.12	0.05	0.02	.00	.00	.00	.00	0.00
1.37	0.84	0.46	0.23	0.10	0.03	0.01	.00	.00	.00	0.00
0.69	0.38	0.19	0.08	0.03	0.01	.00	.00	.00	.00	0.00
1.20	0.69	0.35	0.16	0.06	0.02	.00	.00	.00	.00	0.00
0.60	0.31	0.14	0.06	0.02	.00	.00	.00	.00	.00	0.00
1.05	0.56	0.27	0.11	0.04	0.01	.00	.00	.00	.00	0.00
0.53	0.25	0.11	0.04	0.01	.00	.00	.00	.00	.00	0.00
0.92	0.46	0.20	0.08	0.02	.00	.00	.00	.00	.00	0.00
0.46	0.21	0.08	0.03	0.01	.00	.00	.00	.00	.00	0.00
0.81	0.38	0.15	0.05	0.01	.00	.00	.00	.00	.00	0.00
0.40	0.17	0.06	0.02	.00	.00	.00	.00	.00	.00	0.00
0.70	0.31	0.12	0.04	0.01	.00	.00	.00	.00	.00	0.00
0.35	0.14	0.05	0.01	.00	.00	.00	.00	.00	.00	0.00
0.62	0.26	0.09	0.02	0.01	.00	.00	.00	.00	.00	0.00
0.31	0.12	0.04	0.01	.00	.00	.00	.00	.00	.00	0.00
0.54	0.21	0.07	0.02	.00	.00	.00	.00	.00	.00	0.00
0.27	0.09	0.03	0.01	.00	.00	.00	.00	.00	.00	0.00
0.47	0.17	0.05	0.01	.00	.00	.00	.00	.00	.00	0.00
0.24	0.08	0.02	.00	.00	.00	.00	.00	.00	.00	0.00
0.41	0.14	0.04	0.01	.00	.00	.00	.00	.00	.00	0.00
0.21	0.06	0.02	.00	.00	.00	.00	.00	.00	.00	0.00
0.36	0.12	0.03	0.01	.00	.00	.00	.00	.00	.00	0.00
0.18	0.05	0.01	.00	.00	.00	.00	.00	.00	.00	0.00
0.32	0.10	0.02	.00	.00	.00	.00	.00	.00	.00	0.00
0.16	0.04	0.01	.00	.00	.00	.00	.00	.00	.00	0.00
0.28	0.08	0.02	.00	.00	.00	.00	.00	.00	.00	0.00
0.14	0.04	0.01	.00	.00	.00	.00	.00	.00	.00	0.00
0.07	0.02	.00	.00	.00	.00	.00	.00	.00	.00	0.00

次の賭けでは、分割賭けの場合は21.2単位（424/20）、整数賭けの場合は21単位賭けることになる。この場合の分割賭けと整数賭けとの差はわずか0.952381％であるのに対し、1初期値、すなわち20単位から始めた場合の差は6.0％である。これより次の原理が導き出される——**当初資金の初期値（最大損失/オプティマル f の負数）に対する比率が大きいほど、整数賭けと分割賭けとのパーセンテージベースでの差はゼロに近づく。**

20回の試行

事象	f値 --> 0.05	0.1	0.15	0.2	0.25	0.3	0.35	0.4	0.45
初期値 -->	20.00	10.00	6.67	5.00	4.00	3.33	2.86	2.50	2.22
2	22.00	12.00	8.67	7.00	6.00	5.33	4.86	4.50	4.22
-1	20.90	10.80	7.37	5.60	4.50	3.73	3.16	2.70	2.32
2	22.99	12.96	9.58	7.84	6.75	5.97	5.37	4.86	4.41
-1	21.84	11.66	8.14	6.27	5.06	4.18	3.49	2.92	2.43
2	24.02	14.00	10.58	8.78	7.59	6.69	5.93	5.25	4.61
-1	22.82	12.60	8.99	7.02	5.70	4.68	3.85	3.15	2.54
2	25.11	15.12	11.69	9.83	8.54	7.49	6.55	5.67	4.82
-1	23.85	13.60	9.94	7.87	6.41	5.25	4.26	3.40	2.65
2	26.24	16.33	12.92	11.01	9.61	8.39	7.24	6.12	5.04
-1	24.92	14.69	10.98	8.81	7.21	5.87	4.71	3.67	2.77
2	27.42	17.63	14.28	12.34	10.81	9.40	8.00	6.61	5.26
-1	26.05	15.87	12.14	9.87	8.11	6.58	5.20	3.97	2.89
2	28.65	19.04	15.78	13.82	12.16	10.53	8.84	7.14	5.50
-1	27.22	17.14	13.41	11.05	9.12	7.37	5.75	4.28	3.02
2	29.94	20.57	17.43	15.47	13.68	11.79	9.77	7.71	5.75
-1	28.44	18.51	14.82	12.38	10.26	8.25	6.35	4.63	3.16
2	31.29	22.21	19.26	17.33	15.39	13.21	10.80	8.33	6.00
-1	29.72	19.99	16.37	13.87	11.55	9.24	7.02	5.00	3.30
2	32.69	23.99	21.29	19.41	17.32	14.79	11.93	9.00	6.27
-1	31.06	21.59	18.09	15.53	12.99	10.35	7.75	5.40	3.45
2	34.17	25.91	23.52	21.74	19.48	16.56	13.18	9.72	6.56
-1	32.46	23.32	19.99	17.39	14.61	11.60	8.57	5.83	3.61
2	35.70	27.98	25.99	24.35	21.92	18.55	14.57	10.49	6.85
-1	33.92	25.18	22.09	19.48	16.44	12.99	9.47	6.30	3.77
2	37.31	30.22	28.72	27.27	24.66	20.78	16.10	11.33	7.16
-1	35.44	27.20	24.41	21.82	18.49	14.54	10.46	6.80	3.94
2	38.99	32.64	31.74	30.54	27.74	23.27	17.79	12.24	7.48
-1	37.04	29.37	26.98	24.44	20.81	16.29	11.56	7.34	4.12
2	40.74	35.25	35.07	34.21	31.21	26.06	19.65	13.22	7.82
-1	38.71	31.72	29.81	27.37	23.41	18.25	12.78	7.93	4.30
2	42.58	38.07	38.75	38.31	35.11	29.19	21.72	14.27	8.17
-1	40.45	34.26	32.94	30.65	26.33	20.43	14.12	8.56	4.49
2	44.49	41.11	42.82	42.91	39.50	32.70	24.00	15.42	8.54
-1	42.27	37.00	36.40	34.33	29.62	22.89	15.60	9.25	4.70
2	46.49	44.40	47.32	48.06	44.44	36.62	26.52	16.65	8.92
-1	44.17	39.96	40.22	38.45	33.33	25.63	17.24	9.99	4.91
2	48.59	47.95	52.28	53.83	49.99	41.01	29.30	17.98	9.32
-1	46.16	43.16	44.44	43.06	37.49	28.71	19.05	10.79	5.13
2	50.77	51.79	57.77	60.29	56.24	45.93	32.38	19.42	9.74
-1	48.23	46.61	49.11	48.23	42.18	32.15	21.05	11.65	5.36
TWR ---->	2.41	4.66	7.37	9.65	10.55	9.65	7.37	4.66	2.41

図 4.4　＋ 2 と－ 1 が交互に 20 回ずつ発生するトレードにおける f 値と TWR との関係

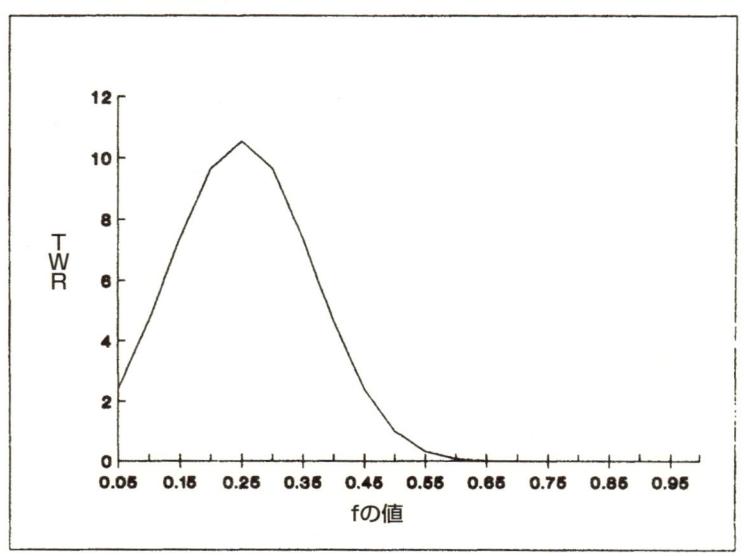

第4章 最適固定比率トレーディング

0.5	0.55	0.6	0.65	0.7	0.75	0.8	0.85	0.9	0.95	1
2.00	1.82	1.67	1.54	1.43	1.33	1.25	1.18	1.11	1.05	1.00
4.00	3.82	3.67	3.54	3.43	3.33	3.25	3.18	3.11	3.05	3.00
2.00	1.72	1.47	1.24	1.03	0.83	0.65	0.48	0.31	0.15	0.00
4.00	3.61	3.23	2.85	2.47	2.08	1.69	1.29	0.87	0.44	0.00
2.00	1.62	1.29	1.00	0.74	0.52	0.34	0.19	0.09	0.02	0.00
4.00	3.41	2.84	2.29	1.78	1.30	0.88	0.52	0.24	0.06	0.00
2.00	1.53	1.14	0.80	0.53	0.33	0.18	0.08	0.02	0.01	0.00
4.00	3.22	2.50	1.85	1.28	0.81	0.46	0.21	0.07	0.01	0.00
2.00	1.45	1.00	0.65	0.38	0.20	0.09	0.03	0.01	.00	0.00
4.00	3.04	2.20	1.49	0.92	0.51	0.24	0.09	0.02	.00	0.00
2.00	1.37	0.88	0.52	0.28	0.13	0.05	0.01	.00	.00	0.00
4.00	2.88	1.94	1.20	0.66	0.32	0.12	0.03	0.01	.00	0.00
2.00	1.29	0.77	0.42	0.20	0.08	0.02	0.01	.00	.00	0.00
4.00	2.72	1.70	0.96	0.48	0.20	0.06	0.01	.00	.00	0.00
2.00	1.22	0.68	0.34	0.14	0.05	0.01	.00	.00	.00	0.00
4.00	2.57	1.50	0.78	0.34	0.12	0.03	0.01	.00	.00	0.00
2.00	1.16	0.60	0.27	0.10	0.03	0.01	.00	.00	.00	0.00
4.00	2.43	1.32	0.62	0.25	0.08	0.02	.00	.00	.00	0.00
2.00	1.09	0.53	0.22	0.07	0.02	.00	.00	.00	.00	0.00
4.00	2.29	1.16	0.50	0.18	0.05	0.01	.00	.00	.00	0.00
2.00	1.03	0.46	0.18	0.05	0.01	.00	.00	.00	.00	0.00
4.00	2.17	1.02	0.40	0.13	0.03	.00	.00	.00	.00	0.00
2.00	0.98	0.41	0.14	0.04	0.01	.00	.00	.00	.00	0.00
4.00	2.05	0.90	0.33	0.09	0.02	.00	.00	.00	.00	0.00
2.00	0.92	0.36	0.11	0.03	.00	.00	.00	.00	.00	0.00
4.00	1.94	0.79	0.26	0.07	0.01	.00	.00	.00	.00	0.00
2.00	0.87	0.32	0.09	0.02	.00	.00	.00	.00	.00	0.00
4.00	1.83	0.70	0.21	0.05	0.01	.00	.00	.00	.00	0.00
2.00	0.82	0.28	0.07	0.01	.00	.00	.00	.00	.00	0.00
4.00	1.73	0.61	0.17	0.03	.00	.00	.00	.00	.00	0.00
2.00	0.78	0.24	0.06	0.01	.00	.00	.00	.00	.00	0.00
4.00	1.63	0.54	0.14	0.02	.00	.00	.00	.00	.00	0.00
2.00	0.74	0.22	0.05	0.01	.00	.00	.00	.00	.00	0.00
4.00	1.54	0.47	0.11	0.02	.00	.00	.00	.00	.00	0.00
2.00	0.69	0.19	0.04	0.01	.00	.00	.00	.00	.00	0.00
4.00	1.46	0.42	0.09	0.01	.00	.00	.00	.00	.00	0.00
2.00	0.66	0.17	0.03	.00	.00	.00	.00	.00	.00	0.00
4.00	1.38	0.37	0.07	0.01	.00	.00	.00	.00	.00	0.00
2.00	0.62	0.15	0.02	.00	.00	.00	.00	.00	.00	0.00
4.00	1.30	0.32	0.06	0.01	.00	.00	.00	.00	.00	0.00
2.00	0.59	0.13	0.02	.00	.00	.00	.00	.00	.00	0.00
1.00	0.32	0.08	0.01	.00	.00	.00	.00	.00	.00	0.00

　分割賭けを認め、計算プロセスを連続的にすることで、ｆ値とTWRとの関係はより現実に近いものになる。つまり、**分割賭けは整数賭けの平均（当初資金を取り得る値の範囲内でいろいろに変化させたときの整数賭けの平均）を表している**のである。分割賭けが整数賭けの平均を表しているわけだから、現実世界では分割賭けは不可能、という議論はもはや成り立たないことになる。＋２、－１のコイン投げのｆとTWRとの関係を表すグラフを整数賭けで描く場合、異なる

20回の試行	f値 →								
事象	0.05	0.1	0.15	0.2	0.25	0.3	0.35	0.4	0.45
初期値 -->	20.00	10.00	6.67	5.00	4.00	3.33	2.86	2.50	2.22
5	25.00	15.00	11.67	10.00	9.00	8.33	7.96	7.50	7.22
-1	23.75	13.50	9.92	8.00	6.75	5.83	5.11	4.50	3.97
5	29.69	20.25	17.35	16.00	15.19	14.58	14.04	13.50	12.91
-1	28.20	18.23	14.75	12.80	11.39	10.21	9.13	8.10	7.10
5	35.25	27.34	25.81	25.60	25.63	25.52	25.10	24.30	23.08
-1	33.49	24.60	21.94	20.48	19.22	17.86	16.32	14.58	12.69
5	41.86	36.91	38.40	40.96	43.25	44.66	44.87	43.74	41.25
-1	39.77	33.22	32.64	32.77	32.44	31.26	29.17	26.24	22.69
5	49.71	49.82	57.12	65.54	72.98	78.16	80.21	78.73	73.73
-1	47.23	44.84	48.55	52.43	54.74	54.71	52.14	47.24	40.55
5	59.03	67.26	84.96	104.86	123.16	136.78	143.38	141.72	131.80
-1	56.08	60.53	72.22	83.89	92.37	95.74	93.20	85.03	72.49
5	70.10	90.80	126.38	167.77	207.83	239.36	256.30	255.09	235.58
-1	66.60	81.72	107.43	134.22	155.87	167.55	166.59	153.06	129.57
5	83.25	122.58	187.99	268.44	350.71	418.88	458.13	459.17	421.11
-1	79.09	110.32	159.80	214.75	263.03	293.21	297.78	275.50	231.61
5	98.86	165.49	279.64	429.50	591.82	733.03	818.90	826.50	752.73
-1	93.91	148.94	237.70	343.60	443.87	513.12	532.29	495.90	414.00
5	117.39	223.41	415.97	687.19	998.70	1282.81	1463.79	1487.69	1345.50
-1	111.52	201.07	353.57	549.76	749.03	897.96	951.46	892.62	740.03
5	139.40	301.60	618.75	1099.51	1685.31	2244.91	2616.53	2677.85	2405.09
-1	132.43	271.44	525.94	879.61	1263.98	1571.44	1700.74	1606.71	1322.80
5	165.54	407.16	920.39	1759.22	2843.96	3928.60	4677.04	4820.13	4299.10
-1	157.27	366.44	782.33	1407.37	2132.97	2750.02	3040.08	2892.08	2364.50
5	196.58	549.66	1369.09	2814.75	4799.19	6875.04	8360.21	8676.24	7684.64
-1	186.75	494.70	1163.72	2251.80	3599.39	4812.53	5434.14	5205.74	4226.55
5	233.44	742.05	2036.51	4503.60	8098.63	12031.32	14943.88	15617.22	13736.29
-1	221.77	667.84	1731.04	3602.88	6073.97	8421.93	9713.52	9370.33	7554.96
5	277.21	1001.76	3029.31	7205.76	13666.44	21054.82	26712.18	28111.00	24553.62
-1	263.35	901.58	2574.92	5764.61	10249.83	14738.37	17362.92	16866.60	13504.49
5	329.19	1352.98	4506.11	11529.22	23062.12	36845.93	47748.02	50599.80	43009.60
-1	312.73	1217.14	3830.19	9223.37	17296.59	25792.15	31036.22	30359.88	23669.78
5	390.91	1825.71	6702.83	18446.74	38917.39	64480.37	85349.59	91079.65	78452.66
-1	371.37	1643.14	5697.41	14757.40	29188.00	45136.26	55477.24	54647.79	43148.96
5	464.21	2464.71	9970.46	29514.79	65672.99	112840.65	152562.40	163943.37	140334.12
-1	441.00	2218.24	8474.89	23611.83	49254.74	78908.46	99165.56	98366.02	77128.77
5	551.25	3327.35	14831.06	47223.66	110823.17	197471.14	272705.29	295098.06	250668.50
-1	523.68	2994.62	12606.40	37778.93	83117.38	138229.80	177258.44	177058.84	137867.67
5	654.60	4491.93	22061.21	75557.86	187014.10	345574.49	487460.70	531176.51	448069.94
-1	621.87	4042.74	18752.03	60446.29	140260.58	241902.14	316849.46	318705.91	246438.47
TWR ---->	31.09	404.27	2812.80	12089.26	35065.14	72570.64	110897.31	127482.36	110897.31

図4.5 ＋5と−1が交互に20回ずつ発生するトレードにおけるf値とTWRとの関係

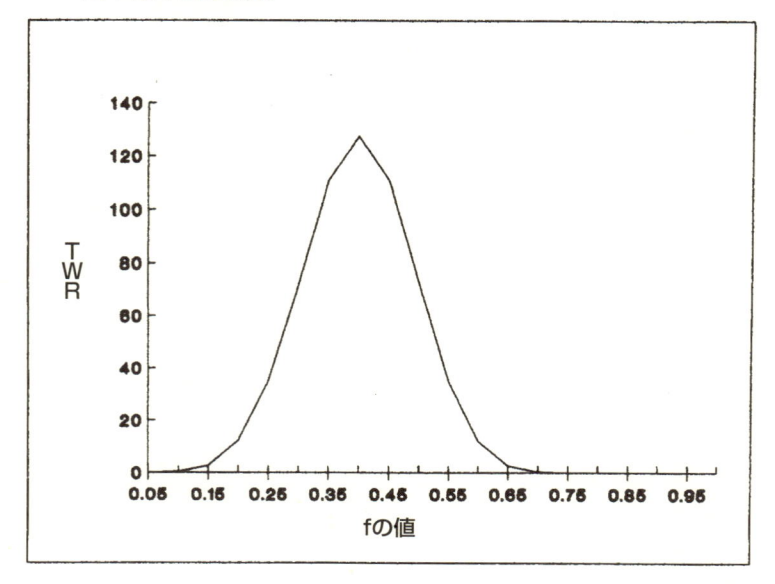

0.5	0.55	0.6	0.65	0.7	0.75	0.8	0.85	0.9	0.95	1
2.00	1.82	1.67	1.54	1.43	1.33	1.25	1.18	1.11	1.05	1.00
7.00	6.82	6.67	6.54	6.43	6.33	6.25	6.18	6.11	6.05	6.00
3.50	3.07	2.67	2.29	1.93	1.58	1.25	0.93	0.61	0.30	0.00
12.25	11.51	10.67	9.73	8.68	7.52	6.25	4.86	3.36	1.74	0.00
6.13	5.18	4.27	3.40	2.60	1.88	1.25	0.73	0.34	0.09	0.00
21.44	19.42	17.07	14.47	11.72	8.93	6.25	3.83	1.85	0.50	0.00
10.72	8.74	6.83	5.06	3.51	2.23	1.25	0.57	0.18	0.03	0.00
37.52	32.76	27.31	21.52	15.82	10.61	6.25	3.02	1.02	0.14	0.00
18.76	14.74	10.92	7.53	4.75	2.65	1.25	0.45	0.10	0.01	0.00
65.65	55.29	43.69	32.01	21.35	12.59	6.25	2.38	0.56	0.04	0.00
32.83	24.88	17.48	11.20	6.41	3.15	1.25	0.36	0.06	.00	0.00
114.89	93.30	69.91	47.62	28.83	14.96	6.25	1.87	0.31	0.01	0.00
57.45	41.99	27.96	16.67	8.65	3.74	1.25	0.28	0.03	.00	0.00
201.06	157.45	111.85	70.83	38.92	17.76	6.25	1.47	0.17	.00	0.00
100.53	70.85	44.74	24.79	11.67	4.44	1.25	0.22	0.02	.00	0.00
351.86	265.69	178.96	105.36	52.54	21.09	6.25	1.16	0.09	.00	0.00
175.93	119.56	71.58	36.88	15.76	5.27	1.25	0.17	0.01	.00	0.00
615.75	448.35	286.33	156.72	70.92	25.04	6.25	0.91	0.05	.00	0.00
307.87	201.76	114.53	54.85	21.28	6.26	1.25	0.14	0.01	.00	0.00
1077.56	756.59	458.13	233.12	95.75	29.74	6.25	0.72	0.03	.00	0.00
538.78	340.47	183.25	81.59	28.72	7.43	1.25	0.11	.00	.00	0.00
1885.73	1276.75	733.01	346.77	129.26	35.32	6.25	0.57	0.02	.00	0.00
942.86	574.54	293.20	121.37	38.78	8.83	1.25	0.08	.00	.00	0.00
3300.02	2154.52	1172.81	515.82	174.50	41.94	6.25	0.45	0.01	.00	0.00
1650.01	969.53	469.12	180.54	52.35	10.48	1.25	0.07	.00	.00	0.00
5775.04	3635.75	1876.50	767.29	235.57	49.80	6.25	0.35	.00	.00	0.00
2887.52	1636.09	750.60	268.55	70.67	12.45	1.25	0.05	.00	.00	0.00
10106.31	6135.33	3002.40	1141.34	318.02	59.14	6.25	0.28	.00	.00	0.00
5053.16	2760.90	1200.96	399.47	95.41	14.78	1.25	0.04	.00	.00	0.00
17696.04	10353.36	4803.84	1697.75	429.33	70.23	6.25	0.22	.00	.00	0.00
8843.02	4659.01	1921.54	594.21	128.80	17.56	1.25	0.03	.00	.00	0.00
30950.58	17471.30	7686.14	2525.40	579.59	83.39	6.25	0.17	.00	.00	0.00
15475.29	7862.09	3074.46	883.89	173.88	20.85	1.25	0.03	.00	.00	0.00
54163.51	29482.82	12297.83	3756.53	782.45	99.03	6.25	0.14	.00	.00	0.00
27081.76	13267.27	4919.13	1314.79	234.73	24.76	1.25	0.02	.00	.00	0.00
94786.15	49752.27	19676.53	5587.84	1056.30	117.60	6.25	0.11	.00	.00	0.00
47393.07	22388.52	7870.61	1955.74	316.89	29.40	1.25	0.02	.00	.00	0.00
165875.76	83956.95	31482.44	8311.92	1426.01	139.65	6.25	0.08	.00	.00	0.00
82937.88	37780.63	12592.98	2909.17	427.80	34.91	1.25	0.01	.00	.00	0.00
290282.57	141677.35	50371.91	12363.97	1925.11	165.83	6.25	0.07	.00	.00	0.00
145141.29	63754.81	20148.76	4327.39	577.53	41.46	1.25	0.01	.00	.00	0.00
72570.64	35065.14	12089.26	2812.80	404.27	31.09	1.00	0.01	.00	.00	0.00

当初資金ごとにグラフを描かなければならない。こうして描いた個別グラフを平均してTWRの合成グラフを作れば、それが分割賭けのグラフになり、本書に示したものに一致する。

分割賭けが整数賭けの平均であるとはいえ、分割賭けの状況が現実世界における整数賭けの状況に等しいという意味ではない。ここで言いたいのは、分割賭けは整数賭けの母集団を表しているので、これら

	f値								
20回の試行 事象	0.05	0.1	0.15	0.2	0.25	0.3	0.35	0.4	0.45
初期値 -->	20.00	10.00	6.67	5.00	4.00	3.33	2.86	2.50	2.22
-1	19.00	9.00	5.67	4.00	3.00	2.33	1.86	1.50	1.22
-1	18.05	8.10	4.82	3.20	2.25	1.63	1.21	0.90	0.67
-1	17.15	7.29	4.09	2.56	1.69	1.14	0.78	0.54	0.37
-1	16.29	6.56	3.48	2.05	1.27	0.80	0.51	0.32	0.20
-1	15.48	5.90	2.96	1.64	0.95	0.56	0.33	0.19	0.11
-1	14.70	5.31	2.51	1.31	0.71	0.39	0.22	0.12	0.06
-1	13.97	4.78	2.14	1.05	0.53	0.27	0.14	0.07	0.03
-1	13.27	4.30	1.82	0.84	0.40	0.19	0.09	0.04	0.02
-1	12.60	3.87	1.54	0.67	0.30	0.13	0.06	0.03	0.01
-1	11.97	3.49	1.31	0.54	0.23	0.09	0.04	0.02	0.01
1	12.57	3.84	1.51	0.64	0.28	0.12	0.05	0.02	0.01
1	13.20	4.22	1.74	0.77	0.35	0.16	0.07	0.03	0.01
1	13.86	4.64	2.00	0.93	0.44	0.21	0.09	0.04	0.02
1	14.56	5.11	2.30	1.11	0.55	0.27	0.13	0.06	0.02
1	15.28	5.62	2.64	1.34	0.69	0.35	0.17	0.08	0.04
1	16.05	6.18	3.04	1.60	0.86	0.45	0.23	0.11	0.05
1	16.85	6.79	3.49	1.92	1.07	0.59	0.31	0.16	0.08
1	17.69	7.47	4.01	2.31	1.34	0.77	0.42	0.22	0.11
1	18.58	8.22	4.62	2.77	1.68	1.00	0.57	0.31	0.16
1	19.51	9.04	5.31	3.32	2.10	1.30	0.77	0.44	0.23
1	20.48	9.95	6.11	3.99	2.62	1.69	1.04	0.61	0.34
1	21.50	10.94	7.02	4.79	3.28	2.19	1.41	0.86	0.49
1	22.58	12.04	8.08	5.74	4.10	2.85	1.90	1.20	0.71
1	23.71	13.24	9.29	6.89	5.12	3.71	2.57	1.68	1.02
1	24.89	14.57	10.68	8.27	6.40	4.82	3.47	2.35	1.48
1	26.14	16.02	12.28	9.93	8.00	6.27	4.68	3.29	2.15
1	27.45	17.62	14.12	11.91	10.00	8.15	6.32	4.61	3.12
1	28.82	19.39	16.24	14.29	12.50	10.59	8.53	6.45	4.52
1	30.26	21.32	18.68	17.15	15.63	13.77	11.52	9.03	6.55
1	31.77	23.46	21.48	20.58	19.54	17.89	15.55	12.65	9.50
1	33.36	25.80	24.70	24.70	24.42	23.26	20.99	17.71	13.78
1	35.03	28.38	28.41	29.64	30.53	30.24	28.34	24.79	19.98
1	36.78	31.22	32.67	35.57	38.16	39.31	38.26	34.71	28.97
1	38.62	34.34	37.57	42.68	47.70	51.11	51.65	48.59	42.00
1	40.55	37.78	43.21	51.22	59.62	66.44	69.73	68.02	60.90
1	42.58	41.56	49.69	61.46	74.53	86.37	94.13	95.23	88.30
1	44.71	45.71	57.14	73.75	93.16	112.29	127.08	133.32	128.04
1	46.94	50.28	65.71	88.50	116.45	145.97	171.56	186.65	185.66
1	49.29	55.31	75.57	106.20	145.57	189.77	231.60	261.32	269.21
1	51.75	60.84	86.90	127.44	181.96	246.69	312.66	365.84	390.35
TWR -------->	2.59	6.08	13.04	25.49	45.49	74.01	109.43	146.34	175.66

図 4.6 −1 が 10 回、+1 が 30 回発生するトレードにおける f 値と TWR との関係

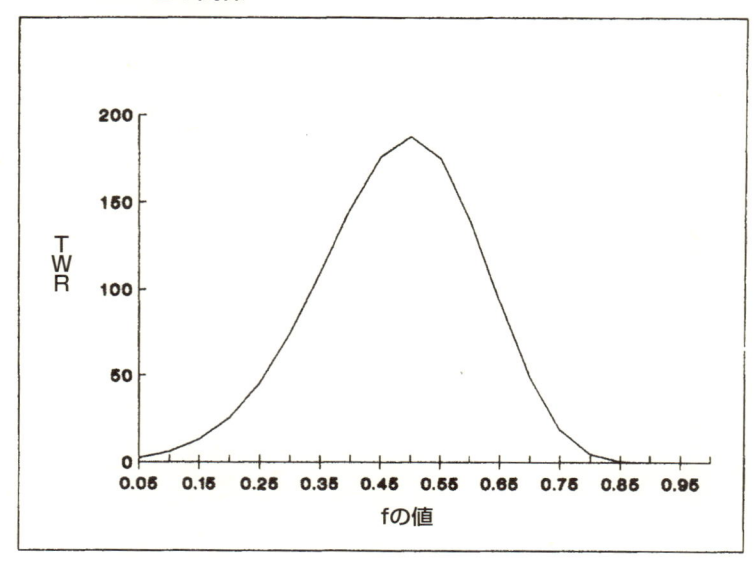

0.5	0.55	0.6	0.65	0.7	0.75	0.8	0.85	0.9	0.95	1
2.00	1.82	1.67	1.54	1.43	1.33	1.25	1.18	1.11	1.05	1.00
1.00	0.82	0.67	0.54	0.43	0.33	0.25	0.18	0.11	0.05	0.00
0.50	0.37	0.27	0.19	0.13	0.08	0.05	0.03	0.01	.00	0.00
0.25	0.17	0.11	0.07	0.04	0.02	0.01	.00	.00	.00	0.00
0.13	0.07	0.04	0.02	0.01	0.01	.00	.00	.00	.00	0.00
0.06	0.03	0.02	0.01	.00	.00	.00	.00	.00	.00	0.00
0.03	0.02	0.01	.00	.00	.00	.00	.00	.00	.00	0.00
0.02	0.01	.00	.00	.00	.00	.00	.00	.00	.00	0.00
0.01	.00	.00	.00	.00	.00	.00	.00	.00	.00	0.00
.00	.00	.00	.00	.00	.00	.00	.00	.00	.00	0.00
.00	.00	.00	.00	.00	.00	.00	.00	.00	.00	0.00
.00	.00	.00	.00	.00	.00	.00	.00	.00	.00	0.00
0.01	.00	.00	.00	.00	.00	.00	.00	.00	.00	0.00
0.01	.00	.00	.00	.00	.00	.00	.00	.00	.00	0.00
0.01	0.01	.00	.00	.00	.00	.00	.00	.00	.00	0.00
0.02	0.01	.00	.00	.00	.00	.00	.00	.00	.00	0.00
0.03	0.01	.00	.00	.00	.00	.00	.00	.00	.00	0.00
0.05	0.02	0.01	.00	.00	.00	.00	.00	.00	.00	0.00
0.08	0.03	0.01	.00	.00	.00	.00	.00	.00	.00	0.00
0.11	0.05	0.02	0.01	.00	.00	.00	.00	.00	.00	0.00
0.17	0.08	0.03	0.01	.00	.00	.00	.00	.00	.00	0.00
0.25	0.12	0.05	0.02	.00	.00	.00	.00	.00	.00	0.00
0.38	0.18	0.08	0.03	0.01	.00	.00	.00	.00	.00	0.00
0.57	0.29	0.13	0.05	0.01	.00	.00	.00	.00	.00	0.00
0.86	0.44	0.20	0.08	0.02	0.01	.00	.00	.00	.00	0.00
1.28	0.69	0.32	0.13	0.04	0.01	.00	.00	.00	.00	0.00
1.92	1.07	0.52	0.21	0.07	0.02	.00	.00	.00	.00	0.00
2.89	1.65	0.83	0.35	0.12	0.03	0.01	.00	.00	.00	0.00
4.33	2.56	1.32	0.58	0.20	0.05	0.01	.00	.00	.00	0.00
6.49	3.97	2.11	0.95	0.34	0.09	0.02	.00	.00	.00	0.00
9.74	6.15	3.38	1.57	0.58	0.16	0.03	.00	.00	.00	0.00
14.61	9.53	5.41	2.58	0.99	0.28	0.05	0.01	.00	.00	0.00
21.92	14.77	8.65	4.26	1.68	0.49	0.10	0.01	.00	.00	0.00
32.88	22.89	13.85	7.04	2.86	0.87	0.17	0.02	.00	.00	0.00
49.32	35.49	22.15	11.61	4.87	1.51	0.31	0.03	.00	.00	0.00
73.98	55.00	35.45	19.16	8.28	2.65	0.56	0.06	.00	.00	0.00
110.97	85.25	56.71	31.61	14.07	4.64	1.00	0.11	.00	.00	0.00
166.45	132.14	90.74	52.16	23.92	8.12	1.80	0.21	0.01	.00	0.00
249.68	204.82	145.19	86.06	40.66	14.21	3.24	0.38	0.01	.00	0.00
374.51	317.48	232.30	142.00	69.12	24.86	5.83	0.70	0.03	.00	0.00
187.26	174.61	139.38	92.30	48.38	18.64	4.66	0.60	0.02	.00	0.00

の関数を学習するうえでは、分割賭けを認めたほうが便利ということなのである。分割賭けの状況は、漸近的には（すなわち、長い目で見れば）現実世界でも起こり得る状況である。

　以上の議論から、分割賭けを認めた場合の固定比率賭けについて、また別の興味深い事実が浮かび上がる（分割賭けを、ここで定義しているように、当初資金額をいろいろに変えたときのすべての整数賭けの結果の平均と考えてみよう）。新たに浮かび上がった事実とは、

TWRは初期値が違っても変わらないということである。先の例で、例えば当初資金が1初期値、つまり20単位の場合、TWR（最終資金／当初資金）は1.15である。当初資金が400単位（20初期値）のときも、TWRは1.15で変わらない。

　図4.3は＋1.5と－1が交互に20回ずつ発生するトレードについてのfカーブである。

　次に＋2と－1が交互に20回ずつ発生するグラフ（図4.4）を見てみよう。賭け回数が40回（＋2と－1が交互に20回ずつ）のときのオプティマルfは0.25で、そのときのTWRは10.55である。ところで、オプティマルf＝0.25からわずかに15％外れたらどうなるだろうか。fが0.1または0.4のとき、TWRは4.66になり、fが0.25のときの値の半分にも及ばない。オプティマルfからわずか15％しか外れていないし、まだ40回しか賭けていないにもかかわらずだ。これを金額に換算してみよう。f＝0.1では資金10ドルにつき1単位、f＝0.4では資金2.50ドルにつき1単位賭けることになる。いずれの場合もTWRは4.66で、利益も同額である。f＝0.25では資金4ドルにつき1単位賭けることになるが、このときの利益は、資金2.50ドルにつき1単位賭けたときの利益の2倍を上回ることに注目しよう。賭けすぎが割に合わないことは明白である。また、資金10ドルにつき1単位賭けた場合の利益は、その4倍の額を賭けた場合の利益、つまり2.50ドルにつき1単位賭けた場合の利益と同じである。ペイオフレシオが2：1の50/50ゲームでは、f＝0.5でようやく収支が合う。つまり、資金2ドルにつき1単位賭けてようやくとんとんになるというわけである。こういったゲームでは、fが0.5を上回ると必ず負けるので、破綻するのは時間の問題である。

　勝ったときに支払われる額を2単位から5単位に増やしてみよう。これを示したものが図4.5である。この場合のオプティマルfは0.4で

ある。すなわち、資金2.50ドルにつき1ドル賭けるということである。＋5と－1が交互に20回ずつ発生した時点（賭け回数40回）では、オプティマルfのおかげで資金は2.50ドルから12万7482ドルに増える。この極端に順調な状況で、オプティマルfから20％外れた場合を考えてみよう。ｆが0.6および0.2での利益は、0.4のときの利益の10分の1にも及ばない。50/50ゲームでペイオフレシオが5：1のこの特殊なケースの期待値は、(5*0.5)＋(1*(－0.5))＝2である。しかし、このゲームで0.8を上回るｆ値を使った場合には損失が出る。これまでの賭けやトレーディングで正しい賭け金あるいは正しいレバレッジについての概念が欠落していたことは、これで明白だろう。

　このグラフからはさらに興味深い事実を読み取ることができる。まず第一に、オプティマルｆ以外の固定比率ではｆを使ったときほどの利益は出ないということである。したがって、この＋5と－1の例では、資金2ドルにつき1ドル賭けても無駄である。この場合、資金2.50ドルにつき1ドル賭ける以外の賭け方では利益は減少する。オプティマルｆを上回るリスクは割りに合わない——というよりも、むしろ大きな代償を支払うことになるのである。ここで図4.6を見てみよう。ｆ＝0.55のときの利益がｆ＝0.5のときの利益よりも低いことは図から明らかである。第二の注目点は、ｆの計算における最大損失額の重要性である。トレーダーたちは計算に最大損失額ではなく最大ドローダウンを使う傾向があるが、これは間違いである。

ドローダウンは無意味、重要なのは最大損失額

　第一に、ｆ＝1.00を使ったとすると、最大損失が発生するとたちまち破産してしまう。ｆの上下の境界を0（賭け金ゼロ）と1（賭け金は最小だが、すべて失う）に決めているので、これは当然である。
　第二に、独立試行では、損益がどういった順序で発生したときにド

ローダウンが発生するかは、一意的には決まらない（独立試行だから）。例えば、コインを6回投げたとき、表が3回、裏が3回出るとしよう。表が出れば1ドル貰え、裏が出ると1ドル支払わなければならないものとする。裏表の出方をすべて考えた場合、起こり得るドローダウンは1ドル、2ドル、3ドルのいずれかである。3ドルのドローダウンは裏が続けて3回出るという極端な場合に発生する。6回のコイン投げを一度だけ行いドローダウンが2ドルになったとしても、それには何の意味もない。ドローダウンとは**極端な**ケースのことであり、われわれが今考えているのは独立したトレード結果の事象列であるわけだから、この場合の極端なケースはすべての損失が続けて発生する場合（標本空間の中で最悪のケース）ということになる。したがってコインを6回投げた場合のひとつの事象列でドローダウンが2ドルになったからといって、それを何らかの意味のあるベンチマークとして使えるわけではない。なぜなら独立試行では、次にもう一度コイン投げを6回行った場合の事象列が前の事象列と同じになる確率と、別の事象列になる確率は同じだからである。

　勝った場合には1ドル貰え、負けた場合には1ドル支払うという先ほどのコイン投げの例に戻ろう。これまでに20回投げて、ある時点で5ドルのドローダウンが発生したとしよう。これは何を意味するのだろうか。次に20回投げたときのドローダウンも「およそ」5ドルになるということなのか。（ほとんどのトレーディングがそうであるように）コイン投げは独立試行なので、答えはノーである。この場合、予想が可能なのは連敗に基づくものだけである。コインを20回投げた場合、20回とも負ける確率、19回負ける確率……は計算することができる。しかし、われわれがドローダウンとみなすのはすべての負けが連続して起こるという最悪のケース、すなわち極端なケースである。したがって、問題となるのは、「連敗数がそれ以上にはならないという限度が分布の裾のどこかに存在するのか」ということになる。限度は

ない、というのがこれに対する答えである。20回のコイン投げを延々と続けても裏しか出ない場合もあるからである。こういったことは、確率としてはきわめて低いが、起こらないわけではない。最大ドローダウンを予測できるという考えは、単なる幻想にすぎない。これはトレーダーの心の平穏を保つために広まった考え方であり、統計的には何の意味もない。固定比率ベースでトレーディングしている場合（ドローダウンは発生する時期、つまりドローダウンが発生し始めたときの口座資産額の関数でもある）、ドローダウンはまったく無意味なのである。

　第三に、固定比率トレーディングにおけるドローダウンは、一定枚数ベースによるトレーディング（つまり、再投資しないトレーディング）におけるドローダウンとは異なる。これは前章ですでに述べたとおりである。そして最後に、そもそもこのシミュレーションの目的は、次のトレードでどれくらいの量をトレードすればよいかを知るためであって、次にトレーディングしたときに損益がどんな順序で発生するのかを知るためではない。ドローダウンはトレードの順序に関係するものである。しかし、ひとつのトレードで最大ドローダウンが発生したとすると、それは最大損失額にもなるのである。

　システムの可能損失額を調べたいのであれば、ドローダウンではなく最大損失額を見なければならない。一意的には決まらず、実質的に無意味なドローダウンを見ても仕方がないのである。固定比率トレーディング（利益を再投資するトレーディング）の場合は、なおさらそうである。意識的（トレーディングシステムを設計しているとき）あるいは無意識に「ドローダウンを一定限度に抑え」ようとするトレーダーは多い。ドローダウンがトレーダーの天敵であることを考えれば、当然だろう。しかし、ドローダウンは一意的には決まらないという性質を持つため、コントロールは不可能だ。ある程度コントロールできるのは、最大損失額である。すでにご存知のように、オプティマル f

は最大損失額の関数である。最大損失額は、例えば、デイトレーディングのみ行う、オプションを利用するといったさまざまなテクニックでコントロールすることが可能だ。重要なのは、最大損失額はコントロール可能であり、大きな損失が発生する頻度も（少なくともある程度は）コントロールできるが、ドローダウンはコントロールできないということである。

　ここで留意点をひとつ述べておこう。固定比率でトレーディングしている場合、ドローダウンは口座資産の減少率で見た場合、過去に少なくともf％に達したことがあるということになる。例えば、fが0.55だとすると、これまでに資産の少なくとも55％に相当するドローダウンが発生したことがあるということである（その時点での残りの資産は45％）。これは、オプティマルfでトレーディングしている場合、最大損失が生じると、その時点でfに相当するドローダウンが発生するからである。先ほどと同じ例で考えてみよう。例えば、システムのfが0.55で、これが資金１万ドルにつき１枚トレードすることを意味するとすれば、最大損失の予想額は5500ドルになる。つまり、最大損失がすでに発生しているとすれば、１枚につき5500ドルの損失を被ったはずである。したがって、その時点で資産の55％に相当するドローダウンが発生したということになる。しかし、次のトレードや次の一連のトレードでさらに大きなドローダウンが発生する可能性もある。一般に、優れたシステムほどｆの値は高い。またドローダウン（パーセンテージベース）はｆを下回ることは絶対にないので、ｆが高いほど一般にドローダウンは大きくなる。つまり、システムが非常に優れているためオプティマルｆ（パーセンテージベース）が高いと、ドローダウンも大きくなるというパラドックスが生じるわけである。要するに、オプティマルｆは最大の幾何的成長を与えてくれるものであると同時に、あなたを破産に追い込みかねない、という諸刃の剣的性質を持つものなのである。しかし、これについてはある程度の救済

が可能であり、詳しくは第6章で説明する。

オプティマルfから外れすぎるとどうなるか

　オプティマルfを用いる場合とそれ以外の値を用いる場合との違いは、時間がたつにつれて幾何的に増大するという事実は、ギャンブラーにとっては特に重要である。ここで言う時間とは、プレー数を意味する。ブラックジャックで以前から使われている簡単な攻略法に、場に出た5の札を数えるというものがある。この戦略では、残り札の中にある5の札が少ないほど、プレーヤーが有利になる。カジノのルールに基づいて計算すると、プレーヤーのこのアドバンテージは最高で3.6％（5の札がまったく残っていない場合）にもなる。この戦略のオプティマルfは、場に出た5の札の数によって、それぞれの手に対して大体0からおよそ0.075～0.08の範囲の値になる（つまり、残り札の中に5の札が何枚あるかによってfの値は変わってくるということ。これは従属試行なので、最適な賭け方は、残り札の中にある5の札の比率によって異なるオプティマルfに基づいて、異なる比率で賭けるという賭け方になる）。カジノに行って1デッキだけプレーする分にはオプティマルfから外れてもそれほど大きな痛手はない（しかし、1000手に賭けるとなると話は違ってくる）。ある手のときにあなたにエッジがある場合、単にベットサイズを増やせばよいという考え方は間違いである。重要なのは、どれくらい増やすべきか、なのである。

　例で考えてみよう。例えば、500ドルの元手で、最低賭け金が5ドルのテーブルでプレーする場合を想定しよう。最低賭け金の5ドルは元手の1％に相当する。1デッキの途中で5の札がすべて場に出るという状況が起こった場合、カジノによっても異なるが、あなたは3～3.6％のエッジを持つことになる。つまり、そのときのあなたのオプティマルfは0.08、つまり資金62.50ドルにつき1単位の賭け（次の手

で被る可能性のある最大損失5ドル/0.08)、ということになる。

　ここまではとんとんだったので、手元にはまだ500ドルの資金が残っているとしよう。そこであなたは次の手に40ドル（500ドル/62.50ドル*5ドル）賭けることにする。もし、45ドル賭けていれば、パフォーマンスは下がっていただろう。1単位（5ドル）余分に賭けても何のメリットもないのである。メリットがないどころか、時間がたつにつれパフォーマンスは幾何的に下落する。つまり、各手ごとにオプティマルfを計算し、その値をほんの少しだけ上回るか、または下回れば、ゲームの長さ（プレー数）が増えれば増えるほど、パフォーマンスは幾何的に低下していくということになる。例えば、前述の状況で100ドル賭けたとすると、オプティマルfから右側にずれることになる。したがって、あなたがどんなに優れたカードカウンターであったとしても、あなたにチャンスが巡ってくることはない。オプティマルfからの外れ度があまりにも大きければ、残り札の中にどんな札があるかが確実に分かっていても、必ず負ける。

　これから4つのグラフを見ていくが、オプティマルfに近い値を用いることがいかに重要であるかを理解できていない人にとっては、その事実がはっきりするはずだ。紹介するグラフは資産カーブである。資産カーブとは、口座資産（Y軸）を一定期間にわたって、あるいは一連のトレード（X軸）にわたって記録したものである。いずれのグラフも、口座の当初資産は10単位とし、21のトレードまたは賭けの結果が次のようになったとする。

1, 2, 1, -1, 3, 2, -1, -2, -3, 1, -2, 3, 1, 1, 2, 3, 3, -1, 2, -1, 3

　この場合のオプティマルfは0.6、つまり資金5単位につき1単位賭けることになる（最大損失が3単位だから）。各自で計算してみよう。

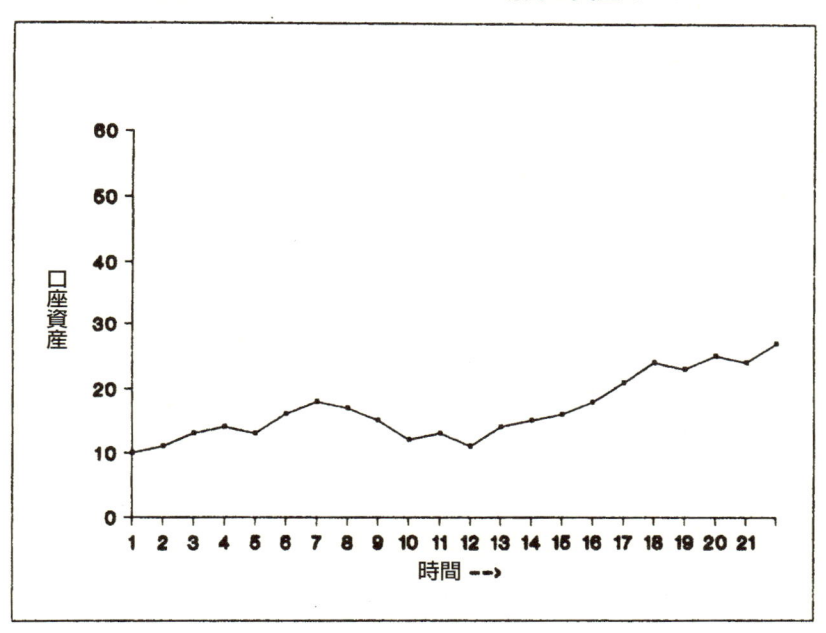

図4.7　一定枚数ベースで21トレードした場合の資産カーブ

　最初の資産カーブ（図4.7）は、一定枚数ベースでトレードしたときの資産の変化を示したものである。資産はほぼ一定で推移している。大きなドローダウンがない代わりに、資産の幾何的成長もない。

　次に図4.8を見てみよう。これは、ｆ＝0.3（資金10単位につき1単位賭ける）でトレードしたときの資産カーブである。一定枚数ベースに比べ、利益は全般的にやや高めである。

　3番目のグラフ（図4.9）は、オプティマルｆ＝0.6（資金5単位につき1単位賭ける）のときの資産カーブである。ｆ＝0.3のときよりも、利益はさらに高くなっている。

　最後のグラフ（図4.10）は、ｆ＝0.9（資金3 1/3単位につき1単位賭ける）のときの資産カーブである。資産はドローダウン期（時間7

図4.8 f＝0.30（資金10単位につき1枚）で21トレードした場合の資産カーブ

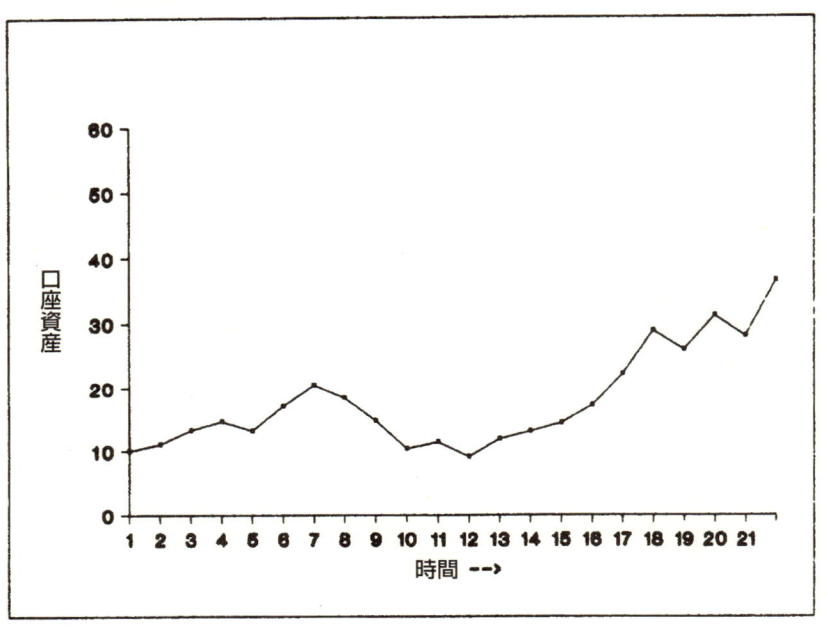

から12にかけて）に入るまでは急激に増加していることに注目しよう。fが高すぎると、マーケットシステムはドローダウン期中に徹底的に打ちのめされるため、fが最適値のときに比べると、ドローダウン期からの回復に要する時間ははるかに長い。

　オプティマルfの場合でもかなり大きなドローダウンが発生することは、どんな市場でも、あるいはどんなシステムでも避けられない。オプティマルfの下で1枚ベースでトレーディングしているマーケットシステムが、ひどいときには資産の80％から95％もの枯渇を招くことも珍しいことではない。しかし、オプティマルfを使ったときの資産カーブで注目していただきたいのは、ドローダウンからの回復が早く、その後は再び上昇に転じることである。これら4つのグラフは、

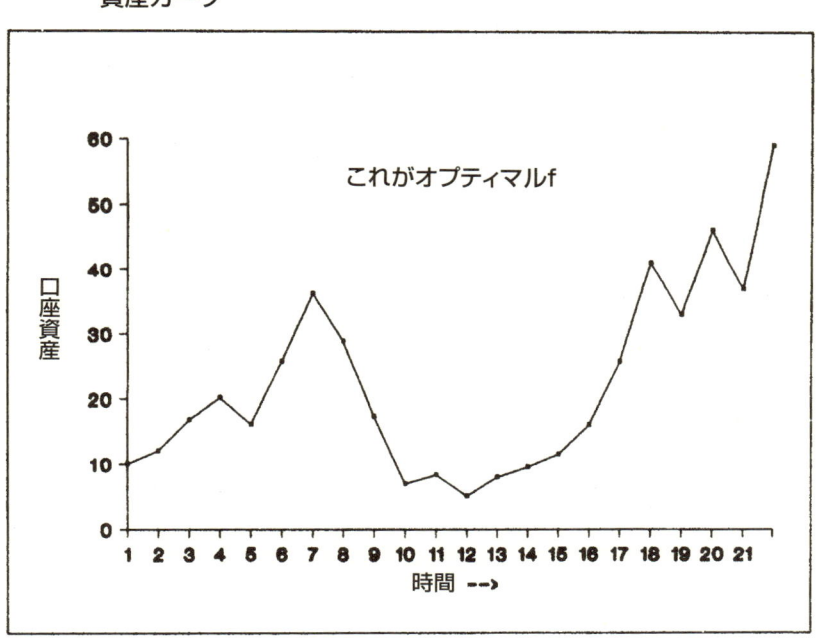

図4.9 f＝0.60（資金5単位につき1枚）で21トレードした場合の資産カーブ

これがオプティマルf

21の同じトレード結果について観測したものだが、オプティマルfがパフォーマンスに大きく影響を及ぼしていることは一目瞭然である。オプティマルfを使った場合、特にドローダウンからの回復が早いのは注目に値する。

　口座資産が大きいほど、1枚に必要な金額の口座資産に占める割合は小さくなるので、オプティマルfへのこだわりが大きくなるのは当然である。例えば、あるマーケットシステムのオプティマルfが、資金5000ドルにつき1枚トレードするというものだったとしよう。当初資金を1万ドルとすると、枚数の調整が必要になる前に50％の利益（または損失）を出すこともある。これを、当初資金50万ドルの場合と比較してみよう。この場合、枚数は資金が1％変化するごとに調整

図4.10　f＝0.90（資金3.33単位につき1枚）で21トレードした場合の資産カーブ

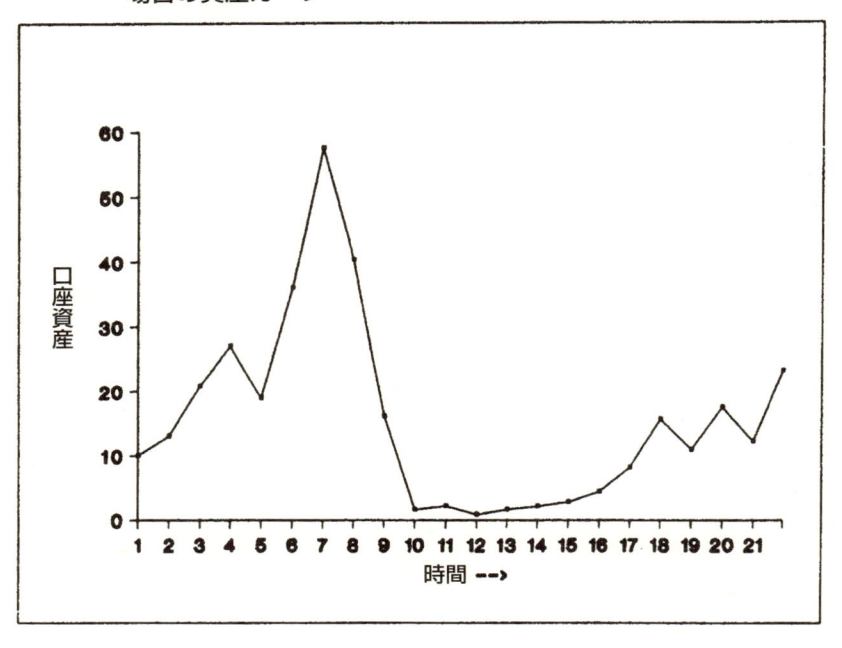

されるだろう。資金が大きいほどオプティマルfの利用効果が大きいことは明白である。オプティマルfは、理論上、小数点以下の枚数でも売買できることと想定したものである。これは、トレード可能な最少量が1枚である現実世界とは異なる。しかし漸近的に考える場合、これは問題にはならない。現実世界における整数賭けでは、特に資産が少ない場合、資産に対する賭け金の比率の小さいマーケットシステムを使うのがよいということになるが、この場合でもトレードオフの問題は残る。市場側からすればできるだけ多くの枚数をトレードしてくれたほうがよいわけだが、トレードする側からすれば、枚数が増えれば手数料、注文執行費、スリッページもそれだけかさむ。現実世界では1枚に必要な額は、当初証拠金必要額と、fによって指示される

1枚当たりの額のいずれか大きいほうになることを念頭に入れておく必要がある。

　グラフからも分かるように、最適固定比率から外れれば非常に大きな代償を支払わなければならない。**正しいｆの値を使うことは、トレーディングシステムの良しあしよりも重要なのである**（ただし、システムが１枚ベースで収益を生むものでなければならないことは言うまでもない）。したがって、微調整が可能なほど（つまり、できるだけ頻繁にポジションサイズを調整して、オプティマルｆの指示するサイズに従うことができるほど）、成功率は高まる。つまり一般的には、売買単位の小さな市場でトレーディングしたほうがよいということが言える。とうもろこし市場はS&Pに比べるとそれほど魅力的には映らないかもしれないが、数百枚もトレードしている人にとっては、かなり魅力的な市場に化けることもある。

　本書では、次のトレードでトレードするべき枚数を任意のマーケットシステムのオプティマルｆの値に基づいて計算し直すが、細かく調整するほど成功率は高まる。つまり、トレードごとに枚数を計算し直すよりも１日ごとに計算し直したほうが成功率は高まり、１日ごとよりも１時間ごとのほうが、成功率はさらに高まるということになる。しかし、これには昔からトレードオフ問題が絡んできた。手数料、スリッページ、各種費用の問題も然ることながら、忘れてはならないのが人為的なミスによるコストである。オプティマルｆの指示する枚数に調整する回数が多ければ、それだけ間違いも増える。ただし、調整方法はトレードごとにやる以外にもいろいろあること、そして基本的には、細かく（つまり、頻繁に）調整するほど——つまり、オプティマルｆの指示に従って頻繁に調整するほど——オプティマルｆの効果はそれだけ高まることはぜひとも念頭に入れておきたい。理想的には、手数料、費用、スリッページ、および人為的なミスとのトレードオフを考慮しながら、できるかぎり頻繁に調整するのがよい。

一定枚数主義を貫き通してきた人が、これまでにいたかどうかは定かではない。しかし、元手が４倍になっても依然として一定枚数にこだわり続ける人がいるだろうか。逆に言えば、それまで毎回10枚ベースでトレーディングを行ってきた人が、あるとき突然口座資産が10枚のトレードに必要な額を下回ったとすると、その人は次のトレードで10枚をトレードするために追加証拠金を差し入れるだろうか。そんなことはしないはずだ。一定枚数ベースでトレーディングしている人がその方式を変えると、どれくらいの枚数をトレードすればよいのかという問題がたちまち発生する。そのトレーダーがこの問題を認識しているか否かを問わず、これは必ず問題になる。本章でこれまで見てきてお分かりのように、枚数を決めるのはトレーダーにとっては難しい問題である。枚数を決めるのが難しいのなら、いっそ一定枚数ベースでトレーディングすればいいじゃないか、というのでは解決にはならない。なぜなら、一定枚数ベースのトレーディングでは資金の幾何的成長は見込めないからだ。したがって、好むと好まざるとにかかわらず、次のトレードでどれくらいの枚数をトレードすればよいかは、すべてのトレーダーに共通する問題なのである。適当に決めるのは間違いであり、あとあと高くつく。この問題を解決してくれるのが、数学的に正しい方法、つまりオプティマルfなのである。

　利益を再投資しないようなトレーダーはいるだろうか。最も高いTWRを与えてくれるものがオプティマルfであることを知らなければ、たとえ良いマーケットシステムがわれわれの足に噛みついてきたとしても、それが良いシステムだとは到底気づかないだろう。ギャン（Gunn）理論やエリオットの波動理論、直観など、完全にメカニカルでないトレーディングアプローチの問題点がここにある。十分な実績を持つ、完全にメカニカルなアプローチでなければ、オプティマルfの値など分かるはずもなく、路頭に迷うことになる。専門家、優れたマーケットアナリスト、優れたシステムトレーダーたちの多くが市

場に打ち勝つことができないのはこのためである。長い連勝の波に乗っている多くのトレーダーたちが、その波をみすみす市場に戻してしまうのもこのためだ。彼らは自分のオプティマルfを知らないがために、結局はピークから右側にずれてしまうのである。

　十分に優れたシステムであれば、そのfの値が、1枚当たりの金額として当初証拠金を下回るような額を指示してくるような値であることはよくある。オプティマルfはカーブのピークの位置のfの値であることを思い出していただきたい。ピークから右側にずれる（つまり、適正な枚数をオーバーする）と最大利益は得られない。しかし、必ずしもピークの位置のfの値を使わなければならないというわけではない。ピークから左側にはずれてもよいのだ（つまり、1枚に当てる額を増やす）。例えば、口座を二等分し、一方をキャッシュ状態に維持し、もう一方をポジションを持つのに当て、その部分にfを適用するという方法がこれに当たる。これは実質的には、ハーフf戦略または分割f戦略に相当する。

　ここまでくると、使えるfの値にはある程度の幅——つまり、ゼロから最適値の範囲内——のあることが分かるはずである。この範囲内の高いf値を使うほど（ただし、最高はオプティマルf）、利益は増大するが、それと同時にリスクも増大する（予想されるドローダウンの大きさが大きくなるということ。ドローダウンの頻度ではないことに注意）。一方、この範囲内の低いf値を使うほど、リスクは減る（ドローダウンの大きさが小さくなることを意味する。頻度が増えることではない）が、得られる利益も減る。ただし、ゼロに近づくほど利益を望める確率は高くなる（利益を生む確率が最も高いのは一定枚数ベースの口座であったことを思い出していただきたい）。『ギャンブリング・タイムズ』に掲載されたジエンバのケリーに関する論文によれば、**目標利益を低く設定した場合、フルケリー賭けよりもハーフケリー賭けのほうが口座を二等分する前の目標利益に達することができ**

る可能性が高い。つまり、分割ケリー（分割 f）賭けのほうが安全ということである。そのほうが、X回賭けたときの結果の分散が小さいからである。分割オプティマル f（0からオプティマル f の間の値）を使うことで、リスク・リターンのトレードオフも思いのまま、というわけである。

　4つの資産カーブのグラフをもう一度見てみよう。オプティマル f（f ＝0.60）のグラフに比べると、ハーフ f（f ＝0.30）のグラフのほうがすっきりして滑らかなカーブを描いていることに注目していただきたい。フル f よりもハーフ f のときのほうが、資産カーブははるかに滑らかである。ただし、ハーフ f では利益もそれだけ低くなることは覚悟しなければならない。ハーフ f とフル f との利益の差は時間がたてばたつほど拡大する。

　ここで注意点をひとつ挙げておきたい。f カーブのピークから右にずれすぎる（つまり、枚数が多すぎる）とデメリットが生じる（利益が減り、ドローダウンが大きくなる）ように、左にずれすぎても（つまり、枚数が少なすぎるということ）同じようにデメリットが生じるということである。しかし、右にずれすぎるよりは左にずれすぎるほうがデメリットは少ないので、どちらかにずれなければならないのであれば、左にずれたほうが無難である。

　では、f カーブのピークから左にずれる（すなわち、1枚当たりの金額が多くなる）とどうなるのか。この場合、ドローダウンは**算術的**に減るだけだが、利益は**幾何的**に減少する。つまり、f カーブのオプティマル f から左にずれる場合のデメリットは、利益が幾何的に減少することである。それでも分割 f は用いるだけの価値がある。特に、（絶対利益ではなく）設定した目標に達するまでの時間を考えた場合、分割 f 戦略は大いに効果を発揮する。一般に、フル f 戦略よりも分割 f 戦略のほうが、設定した目標に達するまでにかかる時間ははるかに短い（目標に達するまでにかかる時間は、目標の高さと f の値として

オプティマルfのどの程度の分割値を用いるかによって決まる)。目標に達するまでにかかる時間と予想されるドローダウンとを掛け合わせたものを資産減少率で見た場合に最小にすることを最優先する場合は、分割f戦略が最も効果的である。

fの値としてオプティマルfの分割値を用いることでオプティマルfを希釈化することに加え、取引市場や用いるシステムを分散することもできる(このひとつの例が、前述した口座の50%をキャッシュに据え置くというものである。口座にキャッシュとして据え置かれた部分が別の市場またはシステムに相当する)。これについては詳しくは第6章で説明する。

放物線補間法によるオプティマルfの求め方

私は当初、ケリーの公式のようにひとつの式を使ってオプティマルfを求める方法を目指していた。しかし、高速コンピューターが廉価で入手可能になった今、任意のマーケットシステムのトレード履歴から簡単な繰り返し計算によってオプティマルfを求めることができるようになった。fの値を0.01をスタート点として0.01ずつ増やしながらTWRを計算する。得られたTWRの値が前の計算値よりも低くなったとき、前の計算に使ったfの値がオプティマルfになる。トレード数が何百であろうと、計算は普通のPCでもものの数秒しかかからない。正しい値が短時間で計算できるのがコンピューターの利点だ。

昔は、といってもそれほど昔の話ではないが、プログラムはその論理よりもスピードが重視された。一例として、BASICで書かれたプログラムの一部を見てみよう。

```
RANGE=0
FOR X=1 TO 5
```

```
RANGE=RANGE+(H(X)-L(X))
NEXT
RANGE=RANGE/5
AVG=0
FOR X=1 TO 3
AVG=AVG+C(X)
NEXT
AVG=AVG/3
```

　上のプログラムは、日々のレンジの5日間の平均と終値の3日間の平均を計算するためのものだ。このプログラムでは2つのループ（繰り返し演算）が使われている。ひとつは5回の繰り返し演算で、もうひとつが3回の繰り返し演算だ。この短いプログラムで、合計8回も繰り返し演算が行われている。一方、このプログラムは次のように書くこともできる。

```
RANGE=0
AVG=0
FOR X=1 TO 5
RANGE=RANGE+(H(X)-L(X))
IF X<4 THEN AVG=AVG+C(X)
NEXT
RANGE=RANGE/5
AVG=AVG/3
```

　2番目のプログラムでは、同じ計算をするのにループをひとつしか使っていない。また、最初のプログラムではパラメータ値を8つ使っていたのに対し、2番目のプログラムでは5つしか使っていない。文

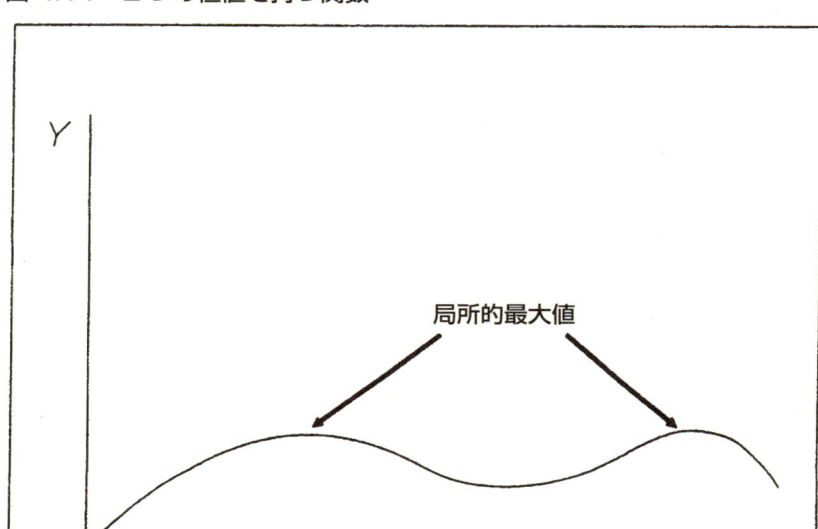

図4.11　2つの極値を持つ関数

（グラフ：局所的最大値）

の数も、最初のプログラムが10文であるのに対し、2番目のプログラムでは8文だ。しかし、どちらのプログラムも結果は同じである。2番目のプログラムのほうが実行速度が速いのは確かだが、スピードは以前ほど問題にはならなくなった。今のコンピューターはどれも演算速度が十分に速いからだ。上の2つのプログラムの演算速度の差など、ほんの数ナノセカンド程度のものだろう。

　テクノロジーの発達によって、われわれ人間は人生のもっと審美的な面に目を向ける余裕が出てきた。2番目のプログラムが最初のプログラムより優れているのは、エレガントだからである（オプティマルfを求めるのに、fの値を0.01から徐々に増やしながらTWRの値を計算するという作業をTWRの値が下がり始めるまでトレード履歴全

201

体にわたって繰り返すという方法が好きになれなかったのは、その方法がエレガントではないからである。面倒なうえに、エレガントに計算するための数学的ツールがないがために力づくでやっているような感さえある）。TWRを使ってオプティマルｆを求める場合、0から1.0までのｆの領域でTWRが最大になるときのｆの値をオプティマルｆの値とする。この場合、TWRの最大化に用いる変数はｆだけである。これを**一次元の最大化**と呼ぶことにしよう。

　オプティマルｆにたどり着くまでの繰り返し演算の方法には、すでに述べた力づくの方法よりももう少しスマートな別の方法があったのを覚えているだろうか。反復収束法である。この方法では、まず、(A, B)のように、中間点をブラケットに入れて探索範囲の上限と下限を設定し、その範囲内の点（X）をテストし、それが終わったら探索範囲を狭めて（A, XまたはX, B）、その範囲内の点をテストし……というプロセスを、解がひとつの値に収束するまで繰り返し行う。この方法は、ｆの値を0から0.01ずつ増やしながら行う繰り返し演算ほど厄介ではないにしても、依然として面倒な方法であることに変わりはない。

　最大値がひとつのみ存在する――つまり、その値の左右では値が徐々に減少していく（ｆカーブはこれの良い例）――ことが分かっている場合に１次元で最大値を求める最良の（最も早く、最もエレガントな）方法は、**放物線補間法**である。放物線補間法が使えるのは、探索している領域に局所的極値（最大値または最小値）がひとつだけ存在する場合である。局所的極値が２つ以上ある場合は、この方法は使えない（図4.11を参照）。

　この方法は、X軸をｆ値、Y軸をTWR値とするグラフの３つの座標値を入力するだけ、という簡単なものだ。次の公式に３つの座標値を代入すると、横座標（X軸、つまり放物線の頂点に対応するｆ値）が得られる。

横座標＝X2－0.5*(((X2－X1)^2)*(Y2－Y3)－((X2－X3)^2)
　　　　(Y2－Y1))/((X2－X1)(Y2－Y3)－(X2－X3)*(Y2－Y1))

　この式の解は、代入した3つの座標（X1, Y1）、（X2, Y2）、（X3, Y3）を含む放物線の頂点の横座標の値で、これがfの値（Xの値としても構わない）になる。

　放物線補間法は、まずfカーブにひとつの放物線を重ね合わせ、入力座標をひとつずつ変えながら次々と新しい放物線を描いていくというプロセスを、最新の放物線の横座標がその前の放物線の横座標に収束するまで続けるというものだ。収束したかどうかは、２つの横座標の差の絶対値があらかじめ設定している許容誤差（TOL）より小さいかどうかで判断する。許容誤差の値は、あなたがどれくらいの精度のfを求めたいかによって決める。私は通常TOLの値として0.005を使っている。このTOLであれば、前述した力づくの方法によって得られるfの精度と同程度の精度が得られる。

　例で見てみよう。まず、３つの座標のうちの２つの座標を（0, 0）、（1.0, 0）とする。３番目の座標はfカーブ上にある点でなければならない。その座標のX軸の値を（１－TOL）、つまり0.995とする（TOL＝0.005の場合）。この座標がfカーブ上にあるためには、Y軸の値はf＝0.995のときのTWRの値でなければならない。ここでは、４トレード（－１、－３、３、５）のオプティマルfを求めるものとする。したがって、f＝0.995のときのTWRは0.01772207367になる。これで３つの座標が出揃った。３つの座標は、（0, 0）、（0.995, 0.01772207367）、（1.0, 0）である。これらの座標を先の横座標を求める公式に代入すると、これら３つの座標を含む放物線の横座標が得られ、その値は0.5である。

　次に、この横座標に対応するTWRを計算すると、1.145834247にな

放物線補間法

回数	X1	Y1	X2	Y2	X3	Y3	横座標
1	0	0	0.995	0.017722	1	0	0.5
2	0	0	0.5	1.145834	0.995	0.017722	0.550806
3	0.5	1.145834	0.550806	1.090797	0.995	0.017722	0.475298
4	0.5	1.145834	0.475298	1.167507	0.550806	1.090797	0.345946
5	0.5	1.145834	0.345946	1.227846	0.475298	1.167507	0.327823
6	0.5	1.145834	0.327823	1.229368	0.345946	1.227846	0.321288
7	0.5	1.145834	0.321288	1.229508	0.327823	1.229368	0.32048

る。X座標の値（0.5）は前のX2の値（0.995）の左側にあるので、新しい3つの座標は左側の3つをとり、(0, 0)、(0.5, 1.145834247)、(0.995, 0.01772207367) となる。今度はこれら3つの新しい座標を含む放物線の横座標を求める。

　新しい3つの座標を含む放物線の横座標を計算すると0.550806になる。このf値に対するTWRは1.090797389である。このXの値は前のX2の値（0.5）の右側にあるので、新しい3つの座標は、一番左の座標（0, 0）が外され、(0.5, 1.145834247)、(0.550806, 1.090797389)、(0.995, 0.01772207367) となる。そして、これら3つの座標を含む放物線の横座標を計算する。これまでの計算で一番最後の横座標の差は0.550806 − 0.5 = 0.050806であった。横座標の差がTOL以下になったときにオプティマルfに収束したとみなされる。この例では、このプロセスを7回繰り返したときに収束に達する。これはオプティマルfを求めるかなり優れた方法といえるのではないだろうか。

　参考のために、7回の繰り返し演算に使った値と結果を示しておこう。さらなる理解に役立てていただきたい。このプロセスのプログラ

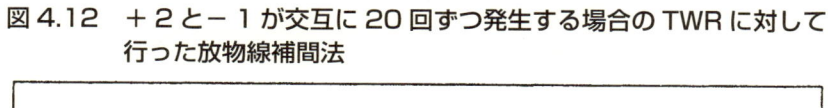

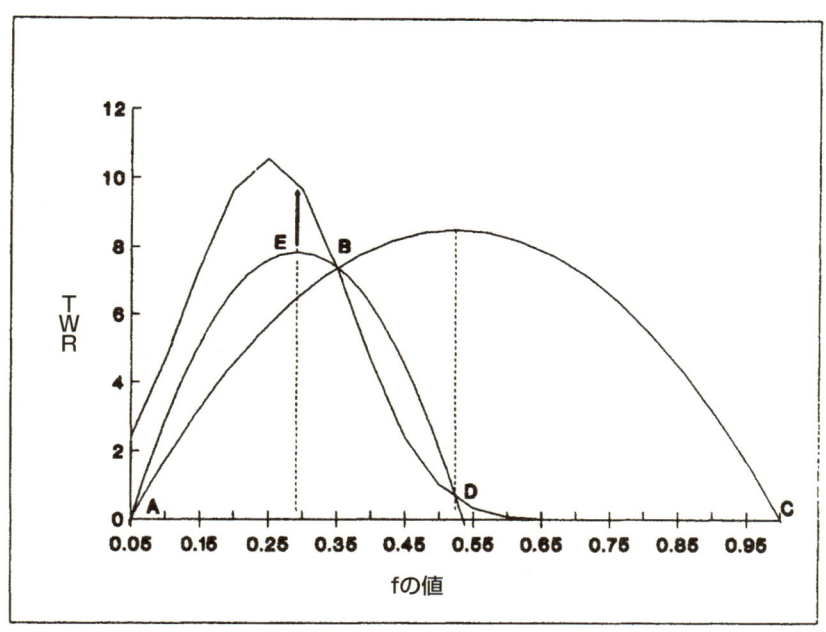

図4.12 ＋2と－1が交互に20回ずつ発生する場合のTWRに対して
行った放物線補間法

ムは付録Bに掲載している。

　収束速度がきわめて速いことに注目しよう。TOLの値として0.005を使った場合、平均で7回未満の繰り返し演算で収束に達する。12回以上になることは滅多にない。

　さて、図4.12を見てみよう。これは、ペイオフレシオが2：1のコイン投げの放物線補間プロセスをグラフで示したものだ。この場合のオプティマルfは0.25である。グラフには、0.25を頂点とするお馴染

みのfカーブが描かれている。このグラフを使って、やり方をおさらいしておこう。まず3つの点A、B、Cを含む放物線を描く。Aの座標は（0, 0）で、Cの座標は（1, 0）である。B点にはfカーブ上にある点を選ぶ。放物線ABCが描けたら、その横座標（放物線ABCの頂点。これがf値に相当する）を計算する。そして、このf値に対応するTWRを計算する。これが点Dの座標になる。同じことを、今度は点A、B、Dを使って行う。放物線ABDの横座標が計算できたら、その値（放物線ABDの頂点。これがf値に相当する）に対応するTWRを計算する。これらの座標（f値, TWR）が点Eの座標になる。

　f＝0.25に対応するfカーブの頂点にかなりの速さで収束していくことに注目しよう。さて、先ほどの作業に戻ると、次はE、B、Dを通る放物線を描く。このプロセスを放物線の横座標がfカーブの頂点のX座標に収束するまで繰り返す。

　コンピューターを使って計算する場合、ひとつだけ問題点がある。実行中に、先の横座標を求める公式の分母が0になる場合があるということである。これを解決するには、次に示したちょっとずるいパッチプログラムを使うのもひとつの手だ。

```
DM=((X2－X1)*(Y2－Y3)－(X2－X3)*(Y2－Y1))
IF DM=0 THEN DM=0.00001
ABSCISSA=X2－0.5*((((X2－X1)^2)*(Y2－Y3)－((X2－X3)^2)*(Y2－Y1))/DM)
```

　この手のパッチを使っても、結果の正当性が損なわれることはない。

　放物線補間法は、任意の関数のある範囲内に最大値がひとつしかない場合、その局所的最大値を求めるのにも使える。上が開いた形状をした関数（例えば、Y＝X^2のような関数）の局所的最小値も同じ方法で求めることができる。この場合も、局所的最小値がひとつしかない

場合に限られるのは、最大値を求める場合と同じである。局所的最大値を求める場合との違いは、横座標を求める公式の1カ所が変わる点だけである。局所的最小値を求める公式は以下のとおりである。

横座標＝X2＋0.5*(((X2−X1)^2)*(Y2−Y3) − ((X2−X3)^2)
　　　　(Y2−Y1))/((X2−X1)(Y2−Y3) − (X2−X3)
　　　　*(Y2−Y1))

局所的最大値を求める場合の公式は最初の演算子が−になっていたのに対し、局所的最小値を求める公式では＋になっていることに注意しよう。

オプティマルfとオプション

オプティマルfの概念は、オプショントレーダーにこれまでにない非常にパワフルなツールを与えてくれるものである。これから紹介する方法を使えば、将来的に最適なfの値を、前に紹介したテクニックよりも格段に高い精度で得ることができる。これはオプティマルfを求めるのに過去のデータを一切使わず、統計的手法のみを用いるからである。

以前の方法では、システムトレードの事象列（最低30トレードが望ましい）をとり、将来のトレードの損益分布が過去のトレードの損益分布に等しいと仮定したうえで、これらのデータからオプティマルfを求めた。しかしオプションの場合には、オプティマルfはもっと優れたテクニックで求めることができる（このテクニックはオプション以外の商品にも適用可能）。ただし、この手法は計算量が多いため、手動ではほとんど不可能であり、コンピューターが必需であることを断っておきたい。

ここではコールオプションの簡単なアウトライト取引を想定する。以前の方法であれば、任意のマーケットシステムによるオプション取引の十分な量のデータを使って、そこからオプティマル f を導き出すことになるが、この新しい方法では、まずこのオプションの保有期間中に起こり得る結果をすべて洗い出す。次に、それぞれの結果をそれが起こる確率で重み付けする。この確率で重み付けした結果が、オプションの購入価格に対するHPRである。最後に、可能なすべての f 値に対する結果（つまり、幾何平均）を計算して、オプティマル f を求める。

オプションは価格が数学モデルに忠実に従う（これは裁定プロセスによるもの）という意味で、一種独特だ。これらの価格モデルを使えば、モデルの変数をひとつ以上変えたときにオプション価格がどうなるのかを、かなりの精度で予測することができる。オプティマル f の話に戻る前に、価格モデルについて簡単に説明しておこう。

オプション価格付けモデルにはいろいろなものがあるが、これにはさまざまな理由がある。例えば、オプション価格の計算上の違いが挙げられる。株式オプションと先物オプションとでは計算方法が異なり、アメリカンオプションとヨーロピアンオプションもまた計算方法が異なる。また、受け渡しが株や商品で行われる場合とキャッシュで行われる場合にも計算方法が異なる。さらに、通貨の違い、株価指数の配当総額の違いなども考慮する必要がある。ブラック・ショールズ株価オプション・モデル、フィッシャー・ブラック先物オプション・モデル、ガーマン＝コルハーゲン通貨オプション・モデル、コックス・ロス・ルービンシュタイン（二項）モデルをはじめとする、数多くの優れたオプション価格付けモデルが存在するのはこういった理由による。しかし、本書はオプション価格付けモデルについての本ではない（それに、オプション価格付けモデルのすべてを説明するには少なくとも本一冊は必要）ため、評価対象資産のオプションに関する価格付けモ

デルについては各自で学習していただくことにする。理論価格の計算方法についてもここでは説明しない。オプションについては初級者向けの良書も多数市販されているので、そちらを利用していただきたい。またオプションの基本的な計算方法については巻末の付録Eに説明しているので、こちらもご利用いただきたい。

オプションの優れた価格付けモデルのほとんどは、オプションの理論値に最も影響を及ぼす入力変数として、(a) 満期までの残存期間、(b) 権利行使価格、(c) 原資産価格、(d) ボラティリティ――を含んでいる。モデルが違えば変数も違ってくるが、基本的にはモデルから計算される理論値に最も影響を及ぼすのはこれら4つの項目である。

4つの基本項目のうち2つ、つまり満期までの残存期間と原資産価格は、明らかに変動する。ボラティリティも変動することがあるが、先の2つの項目ほどではない。一方、権利行使価格は変動することは**ない**。

したがって、われわれのモデルでも、原資産価格および満期までの残存期間がさまざまに変化したときの理論価格を考える必要がある。

$$HPR = (1 + (f*((Z(T,U)/S) - 1)))^{\wedge}P(T,U)$$

ただし、
 f = fのテスト値
 S = オプションの現在価格
 Z(T,U) = 原資産価格をU、満期までの残存期間をTとしたときのオプションの理論価格
 P(T,U) = 満期までの残存期間T内に原資産価格がUになる確率

この公式は、このオプションに起こり得る結果のひとつ――具体的には、原資産価格が時間TまでにUになる――に対するHPR(その結

果が起こり得る可能性で重み付けしたもの）を計算するためのものである。

　公式の中の変数Tは、オプションの満期までの残存期間を年数で表したものである。したがって、満期の時点ではT = 0である。また、満期までの残存期間が365日の場合、T = 1となる。巻末の付録Dに示したカレンダーアルゴリズムを使えばTは比較的簡単に計算することができる。Tを計算するための手順を示しておこう。

1．満期日をYYMMDDからユリウス暦に変換する。
2．現在日をYYMMDDからユリウス暦に変換する。
3．1で得た値から2で得た値を引く。得られた値が、満期までの暦日である。
4．3で得た値を365で割ると、得られた値が満期までの残存期間を年数換算したものである。

　前の公式の変数$Z(T,U)$は、いかなるオプションモデルを使っていても、そのモデルから求めることができる。公式の中で計算を要するこのほかの変数は$P(T,U)$、つまりオプションを設定してからT暦日経過後に原資産価格がUになっている確率である。

　図4.13は正規分布とその曲線上の任意の点における曲線下の面積の比率をグラフ化したものである。曲線が左右対称になっていることに注意しよう。したがって、面積の比率を表す縦軸の数字は、任意の点が中心から左にある場合はその点から左側の曲線下の面積の比率を表し、右にある場合はその点から右側の曲線下の面積の比率を表す。すなわち、面積比率は曲線上の各点の確率を表しているということである。

　$P(T,U)$は次の式を使って計算する。

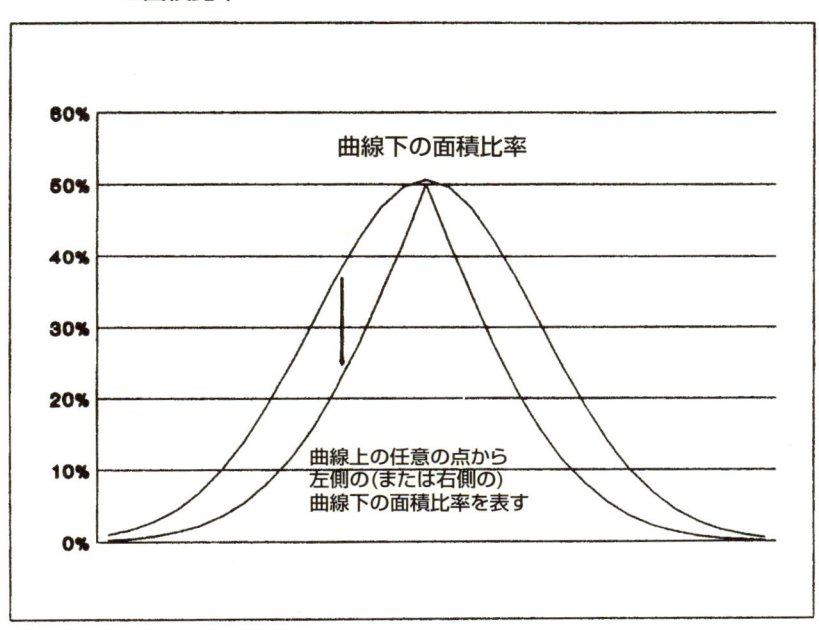

図4.13　正規確率関数と曲線上の任意の点から左側または右側の曲線下の面積比率

[図：正規分布曲線　曲線下の面積比率　曲線上の任意の点から左側の(または右側の)曲線下の面積比率を表す]

U≦Qのとき
P(T,U) = N((ln(U/Q))/(V*(T^(1/2))))

U>Qのとき
P(T,U) = 1－N((ln(U/Q))/(V*(T^(1/2))))

ただし、

U＝原資産の考察対象価格

Q＝原資産の現在価格

V＝原資産の年次ボラティリティ（一般に、オプションの年次ボラティリティは、価格の標本標準偏差を年次換算したもので表される。しかし、本書の目的を考えれば、われわれが使うべきベストなボラティリティはインプライド・ボラティリティである。ボラティリティ［インプライド・ボラティリティおよび実際のボラティリティ］については、詳しくはのローレンス・マクミランの『オプション・アズ・ア・ストラテジック・インベストメント（Options as a Strategic Investment）』を参照されたい）

T＝オプションを設定してから経過した日数を年数換算したもの。取引開始初日では1/365、2日目では2/365……となり、取引開始から1週間後には7/365（＝0.01917808219）となる。

N＝累積正規分布関数（詳しくは巻末の付録Cを参照）

ln＝自然対数関数（統計学の本で確認のこと。電卓でも計算可能）。ほとんどのコンピューター言語は、任意の数字の自然対数を返す関数を備えている。

前述の式を使えば、オプションの特定の結果に対する確率重み付けHPRを計算することができる。オプションの結果はさまざまだが、幸いにもこれらの結果は継続的ではない。例えば、満期までの残存期間を考えてみよう。満期までの残存期間は離散的な日数で表されるので連続関数ではない。原資産価格についても同じことが言える。例えば、ある株式の価格が35で、その株式が30と40の間で取り得る価格の数を知りたいとする。その株式が1ティック＝1/8で取引されているとするならば、その株式が30と40の間で取り得る株価の個数は81である。

さて、次にやらなければならないのは、満期または決められた行使

日(任意の日の曜日の求め方については、巻末の付録Dを参照)に、そのオプションが取り得る可能なかぎりの結果に対する確率重み付けHPRの計算である。例えば、今日から1週間以内にオプションを行使するとしよう。このような場合、満期日のHPRを計算するのではなくて、1週間以内に発生する行使日に対するHPRを計算する。行使日が未定の場合は、確率重み付けHPRを計算するのに用いる日付けとしては満期日を使用しなければならない。

　計算対象日が決まったら(ここでは、満期日を計算対象日とする)、その市場日に予想され得るすべての原資産価格に対する確率重み付けHPRを計算する。これはあなたが思っているほど大変な作業ではない。正規分布(本書を通じて繰り返し述べてきたが、実際の価格は正規分布には従わない。しかし、主として実際の価格の分布を表すのにこれよりも良い分布がないため、本書ではオプションの数値計算のほとんどで正規分布を用いている。いかなる計算も価格が正規分布に従うことを前提としているため、精度に若干の問題のあることは否めない。いつの日か、この問題を解決してくれる人が現れることを願っている。私が思うに、業界には価格に関するもっと良い［もっと正確な］分布関数を開発した人がすでにいるに違いないが、あまり公表したがらない。これは、もしあなたがもっと現実的な分布関数を開発したとしたらどうなるか、ということを考えていただければ納得できるはずだ。より現実的な分布関数を入手できたということは、より現実的な価格付けモデルを入手したことに等しく、したがってほかの市場参加者よりもはるかに有利な立場に立つことができるのである)では結果の99.73％が平均から3標準偏差の間に入ることは第1章で述べたとおりである。ここで言う平均とは、原資産の現在価格を意味する。したがって、実際に計算しなければならないのは、−3と+3標準偏差の間の各価格の、特定の市場日に対する確率重み付けHPRということになる。この区間には事実上すべてのデータが含まれている

とみなされるため、得られる結果は正式な結果にかなり近いものになるはずだ。4、5、6、あるいはそれ以上の標準偏差まで計算しても、もちろん構わない。しかし、精度は3標準偏差まで計算した場合とさほど違わないだろう。あるいは逆に、価格の幅を2あるいは1標準偏差に狭めてもよい。ただしこの場合、あまり高い精度は望めない。要するに、価格の幅は必ず3標準偏差に設定しなければならないというわけではないが、3標準偏差程度まで計算すれば精度に問題はないということである。

1標準偏差が任意の原資産価格Qをどれくらい上回っているかを計算するには、次の公式を使う。

標準偏差 = Q*exp(V*(T^(1/2)))

ただし、
Q = 原資産の現在価格
V = 原資産の年次ボラティリティ
T = オプションを設定してから経過した日数を年数換算したもの。取引開始初日では1/365、2日目では2/365……となり、1週間後では7/365(＝0.01917808219)となる。
exp = 指数関数。統計学の本でよく扱われているし、電卓にも、コンピューター言語にも組み込まれている。

標準偏差は、取引を開始してからの経過時間の関数になっていることに注意しよう(つまり、3標準偏差の値を求めるためには、経過した時間が分からなければならないということである)。

原資産の現在価格を3標準偏差上回る価格は、上の式を基にした次の式によって求めることができる。

＋3標準偏差＝Q＋3*(Q*exp(V*(T^(1/2))))－Q

同様に、Qを3標準偏差下回る価格は次の式によって求められる。

－3標準偏差＝Q－3*(Q*exp(V*(T^(1/2))))－Q

順序としては、まず最初に取引開始から何日たったかを計算し、それを365で割って年数換算し、次に任意の価格Qから＋X標準偏差、あるいは－X標準偏差の価格を計算する。

これまでの話を簡単にまとめておこう。以下は、任意のオプションのオプティマルfの求め方の手順を示したものである。

1．オプションの行使日が決められているかどうかをチェック。決められた行使日がなければ、満期日を使う。
2．オプション設定日を第1日目として、ステップ1で定められた日が到来したときに何日経過しているかを計算。得られた値を365で割り、年数換算する。
3．原資産の現在価格から＋3標準偏差および－3標準偏差の価格を、ステップ1で定められた日について計算。
4．ステップ3で得られた範囲内の価格を離散値に変換する。つまり、－3標準偏差の価格から1ティック（最小価格単位）ずつ増やしながら、＋3標準偏差までの価格をすべて割り出す。この場合、＋3および－3標準偏差の価格も含むことに注意。
5．ステップ4で得られた結果のそれぞれについて、確率重み付けHPRの計算に用いるためのZ(T,U)とP(T,U)を求める。つまり、ステップ4で得られた結果のそれぞれについて、オプションの理論価格と、考察対象日までに原資産がその価格になる確率を計算する。

6. ステップ5まで終わったら、それぞれの結果に対する確率重み付けHPRを計算するために必要な入力データはすべて揃ったことになる。

HPR = (1 + (f*((Z(T,U)/S) − 1)))^P(T,U)

ただし、
 f = f のテスト値（0から1.0までの値）
 S = オプションの現在価格
 Z(T,U) = 原資産価格をU、満期までの残存期間をTとしたときのオプションの理論値
 P(T,U) = 満期までの残存期間T内に原資産価格がUになる確率

7. これでようやく、オプティマルfを求めるための準備は完了である。前にも述べたように、オプティマルfの求め方はいろいろある。0から1の間のfの取り得るすべての値を使って反復収束法で求めてもよければ、放物線補間法を使ってもよい。あるいは、fのテスト値をHPRに代入して（＋3と－3標準偏差の間で取り得る価格それぞれの、満期日または決められた行使日におけるHPRを計算し）、幾何平均を求めてもよい。幾何平均を求めるには、任意のfの値に対するHPRをすべて掛け合わせればよい。これは、前章で説明した「経験主義的」な方法、つまり、任意のf値に対するHPRをすべて掛け合わせてTWRを求め、得られた値の平方根をとって幾何平均を求める、という方法とは異なる。「経験主義的」な方法に対して、HPRをすべて掛け合わせて幾何平均そのものを求めるという本章における方法は、「理論的」な方法と言えよう。事実、この方法ではTWRを計算することはない。なぜなら、TWRはこれまで

に行ったトレード数の関数になっているからである。考察対象となるのはひとつのトレードと、そのトレードで起こり得る無数の結果だけなので、TWRを求める必要はまったくない。この場合、最も高い幾何平均を与えるf値がオプティマルfである。そして、この幾何平均から幾何期待値（＝幾何平均－1）を求めることができる。

任意のオプションのオプティマルfが分かったら、トレードすべき枚数は次の式を使って計算することができる。

口座資産／（現在のオプション価格／オプティマルf）

この式から得られる値は「整数に丸め」なければならない。例えば、得られた値が4.53枚の買いとなった場合は、トレード枚数は4にする、といった具合である。

これでまた、新たな道が開けてきた。例えば、現在から満期日までの各日に対するあるオプションのオプティマルfを知りたい場合、まず明日を決められた行使日としてオプティマルfを計算し、次に明後日を行使日としてオプティマルfを計算し……というプロセスを行使日が満期日になるまで続ける。この間、各行使日に対して計算したオプティマルfの値と幾何平均を記録しておく。これによって、幾何平均が最も高い行使日が分かる。つまり、最も高い期待値（つまり、最も高い幾何平均）を得るためにはオプションポジションをその日までに手仕舞わなければならないということである。そして最も高い幾何平均に対応するf値を使って、買うべき枚数も計算できる。

これは驚くべき新事実である。オプションを適当に購入したとしても、幾何平均が最も高い（もちろん、1.0を上回ることを想定）行使日までにポジションを買えば、その最も高い幾何平均に対応するオ

プティマルfが示す枚数を買い付ければ、期待値が正の状態を得ることができるのである。オプションを売却することでタイムディケイというメリットが得られるため、期待値が正になるのはオプションを売るときだけ、という考え方がこれまでの主流であった。しかし、これまでに見てきてお分かりのように、期待値が正の状態はオプションの買いの場合にも発生し得るのである。しかも、これらの期待値は正の幾何期待値である。これはどういうことかというと、幾何平均（から1.0を引いたもの）が、利益を再投資したときの期待値になるということである。何と、正の算術期待値が、実際には幾何期待値よりも高くなるのである。これらのテクニックはこれまであまり注目されることのなかった、オプションに対する数学的に正しい戦略を改めて見直す良い機会を与えてくれるものである。

　時にはオプティマルfの値がゼロを下回ることもあるだろう。これは、プレーすれば確実に敗者になる悪い賭けなので、プレーすべきではないことを意味する。オプションを満期まで保有しようというときに、こういったことがよく起こる。

　このテクニックは別のもっと高度なオプション戦略に応用することも可能だ。ここでは、オプションのプットまたはコールのアウトライト取引だけを考察対象とした。このアプローチを別のもっと高度なオプション戦略に、あるいは別の商品に応用できるかどうかは、読者の資質に委ねられることになる。紙数にも時間にも限界があるため、本章や本書であらゆる応用について説明するのは不可能である。ここで理解した概念を足場として、そこからさまざまな応用を導き出すとともに、そういった応用に対する関心も高めていってもらいたい。

第5章
破産確率
Risk of Ruin

　この第5章はおそらくは本書のなかでは最も本流から外れた、最も不必要な章と言えるかもしれない。本章は前後の章とはあまり関連性がないため、本書中のどこに配置しても構わないのだが、破産確率を理解するためには、固定比率トレーディングと一定枚数トレーディングとの違いを理解していることが不可欠であり、よって本書のこの位置に配置することにした。破産確率は、固定比率ベースでトレーディングしている場合と一定枚数ベースでトレーディングしている場合とでは、大きな違いがあるのである。

　トレーディングにおけるマネーマネジメントと題する書物であるかぎり、破産確率の計算方法をカバーしていなければ完全な本とはみなされない傾向があるのも事実だが、私が本書で破産確率を扱う最大の理由は、マネーマネジメントに関連するものは何であれ、トレーダーにとっては甲乙つけがたいほど有益なものばかりだと確信しているからである。また破産確率は、マネーマネジメントの話では必ず話題になるほど人々にとって関心の高いテーマでもある。

　しかし、破産確率はわれわれにはどうすることもできないため、実際には測定しても無意味だし、われわれが取るべきアクションを指示してくれるわけでもない。これまでに見てきた従属性、パラメータの堅牢性、オプティマルfなどとは違って、破産確率は、資金の扱い方

219

やトレーディングの仕方については何も教えてくれない。ただ破産確率はほとんどの場合、小さな値になる（破産確率がほとんどないことを意味する）という特徴を持つため、そういった意味では興味深い数字であり、知っておいても有害になるものではないが、トレーディングや口座管理をより効果的に行うのには役に立たない。ところが、トレーダーたちの話が余談からマネーマネジメントの話に変わった途端、「破産確率」という言葉が必ず飛び出す。しかも、破産確率の計算に何かマネーマネジメントの秘訣でも隠されているような話し方をするのだ。

　これから破産確率の計算方法について見ていくが、これはあくまで本書を完全なものにするためのものにすぎず、破産確率の概念そのものについてはそれほど重視する必要のないことを前もって忠告しておきたい。その前にまずは、破産について定義しておこう。**破産とは、資産がゼロになりそれ以上トレーディングできない状態をいう**。破産確率は0（破産の可能性がゼロ）から1（必ず破産する）までの間の確率で表される。

　理解しやすくするためには、簡単化するのが一番である。そこでここでは、勝ちと負けが同額、例えば1ドルであるシナリオを使って考えてみることにしよう。これまでに3回のトレードを行い、そのうち2回が勝ちだったとする。また、1回のトレードの賭け金は1単位、総資金は1単位とする。これまでのトレード履歴より勝率は2/3なので、1回目のトレードにおける破産確率は33%である。

　これ以降のトレーディングについてはどうだろう。もし最初のトレードが勝ちだったとすると、破産するためには次の2回のトレードはいずれも負けでなければならない。次の2回のトレードがどちらも負ける確率は0.33*0.33なので、このときの破産確率は、最初のトレードの破産確率と2回目のトレードの破産確率（ただし、1回目のトレードでは破産しないものとする）とを足し合わせて、次のように書くこ

とができる。

0.33 + (0.33*0.33)

次に、最初の２回のトレードが勝ちだった場合を考えてみよう。この場合、破産するためにはもう一度勝つ前に３単位負けなければならない。したがって、このときの破産確率は次のようになる。

0.33 + (0.33*0.33) + (0.33*0.33*0.33)

もうお分かりのように、これは無限に続き、最終的な破産確率は次のように表される。

0.33 + (0.33*0.33) + (0.33*0.33*0.33) + …… + (0.33の無限乗)

したがって、勝てば１ドルの利益、負ければ１ドルの損失で、勝率が66％のシナリオの下では、最終的な破産確率は0.5である。

上の例では３回のトレード履歴だけに基づいて破産確率を計算している。現実世界ではたった３回のトレード履歴では不十分なのは明らかである。では３トレードの代わりに、３回のコイン投げを使うというのはどうだろう。明らかにこれでも十分とはいえない。組み込むトレード数が多いほど、すなわち、計算するときのベースとなるデータ量が多いほど、破産確率の計算精度は上がるのである。

公式

破産確率は、１回目で破産する確率、２回目で破産する確率、３回目で破産する確率……をすべて足し合わせたものとして定義されるこ

とが分かった。また、次々と足し合わせる破産確率は次第に小さな値になることも分かった。これは、各回における破産確率が、その回で初めて破産するものと仮定し、前の回における破産確率に今の回における破産確率を掛け合わせたものになるからである。破産確率（以降R0と呼ぶ）の計算式は次の一般式で表すことができる。

$$R0 = \sum_{M=1}^{\infty} \prod_{X=1}^{M} (1 - P_X)$$

ただし、
P＝勝率

しかし、「何かを無限回足し合わせれば、最終和は無限大になるのではないのか」という疑問がここで生じるはずである。つまり、R0は無限回足し合わせるので無限大になるのではないのか、ということである。

答えはノーである。R0は実際には破産確率に収束していく。なぜなら、合計に次々と加算される値はだんだん小さくなっていくからである。分かりやすい例として、次のような計算をしてみよう。1からスタートし、それに1の1/10を足すと合計は1.1になる。次に、その合計に1の1/100を足すと合計は1.11になる。そしてこの合計に1の1/1000を足すと合計は1.111になる。このプロセスを永久に繰り返しても合計が1.2に達することはない。これとまったく同じ論理がR0の公式にも当てはまるのである。

コンピューターで確認してみたい方は、BASICで書かれた次のプログラムを使ってやってみよう。どんな勝率を入力しても、破産確率（R0）はひとつの値に収束していくはずである。

```
10 INPUT"PERCENTAGE OF WINS(0 TO 1)";P
```

```
20 Z=1-P
30 X=Z:A=1
40 PRINT A,X,Z^A
50 A=A+1
60 X=X+(Z^A)
70 GOTO 40
```

次に示す公式は、利益と損失がすべて同額のときの破産確率（R1）を、計算を無限回繰り返すことなく計算するための公式である。

R1＝(1－A)/(1＋A)

ただし、
A＝P－(1－P)
P＝勝率

この公式を使えば、勝率が2/3の先ほどの3トレードの破産確率は次のように計算できる。

R1＝(1－0.333)/(1＋0.333)＝0.666/1.333＝0.5

したがって、破産確率は0.5で、先の値に一致する。

これらの破産確率の計算では、独立試行を想定していること、そしてトレードを永久に続けることを前提にしていることに注意しよう。

ところで、公平なマネーゲーム、つまり勝てば1ドルの利益が出る確率と負けて1ドルの損失を出す確率がそれぞれ50％のゲームの破産確率はどのように計算すればよいのだろうか。この場合、

$$A = 0.5 - (1 - 0.5)$$
$$= 0.5 - 0.5$$
$$= 0$$

である。したがって、破産確率（R1）は次のようになる。

$$R1 = (1 - 0) / (1 + 0) = 1 / 1 = 1$$

R1 = 1なので、**公平なマネーゲームでは確実に破産する**ということになる。

各トレードで資金の一部を投資すると仮定した場合の破産確率（R1）は次のようになる。

$$R2 = ((1 - A) / (1 + A))\wedge J$$

ただし、
J = 総資金/各トレードに割り当てる資金

したがって、勝率が2/3、資金が100ドル、各トレードに割り当てる資金を20ドルとすると、J = 5になるので、破産確率（R2）は0.03125（= 0.5^5）である。

確実に破産する公平なマネーゲームの場合、1（公平なマネーゲームのR2の値）を何乗しても1になることに注目しよう。これはつまり、公平なマネーゲームでは、**各ゲームに賭ける資金の割合をどんなに小さくしても破産は免れない**ことを意味する。これまでに何度も出てきた教訓は、少し違った側面からの検証ではあるが、ここでも確認することができる。すなわち、**勝機を得るためには、期待値は必ず正でな**

けらばならないのである。

これまでに見てきた破産確率の式（R1とR2）が適用できるのは、勝ったときの利益と負けたときの損失が同額である一定枚数ベースによるトレーディングのみである。当然ながら、利益と損失が常に同額になるケースなどトレーディングでは滅多にない。そこで、もっと有効に使える破産確率の公式が必要になる。

利益と損失が同額でない場合の破産確率の式としては、ピーター・グリフィンが開発した公式（P・グリフィン著『セオリー・オブ・ブラックジャック（The Theory of Blackjack）』）を基に導き出された式を使うことができる。これをR3と呼ぶことにする。

R3＝((1－P)/P^U

ただし、
P＝0.5*(1＋(Z/A))
Z＝(abs(AW/Q)*PW)－(abs(AL/Q)*(1－PW))
A＝((PW*(AW/Q)^2)＋((1－PW)*(AL/Q)^2))^81/2)
AW＝勝ったときの利益（平均利益）
PW＝勝率
AL＝負けたときの損失（平均損失）
Q＝総資金額
U＝G/A
G＝破産までの資産減少率（例えば、G＝1の場合、破産する前に口座資産はゼロになる）
abs＝絶対値関数

この公式から算出される値は、利益と損失が同額でない場合の破産確率の近似値である。正確な数値を出すには複雑な差分方程式を使わ

なければならないが、グリフィン博士の公式から導き出したこの式を使えば、正確な数値にかなり近い近似値を計算することができる。

　この公式を含め、本章で紹介した破産確率のすべての公式では、変数を計算する前に各トレード損益からスリッページと手数料を差し引かなければならないことに注意しよう。こうすることで、平均利益（AW）や平均損失（AL）をはじめ、変数PW、A、Z、Pにも、そして当然ながら最終解であるR3にもスリッページと手数料が反映されることになる。

　ここで先ほどの3トレードの例を使って、破産確率（R3）を実際に計算してみることにしよう。この場合、PW＝0.666、AW＝20、AL＝－20、Q＝100ドル、G＝1である。したがって、破産確率は次のようになる。

$$A = ((PW*(AW/Q)\wedge 2) + ((1-PW)*(AL/Q)\wedge 2))\wedge(1/2)$$
$$= ((0.666*(20/100)\wedge 2) + ((1-0.666)*(-20/100)\wedge 2))\wedge(1/2)$$
$$= ((0.666*0.2\wedge 2) + (0.333*(-0.2)\wedge 2))\wedge(1/2)$$
$$= ((0.666*0.04) + (0.333*0.04))\wedge(1/2)$$
$$= (0.0264 + 0.01332)\wedge(1/2)$$
$$= 0.03972\wedge(1/2)$$
$$= 0.1992987707$$

$$Z = (abs(AW/Q)*PW) - (abs(AL/Q)*(1-PW))$$
$$= (abs(20/100)*0.666) - (abs(-20/100)*(1-0.666))$$
$$= (abs(0.2)*0.666) - (abs(-0.2)*0.333)$$
$$= (0.2*0.666) - (0.2*0.333)$$
$$= 0.1332 - 0.0666$$
$$= 0.0666$$

U = G/A
　= 1/0.1992987707
　= 5.017592414

P = 0.5*(1 + (Z/A))
　= 0.5*(1 + (0.0666/0.1992987707))
　= 0.5*(1 + 0.3341716548)
　= 0.5*1.3341716548
　= 0.6670858275

R3 = ((1 − P)/P)^U
　= ((1 − 0.6670858275)/0.6670858275)^5.017592414
　= (0.3329141725/0.6670858275)^5.017592414
　= 0.4990574807^5.017592414
　= 0.03058035969

　この公式を使っても、破産確率は3％をやや上回る程度になり、R2の計算結果とほとんど同じであることが分かる。この公式は、利益と損失が同額でない場合の破産確率を正確な値にかなり近い近似値として計算できるので、前の公式R2より優れていると言えよう。ただしこの公式は、独立試行（したがって、公式の入力データとして用いられる結果の間に依存関係はない）、および一定枚数ベースでのトレーディングを想定していることに注意しよう。
　変数Gの値を求めるには、1枚の当初証拠金の総資金に対する比率が分からなければならない。例えば、ひとつの5万ドル口座で2つの市場のトレーディングを行っていて、一方の市場の当初証拠金必要額が3000ドルで、もう一方の市場の当初証拠金必要額が5000ドルの場合、口座資産が8000ドルを下回ればシステムはそれ以上トレーディングで

きないので、事実上破産する。

公式R3はトレーディングが永久に続くことを想定している。しかし、永久にトレーディングを続ける人などいないので、別の条件を考える必要がある。考えられる条件は3つあり、そのひとつが破産である。またこれまでに破産を経験することなく利益が出ていれば、ある程度の利益が出た時点でトレーディングをやめるか、利益の一部を引き出すはずである。こういった条件によって破産確率は変わってくる。これらの条件を織り込んだ場合の破産確率の公式は次のようになる。

R4 = 1 − (((((1−P)/P)^U) − 1)/((((1−P)/P)^C) − 1))

ただし、
C = ((L − ((1−G)*Q))/Q)/A
L = 資産がこの額まで増加したらトレーディングをやめる
ほかの変数は前の定義と同じ

先の3トレードの例で考えてみよう。当初資金100ドル、勝率2/3、勝ったときの利益と負けたときの損失はともに20ドル、という条件は前と同じである。G＝1のときの破産確率は0.03058035969であった。今回は資金が200ドルになったらトレーディングをやめるものとする。したがって、L＝200ドルである。それでは計算してみよう。

C = ((200 − ((1−1)*100))/100)/0.1992987707
　= ((200 − (0*100))/100)/0.1992987707
　= ((200 − 0)/100)/0.1992987707
　= (200/100)/0.1992987707
　= 2/0.1992987707
　= 10.03518483

ここで（1−P）/Pを計算しておこう。Pは前の例の値と同じなのでP=0.6670858275である。したがって、

$$(1-P)/P = (1-0.6670858275)/0.6670858275$$
$$= 0.3329141725/0.6670858275$$
$$= 0.4990574807$$

R4の公式に（1−P）/Pの値として0.4990574807を代入すると、R4は次のように計算できる。

$$R4 = 1 - ((((1-P)/P)^U - 1)/(((1-P)/P)^C - 1))$$
$$= 1 - ((0.4990574807^{5.017592414}) - 1)/$$
$$((0.4990574807^{10.03518483}) - 1)$$
$$= 1 - (0.03058035969 - 1)/(0.0009351583976 - 1)$$
$$= 1 - (-0.9694196403)/(-0.9990648416)$$
$$= 1 - 0.9703270498$$
$$= 0.0296729502$$

公式R4で計算した破産確率は、公式R3で計算したものより必ず小さくなる。したがって、公式R3で計算した破産確率が許容できる（十分小さい）値であれば、（より正確な）公式R4で計算した破産確率も必ず許容できる値である。

資金の引き出し

トレーダーがトレーディングを途中でやめないで、総資金がLになったら利益分を引き出して、総資金をQに戻そうと考えている場合を

想定しよう。この前の公式R4では、資金を1回だけ引き出す（すなわち、トレーディングをやめる）ものと仮定した。では、2回以上の資金の引き出しを仮定した場合はどうなるのだろうか。資金をN回引き出したときに少なくとも1回破産する確率を計算するための公式がR5である。

R5 = 1 − (1 − R)^N

ただし、
N = 資金の引き出し回数
R = R4で計算した破産確率
その他の変数は前の定義と同じ。

再び3トレードの例を使って計算してみよう。条件は前と同じく、当初資金100ドル、勝率2/3、勝ったときの利益と負けたときの損失はそれぞれ20ドルである。Gを1に、Lを200ドル（この時点でトレーディングをやめる）に設定したときの破産確率はR4＝0.0296729502であった。今回は途中でトレーディングをやめないで、総資金が200ドルになったら100ドル引き出して資金を当初資金額の100ドルに戻すというトレーディングを10回行うものとする。この場合の破産確率は次のようになる。

R5 = 1 − (1 − R)^N
　　= 1 − (1 − 0.0296729502)^10
　　= 1 − (0.9703270498)^10
　　= 1 − 0.7399142368
　　= 0.2600857632

お分かりのとおり、**資金を引き出すと破産確率は急激に増加する**。しかし、これは問題にはならない。当初資金と同額の金を引き出して破産したとしても、引き出した金を使わずに持っているかぎり、その資金を元手に新たなトレーディングを開始できるからである。これまでの破産確率の公式はすべて、一定枚数ベースでのトレーディングを想定したものである。では、固定比率トレーディングの場合の破産確率はどのように計算すればよいのだろうか。

固定比率トレーディングにおける破産確率

　固定比率トレーディングでは、その性質上、理論的には破産はあり得ない。固定比率トレーディングでは、損失を出すたびに口座資産はゼロに近づいてはいくものの、けっしてゼロになることはないからである。

　例えば、当初資金として10ドル持っている場合を考えてみよう。それぞれの賭けでは資金の半分を賭けるものとする。また、トレーディングを始めた時期が折りしも永久に続く連敗が始まる直前であったとする（第1章でも見たように、こういったことは実際に起こり得る）。最初の損失を出した後、資金は5ドルに減り、次の損失の後では2.50ドル、そして1.25ドル、0.625ドル……と資金は次第に減っていく。しかし、資金がゼロになることは絶対にない。

　ところが貨幣には最小単位（基本単位）というものが存在する。米ドルの場合は1セントである。カジノではこれは最低賭け金に相当する。先物トレーディングでも同じように最低単位が存在し、それが1枚（または、ミニ取引での1枚）である。したがって、固定比率トレーディングの破産確率は理論上はゼロであるが、現実世界では破産はトレーディングの続行が不可能になった状態と定義されているので、基本単位（1枚）のトレーディングが不可能になった時点を破産とみ

なさなければならない。

　前章で見たように、オプティマルfから右にずれすぎる（fの値が高すぎる）とTWRは1を下回る。TWR（または幾何平均）が1を下回るということは、つまりそういった高すぎるf値でトレーディングすれば損失を出すということを意味する。幾何平均から1を引いた値が、固定比率トレーディングにおける期待値の代理になることはすでに述べたとおりである。したがって、幾何平均が1を下回れば、期待値が負の状態に陥ることになる。第1章で見たように、期待値が負の状態でギャンブルをすれば、単に負けるというだけではなく、プレーを無限回続ければ1の確率で全資金を失う（つまり、破産する）。したがって、固定比率トレーディングでは、f値が高すぎるためにTWRまたは幾何平均が1を下回ることになれば、破産確率が1になるのはほぼ確実であると言えよう。当然ながら、極端なケースであるf＝1.0の場合にも破産確率は1.0である。

　次に紹介するのは、トレーディングを永久に続けることを想定したときの、固定比率トレーディングにおける破産確率の公式である。これをR6と呼ぶことにする。しかし、R6はR4を基に構築されるので、R4を使って考えていくことにしよう。

　破産確率の計算式（R4）のQの代わりに、固定比率トレーディングで1枚に割り当てる額を用いれば、その額を当初資金として一定枚数ベースでトレーディングする場合の破産確率を計算することができる。

　　Q＝abs（最大損失/オプティマルf）

　例によって3トレードの例で計算してみよう。オプティマルfはもう各自で計算することができるはずだ。この場合のオプティマルfは0.33である。したがって、abs（－20/0.33）＝60.61ドルとなり、資産60.61ドルにつき1枚トレードすればよいことになる。60.61ドルを破

第5章 破産確率

産確率の公式R4のQに代入し、変数Lを 2 ×60.61ドル = 121.22ドルとして計算すれば、枚数を 1 枚（60.61ドル）から 2 枚（121.22ドル）に増やすまでの間の破産確率が分かる。実際の計算は次のとおりである。

$$A = ((PW^*(AW/Q)^{\wedge}2) + ((1-PW)^*(AL/Q)^{\wedge}2))^{\wedge}(1/2)$$
$$= ((0.666^*(20/60.61)^{\wedge}2) + ((1-0.666)^*(-20/60.61)^{\wedge}2))^{\wedge}(1/2)$$
$$= ((0.666^*0.3299785514^{\wedge}2) + (0.333^*(-0.3299785514)^{\wedge}2))^{\wedge}(1/2)$$
$$= ((0.666^*0.1088858444) + (0.333^*0.1088858444^{\wedge}2))^{\wedge}(1/2)$$
$$= (0.07251797237 + 0.03625898619)^{\wedge}(1/2)$$
$$= 0.1087769586^{\wedge}(1/2)$$
$$= 0.3298135209$$

$$Z = (abs(AW/Q)^*PW) - (abs(AL/Q)^*(1-PW))$$
$$= (abs(20/60.61)^*0.666) - (abs(-20/60.61)^*(1-0.666)$$
$$= (abs(0.3299785514)^*0.666) - (abs(-0.3299785514)^*(0.333)$$
$$= (0.3299785514^*0.666) - (0.3299785514^*0.333)$$
$$= 0.2197657152 - 0.1098828576$$
$$= 0.1098828576$$

$$U = G/A$$
$$= 1/0.3298135209$$
$$= 3.032016387$$

$$P = 0.5^*(1 + (Z/A))$$
$$= 0.5^*(1 + (0.1098828576/0.3298135209))$$
$$= 0.5^*(1 + 0.3331666249)$$
$$= 0.5^*1.333166625$$
$$= 0.6665833125$$

$$C = ((L-((1-G)*Q))/Q)/A$$
$$= ((121.22-((1-1)*60.61))/60.61)/0.3298135209$$
$$= ((121.22-(0*60.61))/60.61)/0.3298135209$$
$$= (121.22/60.61)/0.3298135209$$
$$= 2/0.3298135209$$
$$= 6.064032774$$

$$R4 = 1-(((((1-P)/P)\wedge U)-1)/((((1-P)/P)\wedge C)-1))$$

$$(1-P)/P = (1-0.6665833125)/0.6665833125$$
$$= 0.3334166875/0.6665833125$$
$$= 0.5001875703$$

$$= 1-((0.5001875703\wedge 3.032016387)-1)/$$
$$((0.5001875703\wedge 6.064032774)-1)$$
$$= 1-(0.1223956571-1)/(0.01498069687-1)$$
$$= 1-(-0.8776043429)/(-0.9850193031)$$
$$= 1-0.890951416$$
$$R4 = 0.109048584$$

したがって、こういったシナリオの下でのトレーディングでは、資産が2倍になり、2枚トレードを開始する前に資産がゼロになる（G＝1.00）確率はおよそ11％ということになる。

次は、2枚から3枚に増やす前に1枚に戻さなければならない確率について考えてみよう。使う公式はR4である。変数の値としては、L＝Q*3、G＝0.5（2枚から1枚に戻らなければならないのは、資産が50％減少したとき）に設定する。またQは2倍にしなければならない。これらの条件をすべて満足させるには、Qをabs（最大損失/オプティ

マルf）にし、L＝Q＋(Q/2)にすればよい。これでLは、2枚から3枚に増やすの必要な50％の利益が加算された値になる。また、2枚から1枚に戻すということは口座資産が半減したことを意味するので、G＝1/2である。これらの数値を使ってR4を計算してみることにしよう。

 U＝G/A
  ＝0.5/0.3298135209
  ＝1.516008193

 C＝((L−((1−G)*Q))/Q)/A
  ＝((90.915−((1−0.5)*60.61))/60.61)/0.3298135209
  ＝((90.915−(0.5*60.61))/60.61)/0.3298135209
  ＝((90.915−30.305)/60.61)/0.3298135209
  ＝(60.61/60.61)/0.3298135209
  ＝3.032016387

R4＝1−(((((1−P)/P)^U)−1)/((((1−P)/P)^C)−1))

 (1−P)/P＝(1−0.6665833125)/0.6665833125
   ＝0.3334166875/0.6665833125
   ＝0.5001875703

  ＝1−((0.5001875703^1.516008193)−1)/
    ((0.5001875703^3.032016387)−1)
  ＝1−(0.3498509071−1)/(0.122395657−1)
  ＝1−(−0.6501490929)/(−0.877604343)
  ＝1−0.740822556
 R4＝0.259177444

つまり、枚数を2枚に増やした後、3枚に増やす前に1枚に戻る確率は0.259177444ということになる。したがって、枚数を2枚に増やしたときの破産確率は、1枚に戻る確率（0.259177444）に1枚でトレードしているときの破産確率（0.109048584）を掛けた値になるので、0.259177444*0.109048584＝0.028262933である。つまり、枚数を2枚に増やすと、破産確率は3％をやや下回る値になるということである。

したがって、この時点までの破産確率は、2枚に増やす前の1枚でトレーディングしているときの破産確率（0.109048584）に、3枚に増やす前の2枚でトレーディングしているときの破産確率（0.028262933）を足した値になるので、0.109048584＋0.028262933＝0.137311517となる。ただし、これらの破産確率はR0の定義に基づく破産確率であることに注意しよう。

固定比率トレーディングにおける破産確率の近似値は次の公式R6で計算することができる。

$$R6 = \sum_{M=1}^{\infty} \prod_{X=1}^{M} \left(1 - \left(\frac{(((1-P)/P)\wedge(Y/A)) - 1}{(((1-P)/P)\wedge(((((Q/X)+Q) - ((1-Y)*Q))/Q)/A)) - 1}\right)\right)$$

ただし、

$Y = 1/X$ （$X = 1$であれば、$Y = G$）

$Q = $ abs （最大損失／オプティマルf）

$P = 0.5*(1 + (Z/A))$

$Z = ($abs$(AW/Q)*PW) - ($abs$(AL/Q)*(1-PW))$

$A = ((PW*(AW/Q)\wedge 2) + ((1-PW)*(AL/Q)\wedge 2))\wedge(1/2)$

AW＝勝ったときの利益（平均利益）

PW＝勝率

AL＝負けたときの損失（平均損失）

G＝破産までの資産減少率（例えば、G＝1の場合、破産する前に

口座資産はゼロになる）

　abs＝絶対値関数

　公式R6については注意点がいくつかある。第一に、計算は無限に続ける必要はないということである。あらかじめR6の精度（例えば、小数点以下4位、つまり0.0001）を決めておけば、式に加算する幾何積（R6の合計に加算する値）が決めた精度を下回ったら（例えば、幾何積＜0.0001）、もうそれ以上計算する必要はない。

　また、固定比率でトレーディングしているときの破産確率は、あなたが考えるほど高くはない、ということも覚えておいていただきたい。固定比率でトレーディングしている場合、資金が1枚でトレーディングしているときのレベルにまで減少すると、その時点では実質的に一定枚数ベースでトレードしているのと同じだからである。fが1のときでも一般にR6が1にならないのは、ひとつはこういった事情による。固定比率トレーディングでは、破産する前に必然的に1枚の一定枚数トレーディングに戻ってしまうのである。R6にはこの事実が反映されている。

　一定枚数ベースのトレーディングにおける破産確率が非常に小さい値になることはすでに述べたが、R6もまた極めて小さい値になる傾向があり、しかもこの傾向は一定枚数ベースのときよりも確実である。つまり、固定比率トレーディングは期待できる利益が一定枚数ベースのトレーディングより幾何的に大きいばかりか、破産確率も確実に小さな値になるということである。

　何度も繰り返すようだが、R0からR6までの破産確率の計算はすべて、入力値として**平均利益と平均損失**を使うので、近似値にすぎないことに注意していただきたい。これらの式ではトレードの分布は考慮しないので、一連のトレードのオプティマルfをケリーの公式を使って求めるのと同じようなものである。例えば、次に示す2つのトレー

ドまたは賭け列について考えてみよう。

トレードまたは賭け列（1）	トレードまたは賭け列（2）
+1	+7
+13	+7
-11	-6
-1	-6

　平均利益と平均損失はいずれの場合でも同じである。資金がゼロになった時点を破産と定義（すなわち、G＝1に設定）して両方のR3を計算すると、同じ値になるだろう。しかし、列（1）は列（2）よりばらつきが大きいのでリスクが高いのは明らかであり、したがって実際には、列（1）の破産確率は列（2）の破産確率より高くなるはずである。当初資金が11のときは特にそうである。先物トレーダーたちがどんなテクニックでも先物トレーディングに無理やり当てはめようとする傾向を示すもうひとつの例を見てみよう。**そもそもこれらの公式はギャンブル向けに開発されたものである。**したがって、公式に入力する値は、勝ったときに得られる利益と負けたときに被る損失であるが、先物トレーダーたちはこれを平均利益および平均損失と同一視する。しかし、これらは明らかに異なる。勝ったときに得られる利益は平均利益まわりに分散しているし、負けたときに被る損失も平均損失まわりに分散しているため、平均を使えばこれらの公式からは正しい値を得ることはできない。さらに、これらの破産確率の公式はすべて、独立試行を想定しているだけでなく、結果／賭け／トレードが定常分布に従うことを仮定しているのである。

　特に最後の事実、つまりこれらの破産確率の計算が定常分布を想定して行われるという事実は、きわめて重要である。しかし実際に扱っているのは非定常分布に従う事象であるため、実際の破産確率はこれ

らの公式から得られる値より大きくなる。なぜなら、これらの公式は事象が定常分布に従うことを想定することで、分布が好ましくない状態にシフトし、長期にわたってその状態にとどまる可能性があることを一切無視しているからである。したがって、トレーダーが破産する実際の確率は、これらの公式が示すものより大きくなるのが現実だ。

にもかかわらず先物トレーダーたちは、それがあたかも神のお告げとでも言わんばかりに、破産確率をこれらの公式を使って可能なかぎりの精度で計算するのである。これらの公式を使った破産確率の計算についての議論はこの後も続くが、得られる値はあくまで近似値にすぎないことを常に念頭に入れておいていただきたい。もちろん、**公式R6を使って計算した破産確率も例外ではない**。これらの公式はギャンブル向けに開発されたものであり、トレーディング用に開発されたものではない。トレーディングでは、例えばトレーディングシステムから得られる結果が非定常分布に従うといった具合に、結果の分布が重要な要素のひとつになる。この点がギャンブルと異なる点である。これらの公式にはこういった結果の分布というものがまったく反映されていないのである。

破産確率とf

図5.1は、ペイオフレシオが2：1（勝ったときには2ドルの利益、負けたときには1ドルの損失）のコイン投げのfカーブに、G＝1およびQ＝abs(−1/f値)（＝最大損失の絶対値をf値で割ったもの）として固定比率で永続的にトレーディングした場合の破産確率カーブを重ね合わせたものである。

TWR（または、幾何平均）の破産確率に対する比率はf＝0のとき最大（無限大）になる。この比率は、fの値が0から1に近づくにつれ連続的に減少する（図5.1を参照）。つまり、**オプティマルfを使**

図 5.1 ペイオフレシオが 2:1 のコイン投げにおける破産確率と TWR との関係

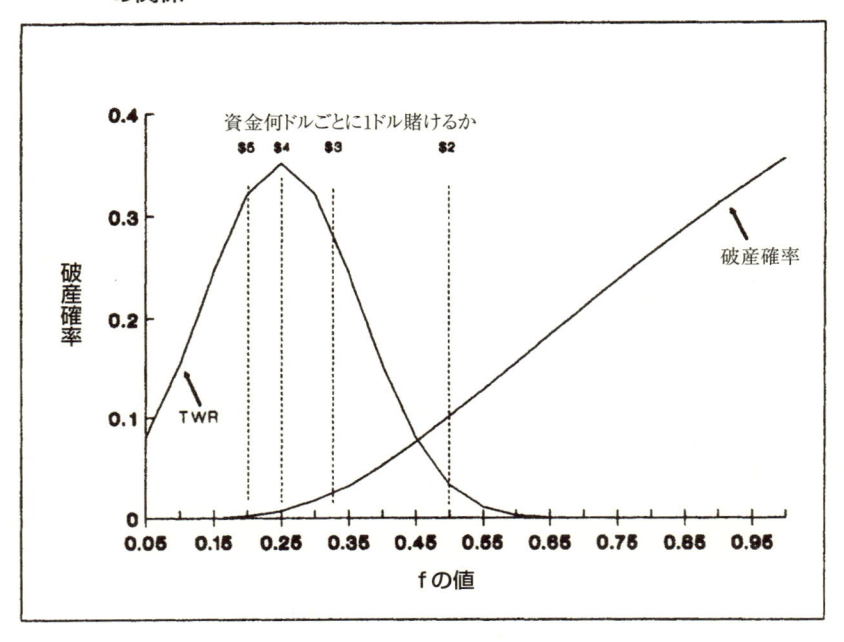

っても破産確率を最小化することはできない。**破産確率を最小にするベストな戦略はトレーディングしないことである**。したがって、破産確率を可及的に小さくしたい（あるいは、TWR または幾何平均の破産確率に対する比率を最大にしたい）のであれば、トレーディングしないのが一番である。しかし破産確率が許容範囲内にある場合（R6 で計算した固定比率トレーディングにおける破産確率も常にきわめて小さな値になることが分かっている）、オプティマル f でトレーディングしても破産確率が問題になることはない。これは、破産確率の計

算が重要であると言っているわけではなく、もし破産確率の計算値が極端に高い値になれば、そのマーケットシステムではオプティマルfを使ってトレーディングしようとは思わないだろうし、あるいはそのマーケットシステムではそもそもトレーディングしようという気にはならないだろうから、そういった判断材料には使えるというだけの話である。

　破産確率の計算そのものについては、計算値が概算値にすぎないばかりでなく、トレードの分布やこれらの分布の動的性質をまったく考慮していないため、意思決定における重要な要素とはならないのが一般的である（もちろん計算した破産確率が許容範囲を超える大きな値になったときには、このかぎりではない）。トレーダーたちは破産確率の公式に不必要に傾注しすぎるきらいがある。破産確率をあまり重視すべきではないことは、破産確率カーブが、オプティマルfでトレーディングするよりも、オプティマルfから左にずれたほうがうまくいくことを示唆することを考えても理解できるはずである。

　破産確率の計算は、研究対象としては興味深いものではあるかもしれないが、トレーディングにおいてはせいぜいトレーダーに安心感を与える程度のものでしかなく、それ以上の価値はほとんどない。丸々1章を使って破産確率を説明してきたが、これは本章の最初に述べたように、本書のトレーディングにおけるマネーマネジメントの書物としての体裁を整えるためと、破産確率の概念と公式を紹介するためであり、その重要性とは一切無関係であることを今一度ご確認いただきたい。

第6章
トータル・ポートフォリオ・アプローチ
The Total Portfolio Approach

現代ポートフォリオ理論

　第4章で言及したオプティマルfとマーケットシステムのドローダウンについてのパラドックスを覚えているだろうか。優れたマーケットシステムほどf値は高いが、オプティマルfを使ってトレーディングしている場合、（ヒストリカルな）ドローダウンはfを下回ることはない。したがって一般に、優れたマーケットシステムほど、口座資産の減少率で見たドローダウン（ただし、オプティマルfでトレーディングしているものとする）は大きくなる。すなわち、口座資産の幾何的成長を最大化しようと思えば、それを達成する過程で幾度かの大きなドローダウンは避けられないということである。

　fカーブのピークからそれほど外れない（ただし、ハーフf戦略などは用いないものとする）でこのドローダウンを緩和する最も効果的な方法が、マーケットシステムの分散である。ひとつのマーケットシステムがドローダウンに入っても、同じ口座でトレーディングしている別のマーケットシステムが堅調であれば、先のシステムのドローダウンはこの堅調なマーケットシステムの利益で相殺できるからである。これはまた口座全体に対する触媒効果も生み出す。つまり、ドローダウンが発生した（そして今、徐々に調子を戻しつつある）マーケット

システムは、(そのドローダウンを相殺してくれる別のマーケットシステムのおかげで) トレーディングを再開するに当たり、ドローダウン発生当初と同じ運用資金を確保できるのである。

　つまり、オプティマルfを使うのであれば分散が不可欠ということである。前のパラグラフからも分かるように、分散はシステムの可能利益額の上限を下げるどころか (まったく逆に、ドローダウンが発生したあとでも枚数を減らす必要はないわけだから、むしろ可能利益額は上昇する)、可能損失額を下げる働きをする。もちろん、これまでの話は最適に分散したポートフォリオ——つまり、ひとつのマーケットシステムのドローダウンが別のマーケットシステムによって100％相殺されるポートフォリオ——の場合についてである。

　あるマーケットシステムグループとそのグループに含まれるマーケットシステムそれぞれのオプティマルfが与えられた場合、定量化可能な最適ポートフォリオミックスというものが存在する。過去に最適であったポートフォリオミックスが将来的にも最適と言えるかどうかは分からないが、過去に最適であったシステムパラメータ値が将来的にも最適である可能性よりは、最適か、最適に近い可能性は高い。なぜなら、最適なシステムパラメータ値が期間ごとに急速に変化するのに対し、最適なポートフォリオミックスは (オプティマルfの値がそうであるように) きわめて緩やかにしか変化しないからである。一般に、マーケットシステム間の相関は一定に維持される傾向がある。これは、最適ポートフォリオミックス、すなわちマーケットシステム間の最適分散を見つけたトレーダーにとっては朗報である。

　現代ポートフォリオ理論は、マネーマネジャーたちが過去数十年にわたって株式市場に適用し、うまくいった概念をひとつの理論として体系的にまとめたものである。しかし、この理論をトレーディングシステムによる先物取引に応用しようという試みは、今までほとんどなされていない。現代ポートフォリオ理論の概念が、株式ポートフォリ

オよりも先物マーケットシステム・ポートフォリオの向上により威力を発揮する（先物マーケットシステムのほうが株式よりも正の相関性がはるかに弱いため）という事実を考えると、まさに宝の持ち腐れである。また、株式の概念が先物分野に応用されることも極めてまれである。株式の概念が先物分野に応用できないのかと言えば、それはまったく逆である。本章ではまず、株式について議論したあと、同じ考え方が先物にも適用できることを示していく。

マーコビッツ・モデル

現代ポートフォリオ理論が誕生するきっかけとなったのは、ハリー・マーコビッツ博士（『ポートフォリオ・セレクション（Portfolio Selection : Efficient Diversification of Investments』）が書いた一篇の小論文であった。マーコビッツはその論文のなかで、優れたポートフォリオ管理は、（最も一般的なやり方である）個々の株式の選択ではなく、複数の株式の組み合わせであることを提唱している。

マーコビッツはまた、分散が効果的なのはポートフォリオに含まれる市場の相関係数が負である場合に限るとも言っている（線形相関係数については第1章を参照）。したがって、今ひとつの株式で構成されたポートフォリオを保有しているとすると、ベストな分散方法は、株価の相関ができるだけ低い別の株式を選ぶということになる。こうして構築されたポートフォリオ（相関が負の２つの株式で構成されたポートフォリオ）は、ポートフォリオ全体としての価格の分散が、どちらの株式の株価の分散よりも低くなる（図6.1を参照）。

図6.1に示したポートフォリオ（マーケットシステムAとBの組み合わせ）の分散は、これら２つのマーケットシステムの相関係数が＋1.00であるため、両方のマーケットシステムの分散を合わせたものと同じかそれ以上になるのは明らかである。

図6.1 正の相関を持つ2つのマーケットシステムからなるポートフォリオ──悪い選択

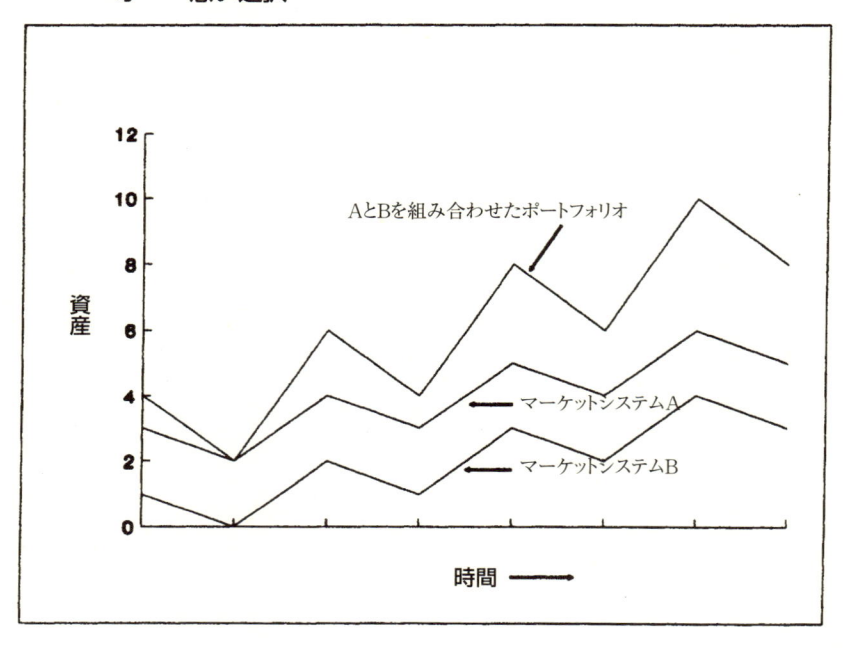

[図: 縦軸「資産」(0〜12)、横軸「時間」。AとBを組み合わせたポートフォリオ、マーケットシステムA、マーケットシステムBの3本の折れ線グラフ]

　一方、図6.2に示したポートフォリオ（マーケットシステムAとCの組み合わせ）の分散は、これら2つのマーケットシステムの相関係数が負であるため、どちらのマーケットシステムの分散よりも低くなる。
　マーコビッツは、投資家は合理的に行動すべきであるとしたうえで、選択の自由が与えられた場合には、リターンは今と同じでリスクは今より低いポートフォリオ、あるいは今よりリターンは高いがリスクは今と同じポートフォリオのいずれかを選択することを提唱している。また、任意のレベルのリスクに対して利回りが最大になる最適ポートフォリオが存在すること、および任意のレベルの利回りに対してリス

図6.2 負の相関を持つ２つのマーケットシステムからなるポートフォリオ——良い選択

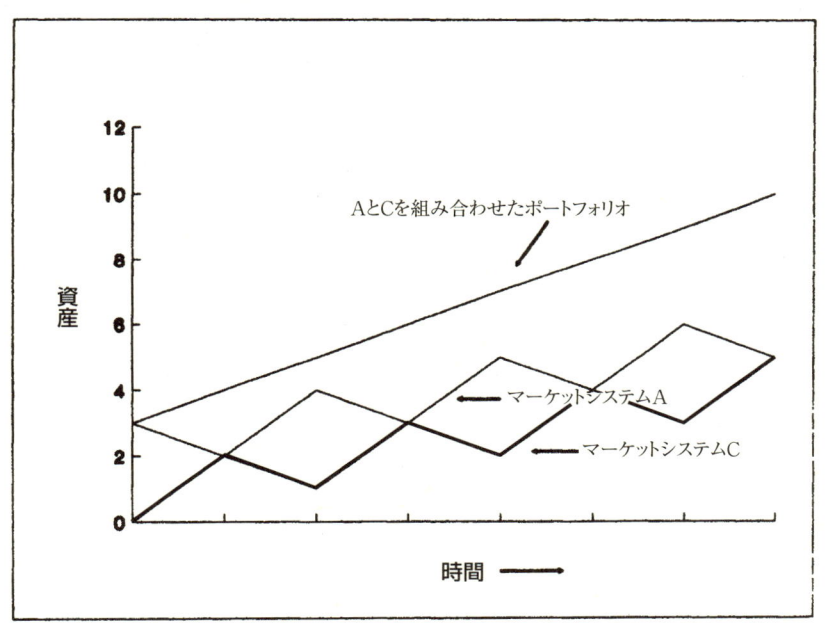

クが最小になる最適ポートフォリオが存在することにも言及している。利回りが上昇してもそれに伴ってリスクは増えないようなポートフォリオ、またはリスクが低下してもそれに伴って利回りが低下しないようなポートフォリオを保有する投資家は、非効率的ポートフォリオを保有しているという。

　図6.3はある考察の下で考えられ得るすべてのポートフォリオを示したものである。今保有しているポートフォリオをCとすると、リターンは一定でリスクを下げたいのであれば、ポートフォリオAを選べばよく、リスクは一定でリターンを上げたいのであれば、ポートフォ

図6.3 現代ポートフォリオ理論に基づく各種ポートフォリオのリスクとリワードとの関係

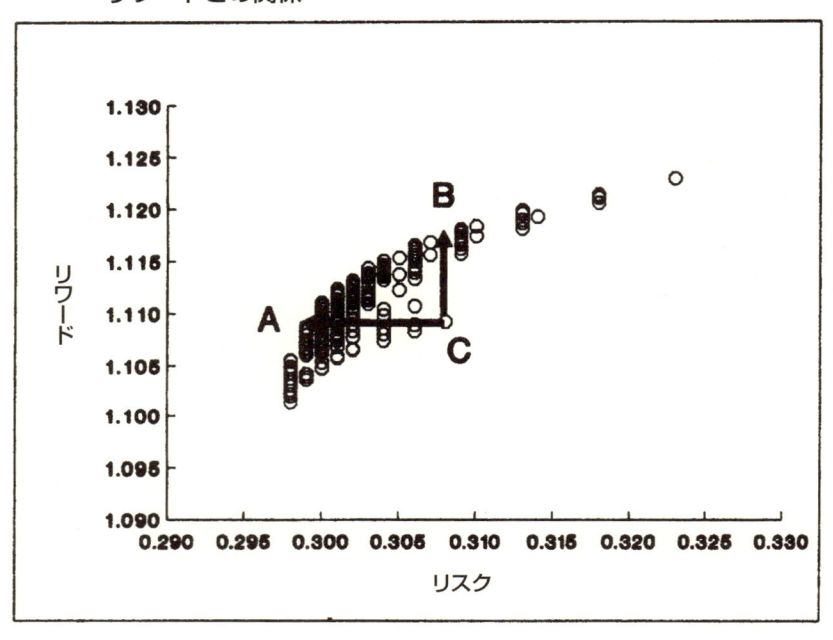

リオBを選べばよい。

　マーコビッツはこれを**効率的フロンティア**という概念を使って説明した。効率的フロンティアとは、図6.3のグラフの上方左側の領域に位置するポートフォリオの集合のことをいう。この領域に位置するポートフォリオは、利回りが上がればリスクも上昇し、リスクを下げれば利回りも下がるという特徴を持つ。こういった効率的フロンティア上に位置するポートフォリオのことを**効率的**ポートフォリオという（図6.4を参照）。

　一般に、効率的フロンティアの上方右側や下方左側に位置するポー

図 6.4 効率的フロンティア

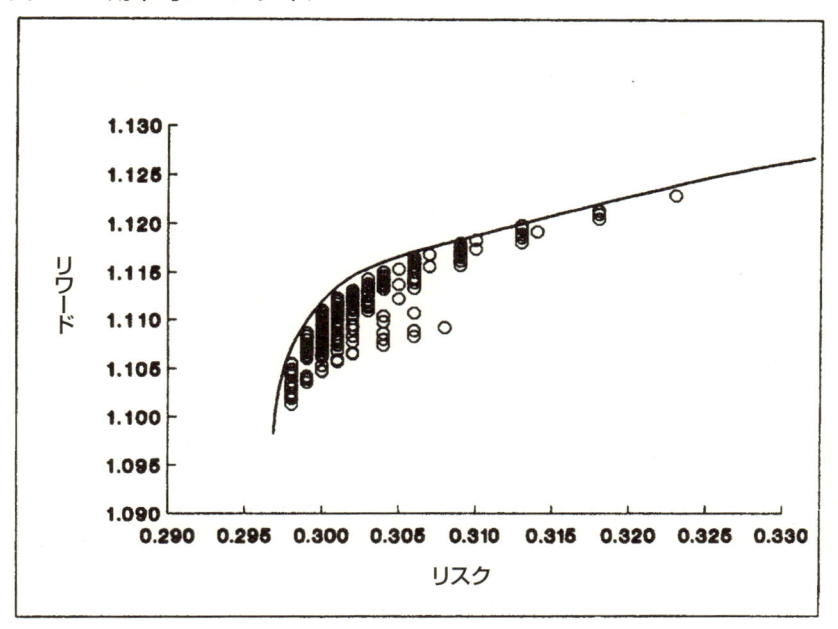

トフォリオは、株式間の分散が十分になされていない。最もよく分散されたポートフォリオは効率的フロンティアの中間に位置するポートフォリオである。投資家がどういったポートフォリオを選択するかは、その投資家のリスク回避度、つまりどれくらいのリスクを受け入れるか、によって決まる。マーコビッツ・モデルでは、効率的フロンティア上にあればどんなポートフォリオを選択してもよいとされている。効率的フロンティアのどの部分に位置するポートフォリオを選択するかは個人の好みによる（効率的フロンティア上には最適点が存在するが、これについては後ほど説明する）。

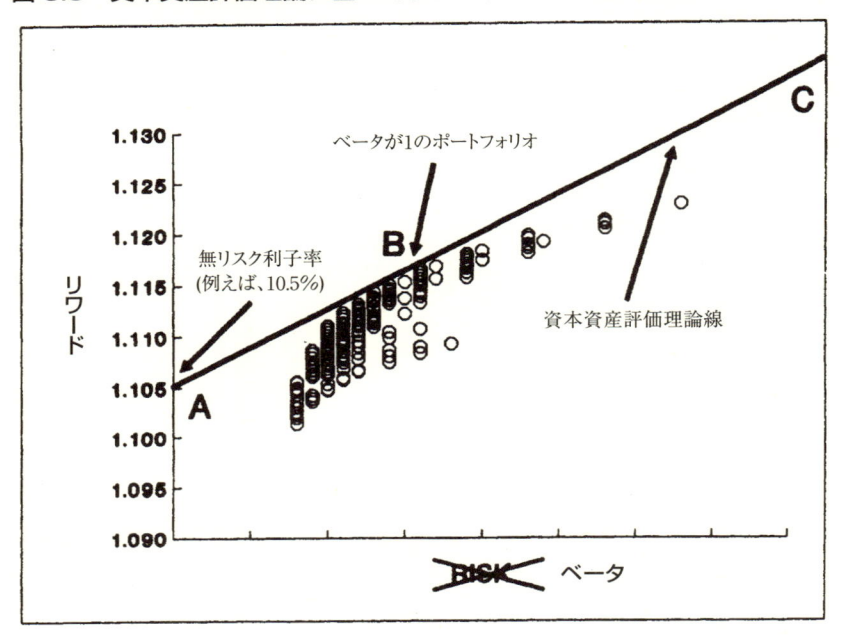

図 6.5　資本資産評価理論に基づくリワードとベータとの関係

(図中ラベル: ベータが1のポートフォリオ、無リスク利子率（例えば、10.5%）、資本資産評価理論線、リワード、ベータ、A、B、C)

　マーコビッツが最適ポートフォリオをモデル化するに当たって最初に行ったのが、リスクの定量化である。彼はリスクを、ポートフォリオのリターンのばらつきと定義した。この定義に対しては多くの人々が異議を唱えたが、これから明らかになるように、純粋に数学的な観点から言えばこの定義は正しい。

資本資産評価理論

　株価分析では、異なる株式間の相関を測定するといったことは行わ

ない。一般に株価分析で測定するのは、個々の株式のベータ（ベータの数学上の定義はベータ格付けサービスによってまちまちであり、その計算方法に関しては基準というものは存在しない。したがって、本書では公式はあえて掲載せず、個々の株式の市場全体に対する相関、という記述にとどめておくことにする）、すなわち市場平均全体との相関である。リスクを市場リスク（**ベータ**）と固有リスク（特定の株式に固有のリスク。これを**アルファ**という）という2つの異なる要素に分解するという考え方は、マーコビッツ理論が発表され、ポートフォリオ管理に関する学術的関心が高まった時期に導入された。リスクを2つの要素に分解することで明らかになったのは、分散によってリスクの非市場的要素（アルファ）を低減することができるという事実であった。

　さて、これから議論する**資本資産評価理論**であるが、これはウィリアム・F・シャープによって提唱された理論で、マーコビッツのリスク・リターン・トレードオフカーブのリスク（リターンのばらつき）をベータ（市場リスク）で置き換えたものである。

　リスク（X軸）とリターン（利回り）（Y軸）の関係を表すグラフ上に、左端の無リスク利子率（X軸の値がゼロで、Y軸がそのときの利回りを表す点）からベータ値1に対応する効率的フロンティア上の点を通って右上がりに延びる直線を引くとしよう。ベータ値1に対応する効率的フロンティア上の点は、パフォーマンスが市場（通常、S&P500株価指数が用いられる——シャープによれば、S&P500株価指数が用いられるのは、株式だけのリターンの分散よりもすべての資産を合わせたもののリターンの分散のほうが小さくなるはずであり、したがって単なる株価平均よりもすべての資産［株式、オプション、債券、不動産］の指数のほうがリスクが低いと考えられるためである）とまったく同じポートフォリオに相当する。これを示したものが図6.5である。

マーコビッツ・モデルがリスクとリワードのトレードオフを、**異なる証券で構成されたさまざまな代替ポートフォリオ**からなる効率的フロンティア上を上下に移動しながら調整するのに対して、資本資産評価理論では、**ただひとつの完全分散ポートフォリオ**（市場全体）に対して資金の貸し付け・借り入れを行うことでリスクとリワードのトレードオフを調整する。ここで重要なのは、資本資産評価理論では、市場、あるいはそれの代理となる株価指数が効率的な分散の限界とみなされる点である（市場ポートフォリオは極めて多数の株式で構成されているため、個々の株式のアルファによる影響は小さいと考えられるから）。

　資本資産評価理論の下では、リスクを低減してリターンを効率的フロンティア以上に向上させるためには、資本資産評価理論線上の点A－B間の位置にいればよい。つまり、資産の一定比率を十分に分散された株式ポートフォリオ（市場ポートフォリオ）に投資し、別の一定比率を現在の無リスク利子率（Tビル）に投資すればよいということである。具体的には、資産の一部を市場（ポートフォリオB）に投資し、残りを無リスク資産に投資する。市場と無リスク資産への投資比率によって、線分AB上における位置が決まる。しかし、線分AB上であればどの位置であっても、線分ABの真下に位置するいかなるポートフォリオよりも、同レベルのリスクに対するリターンは高い。線分ABの真下に位置するポートフォリオは、無リスク資産には一切投資せず、資産の100％をポートフォリオBよりリスクの低いポートフォリオに投資したポートフォリオである。線分AB上のポートフォリオは線分AB直下のポートフォリオとリスクは同じで、それよりも高いリターンを見込めるわけだから、線分AB上のポートフォリオのほうが線分AB直下のポートフォリオより優れているのは明らかである。

　さらに、リスク一定の下でリターンが効率的フロンティアを上回るようにするには、位置を線分BC上に移せばよい。そのためには、運

用資産のすべてを市場に投資すると同時に、投資をさらに増やすために借り入れを行う（これは無リスク利子率での借り入れを想定しているが、実際には不可能。借り入れレートは現在の無リスク利子率より高いのが一般的。したがって、実際には線分BCは線分ABより浅くなる。つまり、線分BCの傾きは線分ABの傾きより小さく、水平線に近い傾きになる）。つまり、想定したリスクに対するリターンは低くなるということである。

しかし、ラタネとタトル（ヘンリー・ラタネ＆ドナルド・タトル著「Criteria for Portfolio Building」——『Journal of Finance』1967年9月22日号、362-363ページ）が指摘しているように、資本資産評価理論におけるリスク・リワードのトレードオフラインは実際には直線ではなく、リターンの分散によって下方に曲がり、第4章のfカーブに似た曲線を描く。言い換えるならば、リスクを含むポートフォリオに投資するために資金を借り入れれば、それに対する代償をある時点で払わなければならないということである。ラタネとタトルは、資本資産評価理論線には最適点となるピークが存在することを示した（この線は実際には直線ではなく、上に凸の曲線になるため）。この点はqと呼ばれ、次のように定義される。

q＝ポートフォリオに投資した資金/投資家の運用総資産

つまり、qは**投資家の資産の、リターンが変動する資産に対する投資比率**のことである。qが1未満の場合、（1-q）が無リスク資産への投資比率を表し、qが1を上回る場合、（q-1）が運用資産の借入比率を表す。

数値例を見てみよう。例えば、q＝0.4であれば、運用資産の40％がリターン変動資産に投資され、60％が無リスク資産に投資されていることを意味する。また、q＝1.5であれば、運用資産をすべてリターン

変動資産に投資したので、同じ資産への投資を増やすためには運用総資産の50%を新たに借り入れなければならないことを意味する。

次に示すのは、ラタネとタトルによって提示されたオプティマルq（彼らはこれをq^*と呼んでいる）の近似値を求めるための式である。

$$q^* = (R - I) / (S^2)$$

ただし、
R＝ポートフォリオのリターン
I＝無リスク利子率（通常、90日物のTビルレート）
S＝ポートフォリオのリターンの標準偏差

すなわち、レバレッジの最適レベルは、**ポートフォリオの期待超過リターンの、ポートフォリオの分散に対する比率**として表すことができるということである。オプティマルqの概念は、インデックスファンドに投資しようとしているファンドマネジャーにとっては有用かもしれない。

さて、話を先物に戻そう。マーコビッツ・モデルはベータで測定される個々の株式の（価格間の）相関を利用したものであるため、先物には適用できない。なぜなら、ベータの計算にはインデックス、すなわち株価の平均が必要となるからである。もちろんCRBインデックスなどの指数を使用することはできるかもしれないが、株価指数を用いたときほどうまくはいかないだろう。これは、オレンジジュースの価格とユーロドルとがまったく異なるものであり、実際には比較できないことを考えると理解できるはずである。これに比べると、2つの株式は前述の2つよりもはるかに類似性は高い。

ポートフォリオ理論の先物への応用

　しかし、マーコビッツ・モデルを先物に応用することは可能だ。この場合、ベータを用いたものよりも、元来の形で適用するのがよい。実際、先物同士の相関は測定することが可能であり、これこそがベータが間接的に目指しているものなのである。現代ポートフォリオ理論はその黎明期においては、数値計算が最大の関心事であった（ベータの使用が普及したのはこのため）。しかし、コンピューターの性能が向上した今日では、莫大な演算処理もほとんど問題にはならなくなった。

　そこで質問だが、「価格の相関を測定するのであれば、同じ市場でトレーディングしている相関が負の2つのシステムを使ってはどうだろう」。例えば、システムAとシステムBを持っており、この2つのシステムの間には負の完全相関があるとする。したがって、システムAがドローダウンのとき、システムBはドローアップ状態にあり、反対にシステムBがドローダウンのとき、システムAはドローアップ状態にある。これは理想的な分散とは言えないだろうか。

　この場合、実際に測定するのは使っている市場の価格の相関ではなく、**異なるマーケットシステム間における日々の資産変動の相関**である。

　しかし、これではまだリンゴとオレンジを比較するようなものである。相関を調べようとしている2つのマーケットシステムは同じ市場でトレーディングしているものの、一方のシステムのオプティマルfは口座資産2000ドルにつき1枚であり、もう一方のシステムのオプティマルfは1万ドルにつき1枚である。

　この問題を解決し、各種マーケットシステムのオプティマルfを考慮すると同時に、固定比率トレーディングを想定するためには、各マーケットシステムにおける運用資産の日々の変動を、日々のHPR

に変換すればよい。この文脈におけるHPRとは、特定のマーケットシステムの任意の日における1枚ベースでの損益の、オプティマルf（金額換算）に対する比率を意味する。例えば、オプティマルfが2000ドルのあるマーケットシステムがある日に100ドルの利益を出したとすると、このマーケットシステムのその日のHPRは1.05である。次に示すのは、日々のHPRを求めるための式である。

日々のHPR＝（A/B）＋1

ただし、
A＝その日の利益または損失
B＝オプティマルf（金額換算）

　そこでまず最初に、考察対象の複数のマーケットシステムの日々の損益を、各マーケットシステムの金額換算のオプティマルfに対する日々のHPRに換算する。こうすることで、枚数をまったく気にする必要がなくなる。この例で言えば、例えばHPRが1.05であったとすると、その日に投資した資金でその日に5％の利益を上げたことになり、これは1枚だろうと1000枚だろうと変わらない。

　これでようやく、異なるポートフォリオを比較する準備が整った。ここで重要なのは、ポートフォリオの可能なかぎりの組み合わせを比較するということである。つまり、ひとつのマーケットシステムからなるポートフォリオ（考察対象のすべてのマーケットシステムを対象とする。その数をNとする）からN個のマーケットシステムすべてを含むポートフォリオまで、あらゆるマーケットシステムの組み合わせを考えるのである。

　例えば、考察対象のマーケットシステムをA、B、Cの3つとすると、マーケットシステムの可能なかぎりの組み合わせは次の7通りである。

```
A
B
C
A    B
A    C
B    C
A    B    C
```

しかし、組み合わせだけを考えればよいというわけではない。構成比も考えなければならない。そのために、まず構成比を何％ずつ増やすかという最小増分量を決めておく。次のリストは、最低増分量を10％（0.10）として構成比も考慮した場合の先の7通りの組み合わせを示したものである。

```
A           100%
B           100%
C           100%
A  B        90%     10%
            80%     20%
            70%     30%
            60%     40%
            50%     50%
            40%     60%
            30%     70%
            20%     80%
            10%     90%
A  C        90%     10%
            80%     20%
            70%     30%
            60%     40%
            50%     50%
            40%     60%
            30%     70%
            20%     80%
```

B	C	10%	90%	
		90%	10%	
		80%	20%	
		70%	30%	
		60%	40%	
		50%	50%	
		40%	60%	
		30%	70%	
		20%	80%	
		10%	90%	
A	B	C		
		80%	10%	10%
		70%	20%	10%
		70%	10%	20%
		60%	30%	10%
		60%	20%	20%
		60%	10%	30%
		50%	40%	10%
		50%	30%	20%
		50%	20%	30%
		50%	10%	40%
		40%	50%	10%
		40%	40%	20%
		40%	30%	30%
		40%	20%	40%
		40%	10%	50%
		30%	60%	10%
		30%	50%	20%
		30%	40%	30%
		30%	30%	40%
		30%	20%	50%
		30%	10%	60%
		20%	70%	10%
		20%	60%	20%
		20%	50%	30%
		20%	40%	40%
		20%	30%	50%
		20%	20%	60%

20%	10%	70%
10%	80%	10%
10%	70%	20%
10%	60%	30%
10%	50%	40%
10%	40%	50%
10%	30%	60%
10%	20%	70%
10%	10%	80%

　表から分かるように、最小増分量を10％とした場合の3つの要素と構成比の組み合わせ（CPA）は66通りもある。しかし、これらのCPAの多くは、ひとつのマーケットシステムの構成比が高すぎるため、われわれの選好からは外れる。そこで、ひとつのマーケットシステムに割り当てる口座資産の比率が50％を上回ってはいけないという制限を設けることにする。この制限を設けた場合の可能なかぎりのCPAは以下のとおりである（ただし、この場合も最小増分量は10％とする）。

A	B		50%	50%	
A		C	50%	50%	
	B	C	50%	50%	
A	B	C	50%	40%	10%
			50%	30%	20%
			50%	20%	30%
			50%	10%	40%
			40%	50%	10%
			40%	40%	20%
			40%	30%	30%
			40%	20%	40%
			40%	10%	50%
			30%	50%	20%
			30%	40%	30%

30%	30%	40%
30%	20%	50%
20%	50%	30%
20%	40%	40%
20%	30%	50%
10%	50%	40%
10%	40%	50%

次に、これらのCPAのそれぞれについて、各日の正味HPRを計算する。任意の日の正味HPRとは、各マーケットシステムのその日のHPRにそのマーケットシステムの構成比を掛けたものを足し合わせたものである。例えば、考察対象のマーケットシステムをA、B、Cとし、それぞれの構成比を10％、50％、40％とした場合、ある日のマーケットシステムのHPRがそれぞれ0.9、1.4、および1.05だったとすると、その日の正味HPRは次のようになる。

$$\text{正味HPR} = (0.9*0.1) + (1.4*0.5) + (1.05*0.4)$$
$$= 0.09 + 0.7 + 0.42$$
$$= 1.21$$

ここまでのポイントをまとめておこう。

1．各マーケットシステムの日々の資産変動を、日々のHPRに変換する。資産変動とは、実現損益とオープンポジションの値洗い損益の変化分とを足し合わせたものを意味する。

2．それぞれのCPAについて、各日の正味HPRを算出する。

この後、各CPAの日々の正味HPRの平均を計算して表にする。これがマーコビッツ・モデルのY軸（リワード）に相当する。次に、各

CPAの日々の正味HPRの標準偏差、具体的には母標準偏差を計算して表にする。これがマーコビッツ・モデルのX軸（リスク）に相当する（巻末の付録Fには、これらを計算するためのプログラムとその出力例を示してある。理解を高めるために、この出力例を参照しながら本文のこの部分を読み進めることをお勧めする）。効率的フロンティアはこれら2つの表から求めることができる。分析にはさまざまな市場、システム、fファクターを取り入れたので、最良のCPA（すなわち、効率的フロンティア上に乗っているCPA）を**定量的**に求めることが可能になる。

幾何平均ポートフォリオ戦略

効率的フロンティア上のどの位置に乗りたいか（つまり、どの効率的CPAを選ぶか）は、少なくともマーコビッツ・モデルでは、リスク回避度によって決まってくるが、効率的フロンティア上には最適点というものが存在する。この最適点は数学的に求めることができる。

最適CPAを求めるには、HPRの幾何平均が最も高くなるCPAを選べばよい。第3章では、幾何平均の概算値を、HPRの算術平均とHPRの母標準偏差（これらはそれぞれマーコビッツ・モデルのY軸とX軸の値なので、すでに計算済み）から求めた。**幾何平均が最大になるCPAとは、長期的にみたポートフォリオ価値の成長を最大化すると同時に、資産が特定レベルに達するまでに要する時間を最短化するCPAである**。もちろんこれは、HPRの算術平均と標準偏差の比がほぼ一定（実際にこうなる傾向が高い）であることを前提にするのは言うまでもない。

オプティマルfの概念と同様に、幾何平均が最大のポートフォリオを選ぶという考え方は、漸近優位確率的に見た場合に有効であるものとする。分かりやすく言えば、幾何平均が現在最大のポートフォリオ

（あるいは、オプティマルfの値）が、翌日も、翌週も、翌月も、翌年も……といった具合に、将来的にもテスト対象となったほかの代替ポートフォリオのいずれ（あるいは、ほかのf値）よりも高い成長率を持つとは必ずしも言えないが、長期的にみると、つまり時間が無限大に近づくにつれ、そのポートフォリオ（あるいは、そのf値）は1に近い確率で最大の幾何的成長を提供してくれるということである。したがって、幾何平均が最大のポートフォリオを選ぶというこの戦略は、ほかのポートフォリオ選択戦略に比べると、より高い価値を持つポートフォリオを選択できる確率は高い。

興味深いことに、こういった事実から、リターンの分散がリスクを測る最良の尺度であるとしたマーコビッツの主張を間接的に証明することができる。資産の最大化は、リスクとリワードのトレードオフの関数であるが、この関係は第3章では幾何平均を使って次のように表された。

EGM＝（（算術平均^2）－（標準偏差^2））^(1/2)

この式は次のように書き換えることができる。

EGM＝（（算術平均^2）－分散）^(1/2)

マーコビッツ・モデルではこれは次のように定式化されている。

EGM＝（（リワード^2）－リスク）^(1/2)

したがって、リスク＝分散

が成り立つ。ここでいう分散とは、HPR（保有期間内のリターン）

の算術平均の分散を意味する。つまり、リスクはリターンの分散に等しいということである。

　分散がポートフォリオのリスクを測る良い尺度であるとしたマーコビッツの主張が数学的に正しいことは、こうしてほぼ完璧に証明されたわけである。これで、分散はリスクを測る良い尺度ではない、という現代ポートフォリオ理論に対する大きな批判のひとつは解消されたことになる。

　ここで問題になるのが、ではこのトータル・ポートフォリオ・アプローチを日次のトレーディング分析に応用するにはどうすればよいか、である。例を使って説明しよう。

　オプティマルCPAを得るためには、ポートフォリオに３つの異なるマーケットシステムを含まなければならないとしよう（オプティマルCPAが４～５のマーケットシステムを必要とすることはほとんどない。またマーケットシステムの数が５を上回ると、相関係数の値が高くなる。一般にマーケットシステムの数は２～４が理想的）。この場合、３つの異なるマーケットシステムの構成比をそれぞれ10％、50％、および40％とする。したがって、５万ドルの口座だと、マーケットシステムA、B、Cに「割り当てられる」運用資産額はそれぞれ5000ドル、２万5000ドル、２万ドルということになる。次に計算しなければならないのが、それぞれのマーケットシステムのサブ口座額に対する枚数である。それぞれのオプティマルｆを金額換算すると次のようになったとする。

　　マーケットシステムA──口座資産5000ドルにつき１枚。
　　マーケットシステムB──口座資産2500ドルにつき１枚。
　　マーケットシステムC──口座資産2000ドルにつき１枚。

　したがって、マーケットシステムAでは１枚（＝5000ドル/5000ド

ル）、マーケットシステムBでは10枚（＝2万5000ドル/2500ドル）、マーケットシステムCでも10枚（＝2万ドル/2000ドル）トレードすればよいということになる。

　日々の口座総資産額の変動に伴い、すべてのサブ口座額は毎日計算し直す。例えば、次の日、口座総資産が5万ドルから4万ドルに減少したとすると、その日の各マーケットシステムのサブ口座額はそれぞれ4500ドル、2万2500ドル、1万8000ドルになる。したがって、その日のトレード量は、マーケットシステムAでは0枚（＝4500ドル/5000ドル＝0.9。整数に丸めるので、0）、マーケットシステムBでは9枚（＝2万2500ドル/2500ドル）、マーケットシステムCでも9枚（＝1万8000ドル/2000ドル）である。各マーケットシステムのサブ口座額は、損益にかかわらず毎日計算し直す。ただし、ここでいうサブ口座は仮想的な分割口座にすぎないことに注意しよう。

　これのもっと分かりやすい方法として、各マーケットシステムのオプティマルf（金額換算）をそのシステムの構成比で割っても同じ値が得られる。口座総資本額を得られた値で割ったものが、そのシステムでトレードすべき枚数である。口座総資産額は毎日変わるので、この値も毎日計算し直さなければならない。同じ例を使って説明しよう。マーケットシステムAの場合、金額換算したオプティマルfは5000ドルにつき1枚で構成比が10％なので、口座総資産5万ドル（＝5000ドル/0.10）につき1枚トレードすればよいことになる。同様に、マーケットシステムBのオプティマルfは2500ドルにつき1枚で構成比が50％なので、口座総資本額5000ドル（＝2500ドル/0.50）につき1枚のトレード、マーケットシステムCはオプティマルfが2000ドルで構成比が40％なので、口座総資本額5000ドル（＝2000ドル/0.40）につき1枚のトレードということになる。したがって、口座総資本額を5万ドルとすると、マーケットシステムAでのトレード数は1枚、マーケットシステムBでは10枚、マーケットシステムCでも10枚（ここで

行っているのは実質的には各マーケットシステムに対する分割 f である［分割 f については、第4章を参照］。これによって、ポートフォリオを構成する各マーケットシステムをそれぞれの分割 f でトレードすることになるので、結局はそのポートフォリオをオプティマル f でトレーディングするのと同じことである。各マーケットシステムを分割 f ではなくフル f でトレードしたとすると、ポートフォリオ全体の合成 f カーブよりかなり右側にずれてトレーディングすることになる。また、サブ口座を計算し直さない場合、つまり、各マーケットシステムで別々の口座を使った場合、本文中の例で示したようなひとつの運用口座を使った場合に比べると、パフォーマンスは一般に低下する）となり、前の方法で得た値に一致する。

　次の日も同じことを繰り返す。例えば、次の日の口座総資産額が5万9000ドルになった場合、5万9000ドル/5万ドル＝1.18で、整数に丸めると1になるので、マーケットシステムAの枚数は1である。同様に、マーケットシステムBでは11枚（＝5万9000ドル/5000ドル＝11.8。整数に丸めると11）、マーケットシステムCでも11枚（＝5万9000ドル/5000ドル＝11.8。整数に丸めると11）となる。

　例えば、昨日マーケットシステムCで10枚買った場合、枚数を11にするために今日のトレードでもう1枚買い増す必要はない。最新の値洗い時点における運用資産額を使って計算した値は、新しいポジションにのみ適用されるからである。したがって、このポジションを明日手仕舞わなければならない（あるいは、目標利益に達したので売る）といったことになった場合は、11枚売却しなければならない。

　最適ポートフォリオを計算する場合、どれくらいの期間を考察対象にすればよいのだろうか。オプティマル f を計算する場合にも、「任意のマーケットシステムのオプティマル f を決定するには、どれくらいの期間を考察対象にすればよいのか」という同様の問題があったが、決定的な解答はなかった。オプティマル f の場合と同様、この場合も、

用いるヒストリカルデータが多いほど、良い結果が得られる——つまり、将来の最適に近いポートフォリオが、計算によって得られた最適に近いポートフォリオにきわめて近いものになる可能性が高い——としか答えられないのが実状だ。しかし、相関は、ゆっくりとではあるが確実に変化する。つまり、あまりに長期にわたるデータを用いることの弊害のひとつは、過去にホットであった市場をどうしても含んでしまう傾向があるという点である。例えばこのプログラムを1983年に過去5年分のデータを使って実行した場合、そういった過去にホットであった市場のひとつがきわめて高い構成比で最適ポートフォリオに組み込まれてしまうのは必至だ。しかし、過去にホットであったこれらの市場のパフォーマンスは1980年から1981年以降の数年間は、ほとんどのトレーディングシステムでひどい記録を残している。この例からも分かるように、将来の最適ポートフォリオを決定するに当たっては、用いるヒストリカルデータの量は多すぎても少なすぎてもいけなくて、適切量を選ぶ必要がある。

　さて最後の問題は、「最適ポートフォリオを計算するこの手順はどれくらいの頻度で繰り返せばよいのか」、ということになるだろうか。できるだけ継続的に行うのが理想的だが、ポートフォリオの構成比がほとんど変わらないことを考えると、3カ月に1回程度が妥当だろう。3カ月ごとに計算し直しても、その前に計算した最適ポートフォリオ構成比と同じかまたはそれにきわめて近い値になる可能性はかなり高い。

　ここまでくると、次のような疑問をお持ちの方もいらっしゃるに違いない。つまり、マーケットシステムごとに金額換算のオプティマルfを計算して、口座総資産をそれで割って各マーケットシステムでトレードすべき枚数を割り出してもよいのではないか、ということである。5万ドル口座の例では、マーケットシステムA、B、Cの金額換算のオプティマルfはそれぞれ5000ドル、2500ドル、2000ドルであっ

た。したがって、口座総資産をマーケットシステムのオプティマル f で割ると、マーケットシステムA、B、Cでトレードすべき枚数はそれぞれ10枚（＝５万ドル/5000ドル）、20枚（＝５万ドル/2500ドル）、25枚（＝５万ドル/2000ドル）になる。

　しかし、この方法で口座を管理すると、たとえ市場間に相関がなくても、口座全体として大きなドローダウンを引き起こすことになる。しかも、このドローダウンはサイズと頻度の双方で、各マーケットシステムのドローダウンを合わせたものをはるかに上回る巨大なものになる。この口座管理法のもうひとつの欠点は、ポートフォリオ全体の f カーブのピークから大幅に右側に外れてトレードすることになる点である。以前、ヒストリカルドローダウンは口座資産の減少率で見た場合、最低でもそのマーケットシステムの f 値に等しい値になると言ったのを思い出していただきたい。「最低でも」という言葉に注意しよう。もし２つのマーケットシステムが同時にドローダウンに陥れば、この方法で口座管理をしている場合、結果は惨憺たるものになるだろう（この状況のさらに詳しい議論については、巻末の付録Fにある「プログラムDIV.Cおよび最適ポートフォリオを利用するうえでの注意点」を参照されたい）。

　これまで述べてきた原理に基づいてマーケットシステム・ポートフォリオを構築した場合、マーケットシステムのなかにはトレードする枚数があまり多くないものもあるはずだ。例えば、あるマーケットシステムのオプティマル f が金額換算で3500ドルで、最適ポートフォリオにおける構成比が10％の場合、このマーケットシステムでは口座資産３万5000ドルにつき１枚しかトレードしないことになる。当初口座資産が５万ドルだとすると、口座資産が７万ドルになるまでこのマーケットシステムでは１枚しかトレードしないということである。

　しかし、これは正しいやり方である。枚数を２に増やし、口座資産が７万ドルを下回ると、その時点ですでにポートフォリオ全体の f カ

ーブのピークから右側に外れてしまっているのである。ピークから右側に外れると得るものなど何もなく、支払うべき代償は大きいことを思い出していただきたい。ドローダウンはさらに拡大し、以前の公式を使ってトレーディングする場合よりも利益は減少する。この教訓を忘れてはならない。

　口座の分散方法は本章で提示されているものが唯一の方法というわけではない。本書では、異なるマーケットシステムの日々の資産変動の相関とそれぞれのｆ値を考慮した賢明な分散方法のひとつを提示したにすぎない。しかし、本書で提示した方法は唯一の方法ではないにしても、ポートフォリオ管理の概念を理解するうえでも、ポートフォリオ管理を始めるに当たっても、まずは試してみる価値のある方法だと言えるだろう。

　ところで、次のようなケースを考えてみよう。あなたの持っているシステムはすべての市場を取引対象とするが、ある市場では１年のほんのわずかな期間しかトレーディングしないといった場合、あなたはどうすべきだろうか。もっと分かりやすく言えば、例えば一時に１～４の市場でトレーディングしているが、これらの市場の将来が見通せない、あるいはこれらの市場間の相関がどうなるのかが分からないといった場合、どうすればよいかということである。例えば、あなたのシステムがあるときに、あなたが独自開発したボラティリティ尺度で測定したボラティリティが最も高い３または４市場でのみトレードするように指示してきたとしよう。負の相関を持つマーケットシステムでトレーディングしようと思っても、それはあなたの力ではどうにもならないのは明らかである（つまり、高い相関を持つ傾向のあるすべての通貨でトレーディングしてしまうことも無きにしも非ずということ）。トータル・ポートフォリオ・アプローチを使って、こういったシナリオを構築することは可能だろうか。

　幸いにも、その方法はある。異なるマーケットの相関を考慮するこ

となく、マーケットシステムのいかなる組み合わせに対しても、その**合成** f カーブのピークから右側にそれほど大きく外れないようにする確実な方法があるのだ。一時にトレーディングするマーケットシステムの最大数を決めておくのである。例えば、その**最大**数が 5 であったとすると、100%を 5 で割ると20%（＝1.00/5＝0.2）である。各マーケットシステムのオプティマル f （1 トレードに割り当てるべき金額に換算したもの）は分かっているので、あとはこのオプティマル f の値を0.2で割るだけである。

マーケットシステムの数が 5 を上回らないかぎり、そのマーケットシステム・ポートフォリオのオプティマル f で運用していることになる。トレードするマーケットシステムが 5 を下回っても、問題はない。一見、枚数が少なすぎると思われるかもしれないが、少なくとも正しい方法で運用していることは確かである。例えば、2 以上 6 未満の商品市場でトレーディングしていれば、これらの市場間の相関がいかに高かろうと、ポートフォリオの合成 f カーブのピーク、つまりそのポートフォリオのオプティマル f からはるか右側に外れるのではないかという心配は一切無用である。さらに、この方法で口座管理を行えば、トレーディングしている市場がひとつだろうと最大数だろうと、各トレードにおける枚数は変わらないので、（a）マーケットシステム数が最大数を上回るか、（b）マーケットシステム数は最大数でも、（日々の資産変動の）相関係数が＋1（f カーブのちょうどピークの位置）でないかぎり、ポートフォリオの合成 f カーブのピークから常に左側でトレーディングすることになる。

ドローダウンの厳しさ

固定比率ベースでオプティマル f でトレーディングすると、資産の減少率でみたドローダウンがかなり大きくなることは、以前述べたと

おりである。本章ではこれまで、分散によってドローダウンが大幅に緩和できることを述べてきた。しかし、ドローダウンは緩和はされても、完全になくすことができるわけではない。

トレーダーたちのなかには、資産の減少率で見たドローダウンは実際には口で言うほど厳しいものではないという間違った考えを持つ者が多い。例えば、ある債券市場システムを考えてみよう。このシステムは1枚ベースのトレーディングで、1982年1月から1989年6月までのテスト期間に8万6460ドルの利益を出し、その間におけるドローダウンは2890ドルだった。この話を聞いて、固定比率ベースだったらドローダウンはそれほどひどいことにはならなかったんじゃないだろうか、と思う人もいるだろう。詳しく見てみよう。このときのオプティマル f は0.85であった。つまり、そのテスト期間中ずっとオプティマル f でトレーディングしていたとすると、ドローダウンは資産減少率で見た場合、少なくとも85％に達したことになる。実は、実際には87.84％だった。こんな最悪事態に対処できる人などほとんどいないだろう。しかし、それは数学的には「ベスト」な方法だったのである。このテスト期間中ずっとオプティマル f でトレーディングしたとすると、数学的手法が示すところによれば、10兆ドルを超える利益が出ることになる。これはエリー湖の対岸にブロックを投げることができないのと同じように、現実にはありえないことである。しかしこの例からは、オプティマル f の威力と、それに付随するドローダウンの脅威というものを実感していただけたのではないだろうか。

効果的な分散によりドローダウンは幾分か緩和できることは、本章を通じてお分かりいただけたことと思う。しかし、繰り返しになるが、十分に分散すればドローダウンを完全になくすことができると誤解している人が多いが、そんなことはない。読者にはこういった間違った考えは持たないでいただきたい。ドローダウンは効果的な分散によりある程度は緩和できるが、完全に取り除くことはできないのが現実な

のである。**この点はくれぐれも勘違いのないようにしたい**。用いるシステムがいかに素晴らしいものであっても、どんなに効果的に分散しても、大きなドローダウンの発生は避けられない。用いるマーケットシステム間にまったく相関がないため、本来ならばあなたに不利な動きをするマーケットシステムがあれば、有利な動きをするマーケットシステムもなければならないはずなのだが、相関がない場合でも、すべてのマーケットシステムが一斉にあなたに不利な方向に動くといった時期が必ずあるからである。最低5年のヒストリカルテストで、含まれるすべてのマーケットシステムがオプティマル f でトレーディングし、資産減少率で見た場合のドローダウンが30％を下回るポートフォリオの構築など、ほとんど不可能だろう。用いるマーケットシステムの数をどんなに増やしても無理である。同様に、含まれるすべてのマーケットシステムがハーフ f でトレーディングし、5年のテスト期間中のある時点での資産減少率がわずか30％というポートフォリオの構築も難しいだろう。これはマーフィーの法則にもある、人生の法則なのである。このゲームに参加したいのなら、そして数学的に正しい方法でやりたいのなら、30％から95％の資産減少を覚悟すべきである。これを乗り越えるには厳しい精神の規律が必要だ。感情に流されるようではとても太刀打ちできるものではない。

　たいがいの証券会社では、過去に30％のドローダウンを出したCTA（先物投資顧問。他人の先物口座を管理する人）など見向きもされないし、そういったドローダウン（本書のなかでドローダウンという言葉が出てきたら、資産カーブについて述べていると考えていただきたい。資産カーブは、［当初資産＋手仕舞いによる損益累積額］＋［オープンポジションの値洗い損益］を毎日の取引終了後に集計してグラフ化したものである。ドローダウンはそのグラフ上における資産の最大減少率である。しかし、ドローダウンの扱い方は証券各社および格付けサービスによって異なるうえ、本書の定義に比べ小さく見積

もられる傾向がある。これは、こういった組織の多くが資産カーブを月ベースあるいは四半期ベースで計算しているためである。当然ながら、彼らによって提示されるドローダウンは本書で提示する実際のドローダウン［各日の取引終了時点で計算］を下回ることになる。月ベースや四半期ベースで計算したドローダウンが日ベースで計算したドローダウンを上回ることはない。したがって、日ベースで計算したほうが、慎重かつ現実的［日々の取引の中で遭遇する可能性のあるドローダウンという意味で］な値と言えよう。口座資産額を月末だけ、あるいは四半期末にだけチェックする投資家はいないはずである）を出した先物ファンドの販売を促進することはないだろう。このことを踏まえたうえで、次のことを考えてみよう。オプティマル f あるいは将来的にオプティマル f になると思える f 値でトレーディングしていないとすると、あなたはそのシステムの能力を希薄化していることになる。また、資金を何らかの商品ファンドに預け入れた場合、それがオプティマルに近い額で運用されなければ、実際には運用されない資金に管理費を支払っていることになる。例えば、マネジャーが 5 万ドルのあなたの口座を、オプティマル f でトレーディングしている 5000 ドル口座と同じ枚数でトレーディングしているとすれば、4 万 5000 ドルに対してはあなたはそのマネジャーにただで管理費を支払っていることになる。顧客であるあなたにとっては、マネジャーに 5000 ドルだけ管理させ、それを（かなり強気に思えるかもしれないが）最適か、最適に近い枚数でトレーディングさせ、途中口座資産の上下変動はあるものの、最終的には 5000 ドル口座と同じ枚数でトレーディングする 5 万ドル口座よりも高いパフォーマンスを上げるというシナリオのほうがはるかに有利だろう。この場合、残りの 4 万 5000 ドルに管理費を支払う必要はなく、この資金は別のところで活用できるからである。しかし f を希薄化させ、オプティマル f が指示するものより少ない枚数でトレーディングすれば、ドローダウンは算術的に減少するかもしれ

ないが、それと同時にリターンも減少する。しかも、幾何的に。資産カーブを平均化するためだけに、最終的に得られる利益を犠牲にしてまで無駄な先物トレーディングに資産を投じる必要があるだろうか。**分散はもっと費用のかからない別のところでもできるはずである。**

それに、なぜシステムの能力を希薄化しなければならないのか。資産の減少率を低く抑えて心理的に楽になるためか。こういった誤った考え方にはこの辺で終止符を打ち、資産の急激な減少は避けられないという現実をしっかり受け止めるべきだろう。

株式ファンドマネジャーたちは自分の運用しているファンドのリターンを一定期間にわたってS&P500のリターンと比較する。資本資産評価理論の仕組みを考えると、これは当然のことだろう。また、人々は商品ファンドを、何らかの無リスク資産のリターン、例えばTビルの利回り、に対する絶対リターンベースで評価する傾向があるが、比較ベース（すなわち、ほかの先物ファンドマネジャーとの比較）ででも評価する。このため、株式の世界では**擬似インデクシング**という手法が慣例的に行われてきた。これは、自分の管理下にある資産のほとんどをS&P指数に連動させるためにS&Pに投資し、残りのほんのわずかな資産を自分でアクティブ運用することで平均を上回るパフォーマンスを上げようというものである。こうすれば、最悪の場合としてアクティブ運用に失敗しても、平均をわずかに下回るだけで済ませられるからである。先物の管理口座も同じような経路をたどってきた。オプティマルｆの指示を下回る枚数でトレーディングすればファンドは希薄化する。この場合、Tビルに連動する擬似インデックスが作成される。なぜなら、ある先物マネジャーの管理下にある資金がTビルの利回りの２倍のパフォーマンスを上げることができるとするならば、だれもそのマネジャーから資金を引き揚げようとはしないだろうからである。擬似インデクシングは商品ファンドにも見られる。どこかの市場で大きなトレンドが発生したら直ちにその波に乗れるように、数

学的に最適な数を上回る市場でトレーディングする場合がこれに当たる。口座をこういった方法で管理する（つまり、口座をすべての市場で浅く広く運用する）ことは、平均的な先物ファンドマネジャーの運用方法を真似ることを意味し、平均を下回らないようにすることがその目的である。この場合、平均的な先物ファンドマネジャーのパフォーマンスが擬似インデックスに相当する。

擬似インデクシングを拡大させた責任の一端は顧客側にもある。自分の資産の85％を枯渇させた先物マネジャーに金を預け続ける顧客などいないだろう。また、顧客はCTAに頼りすぎる傾向がある。純粋なリスク資本として１万ドルを残しておくことをせずに、流動資産10万ドルのすべてを先物マネジャーに預けてしまうのである。これは貪欲と怠慢以外のなにものでもない。

顧客の心がまえとしては、損をしても支障とはならない純粋なリスク資本のみを投資すること、そして運用資産がほぼ完全に底をつくようなドローダウンが、投資期間中におそらくは２回以上発生することを認識することである。一方、ファンドマネジャーとしては、数学的に正しい量を下回る枚数でトレーディングすることで口座の持てるべき収益能力を希薄化させたり、数学的に最適な数を上回る市場数でトレーディングしたりしてはならない。ファンドマネジャーは大勢に振り回されることなく顧客の利益を最優先した投資を行い、Tビルの利回りと同等のパフォーマンスを狙ったり、平均以上でありさえすればいいという先物ファンドマネジャーの仲間入りをしようといった行為をとるべきではない。先物市場はかぎりない可能性を秘めた市場である。だからこそ顧客には魅力的に映り、ファンドマネジャーに高い手数料を支払ってでも追求し続けたい市場なのである。

第7章
その他の関連知識
Covering the Periphery

定量的アプローチのまとめ

　この第7章では、本書でこれまでに伝え切れなかった、マネーマネジメントにまつわる重要かつヒントとなるような基本事項をいくつか紹介していきたいと思う。その前に、これまでの内容を登場順に簡単にまとめておこう。

　まず第一に、決定指向的でなければならない（つまり、**将来的に正の期待値を見込めるシステムを見つけなければならないということ**）。第二に、システムが生み出す一連のトレードの各トレード間に従属関係があるかどうかを見極めなければならない。大概のテスト結果を見ると、各トレード間には従属関係はないものと考えられる。従属関係はないと仮定する分には何の問題もない（つまり、従属関係があると仮定したうえで行動した場合、その仮定が間違いであればその代償は大きいが、従属関係がないと仮定したうえで行動した場合は、その仮定が間違っていてもそれほど大きな打撃はない）ので、資金の固定比率でトレードすること、つまり各トレードに口座資産の一定比率を割り当てるのがベストな戦略である。第三に、その固定比率はトレード損益の分布に基づいて割り出さなければならない。任意の損益分布に対するオプティマルｆの計算方法については、第4章で詳しく解説し

ている。そして最後に、さまざまなマーケットシステムとそれぞれのオプティマルfとに基づいて、資産の成長を最大化し可能損失額を最小化するマーケットシステムの最適構成比を決めなければならない。

見た目ほど甘くはない

　本書は先物トレーダーとアカウントマネジャーを主たる読者対象として想定しているため、典型的な商品ファンド口座を中心に話を進めていくことにする。一般に、アカウントマネジャーの手数料体系は2つの部分から構成されている。ひとつは管理報酬で、これは各四半期の期首にその四半期分が徴収され、1月に口座総資産の1/2％もしくはその四半期に対して1 1/2％というのが一般的である。なかには管理報酬を取らないマネジャーもいる。そして、もうひとつが成功報酬である。成功報酬はその四半期末に徴収され、引出金および追加証拠金を含めた資産額が高値を更新したときの利益の15～25％（これはあらかじめマネジャーによって決められる）というのが一般的である。高値更新資産額とは、口座が特定のマネジャーの管理下に置かれてから、四半期末ごとに見た口座資産額の最高額を意味する。

　管理手数料、取引手数料、スリッページ（偶然なのだが、管理手数料を上回ることが多い）や口座の現金に対して支払われる利息を含めた四半期末の正味のリターンとしてP％を確保したい場合、実際に達成しなければならないリターンは次の公式を使って計算することができる。

$$((A+P+M)/B)-1$$

ただし、
　A＝1＋（（その四半期の取引手数料とスリッページの予想総額－そ

の四半期の利息)/E)

E＝管理報酬差し引き前のその四半期期首の口座資産額

P＝投資家に対する最終リターンとして確保したいその四半期末の資産増加率

B＝1－管理報酬

H＝高値更新資産額。資産がこの高値を更新したときのみ利益に対して成功報酬が徴収される

C＝P－((H/E)－1)。最低値はゼロ(つまり、C＜0であれば、C＝0)

M＝(C/(1－成功報酬))－C。成功報酬として差し引かれる分を補うために達成しなければならないリターンを反映した変数

　その四半期にかかる取引手数料、スリッページ、利息はすべて予想額である。したがって、この公式から得られる解そのものも、投資家に対してP％のリターンを確保するために達成しなければならない実際のリターンの予想値になる。当然ながら、解の精度は、取引手数料、スリッページ、利息の予想額の精度に依存する。この公式は、取引手数料、金利や手数料体系の変動がパフォーマンスに及ぼす影響を評価するのにも利用できる。

　数値例を見てみよう。あなたは5万ドルの口座を持っており、次の四半期にわたって各週ごとに2ラウンドトレードを行うものとする。各トレードで取引するのは平均で7枚。取引手数料は1トレードの1枚ごとに25ドル、予想スリッページも1トレードの1枚ごとに25ドル。さらに、次の四半期における口座利息としては1000ドルを見込んでいる。口座は開設したばかりなので、資産の高値更新資産額は開設当初の5万ドルである。管理手数料は、管理報酬（四半期の期首に支払う）が四半期で1 1/2％、成功報酬は資産額が高値を更新したときに利益の15％を徴収される。以上のデータより、この四半期末の正味リターンとして10％を確保するために実際に達成しなければならないリ

ターンは次のように計算できる。

P = 0.1
E = 50000
H = 50000
A = 1 + (((7*(25 + 25)*12週) − 1000)/50000)
　= 1 + ((4200 − 1000)/50000)
　= 1 + (3200/50000)
　= 1 + 0.064
　= 1.064
B = 1 − 0.015
　= 0.985
C = 0.1 − ((50000/50000) − 1)
　= 0.1 − (1 − 1)
　= 0.1 − 0
　= 0.1
M = (0.1/(1 − 0.15)) − 0.1
　= (0.1/0.85) − 0.1
　= 0.117647 − 0.1
　= 0.017647

したがって、

((A + P + M)/B) − 1 = ((1.064 + 0.1 + 0.017647)/0.985) − 1
　　　　　　　　= (1.181647/0.985) − 1
　　　　　　　　= 1.199641624 − 1
　　　　　　　　= 0.199641624

したがって、投資家がその四半期末に正味10％のリターンを確保するためには、実際には19.96％を上回るリターンを上げなければならないことが分かる。つまり、口座資産を５万5000ドルに増やすためには、この四半期に達成しなければならないリターンはおよそ20％にもなるというわけである。

次に、ある四半期に口座資産が５万ドルから４万5000ドルに下落したとしよう。ほかの条件一定として、口座資産を５万5000ドルまで増やすために、つまり22.22％上昇させるために実際に達成しなければならないリターンは次のようになる。

P = 0.2222

E = 45000

H = 50000

A = 1 +（（（7*（25 + 25）*12週）− 1000）/45000）

 = 1 +（（4200 − 1000）/45000）

 = 1 +（3200/45000）

 = 1 + 0.0711

 = 1.0711

B = 1 − 0.015

 = 0.985

C = 0.2222 −（（50000/45000）− 1）

 = 0.2222 −（1.1111 − 1）

 = 0.2222 − 0.1111

 = 0.1111

M =（0.1111/（1 − 0.15））− 0.1111

 =（0.1111/0.85）− 0.1111

 = 0.1307058824 − 0.1111

 = 0.0196058824

したがって、

$$((A+P+M)/B)-1 = ((1.0711+0.2222+0.0196058824)/0.985)-1$$
$$= (1.312905882/0.985)-1$$
$$= 1.332899373-1$$
$$= 0.332899373$$

計算結果から分かるように、この1四半期に資産を4万5000から5万5000ドルに増やすためには33％を超えるリターンを達成しなければならない。

時として、管理報酬が期首ではなく期末に徴収されるときがあるが、その場合の公式は次のようになる。

$$A+((M+P)*(1+管理報酬))-1$$

前述の2つの例の場合、目標リターンはそれぞれ18.34117％および31.65329706％になる。しかし、この公式は管理報酬の徴収が成功報酬の徴収**前に**行われることを前提としたものである。成功報酬も管理報酬も期末に徴収され、かつ成功報酬の徴収が管理報酬の徴収前に行われる場合の公式は次のとおりである。

$$A+M+(P*(1+管理報酬))-1$$

この場合、前述の2つの例における目標リターンはそれぞれ18.3147％および31.62388824％になる。

これらの公式からは、資産管理におけるひとつの厳しい現実が浮かび上がる。つまり、「資産管理は見た目ほど甘くはない」ということである。専門家に任せずに自分で管理したとしても、マネーゲームの

厳しさは変わらない。この場合の公式は次のようになる。

　　A＋P－1

　自分で管理する場合、前述の2つの例の数字はそれぞれ1.064＋0.1－1＝16.4％（商品ファンドの場合、19.96％）および1.0711＋0.2222－1＝29.33％（商品ファンドの場合、33.29％）となる。資産管理は専門家に任せても自分で行っても、想像以上に厳しいことは明らかであり、投資家にしてもマネジャーにしても、資産管理は考えるほど難しくはないと思い込みたくなる気持ちも分からなくはない。しかし、これは危険な発想である。資産運用を最適に行うにはありとあらゆる努力が必要であることを、これらの公式は教えてくれる。

スケール（タクティカル）トレーデングシステム

　最近とみに注目を集めているのが、いわゆる「スケールトレーディングシステム」または「タクティカルトレーディングシステム」と呼ばれるものである。スケール（タクティカル）トレーディングとは、ポジションを建てたら直ちにオーダーを入れ、小幅の利益を稼ぎ出すことを狙ったトレーディング手法をいう。目標利益に達する前に市場が不利な方向に動き出した場合、安値でポジションを建て増し（通常最初の負けポジションを上回る枚数）すると同時に、目標利益が達成できる価格水準を下げる。これを目標利益に達するまで繰り返せば、最終的には少額ながら利益が出るという仕組みだ。これはマルチンゲール方式の賭けに似た手法と言えよう。このシステムの仕組みを数値例で見てみよう。

　1．トレーダーは98.00で債券を1枚買い、99 16/32で売りのストッ

プオーダーを入れる。これがうまくいけば、手数料差し引き前の利益は1500ドルになる。

2．ところが相場は99 16/32に上昇するどころか、97.00に下落してしまう。そこでトレーダーは97.00で債券をもう2枚買い増しし、債券3枚に対して97 27/32で売りのストップオーダーを入れる。これがうまくいけば、手数料差し引き前の利益は1500ドル。

3．しかし相場はまた下落して96.00まで下げる。これに伴いポジションの含み損は4000ドルにまで拡大。そこでトレーダーは今度は96.00で4枚買い増しし、手数料差し引き前の利益としておよそ1500ドルを確保するために、債券7枚に対して96 25/32で売りストップオーダーを入れる……。

マルチンゲールの話が出てきたところで、第3章を振り返ってみよう。マルチンゲールの問題点は、カジノ側の規定や賭け手側の資金不足によって、枚数や賭け数に上限が設けられるという点であった。トレーディングではカジノ側が設ける制約は気にする必要はない（ただし、ポジションを制限するルールが設けられている市場は除く）が、資金不足の問題は依然として残る。逆境が長引けば、トレードの枚数はどんどん増え（したがって、多額の当初証拠金が必要になることに加え、維持証拠金も増大する）、いつまでも目標に達しなければ、枚数はさらに増え続ける。この種のシステムには必ず限界がある。つまり、ポジションを建て増すだけの資金が不足するか、負けたポジションの大きさを考えると、ある時点でそれ以上ポジションを増やすことに心理的に耐えられなくなるのである。

資金不足の問題を解決するには2つの方法が考えられる。ひとつは、実質的に無尽蔵の資金を持つことである（そして、ポジションに制限が設けられていない市場でトレードする）。もうひとつは、あなたにとっての不利な動きに制限が設けられているような市場でトレーディ

ングを行うのである。可能利益額に上限が設けられているような市場は存在しない（ただし、信用商品には上限が設けられる場合も**考えられる**）が、どの市場も可能損失額の下限はゼロである。したがって、スケールトレーディングのようなシステムでは、相場がゼロやそれに近い市場でトレーディングするのも一案である。市場がたとえゼロに落ち込んだとしても、十分なポジションを持つだけの資金に困ることはないからである。1ポンドが3セントを下回る砂糖市場など、この良い例だろう。しかし、こういった状況など、そうそうあるものではない。あなたの目的は100％の確かさで小さな利益を繰り返し得ることにあるわけだから、うんと長生きするか、実質的に無尽蔵の資金を持ち、相場がゼロになるまで必要に応じてポジションの建て増しを続けられるような市場でトレーディングしなければならないことになる。

　さらに、こういった方法によるトレーディングでは、実質的に無尽蔵の資金が必要であること、各トレードにおける目標は小幅な利益を得ることにあること、そして同時に2つ以上のトレードにエントリーすることができないことを考えると、資産の幾何的成長は望めない。

　最後に、期待値が負の賭けを何度繰り返しても、結果的には負の期待値しか得ることはできないことについて、ここでもう一度考えてみよう。こういったトレードを行う場合、1枚ベースでの期待値が正になることが証明されたトレーディングシステムに基づいて行わなければ、自分から苦労を背負い込むも同然である。赤か黒かに賭けるルーレットでマルチンゲール方式で賭けるギャンブラーとまったく同じように、ほとんどのゲームで勝ち続けたとしても（トレーディングでは、小さい正味利益を得ることに相当する）、いったん負ければ損失額は測り知れない。スケール（タクティカル）システムでのトレーディングは、自由裁量によるエントリー（つまり、1枚ベースでの期待値が正の状態のときにエントリーするというしっかりとした戦略に基づいてエントリーするのではなくて、マルチンゲールのようなギャンブル

283

テクニックに基づいてエントリーを決める）になるため、期待値が負の状態でマルチンゲール方式で賭けをするようなものである。自由裁量で市場に参加すれば、結局は手数料やスリッページなどの経費を差し引けば負の期待値の状態になることを忘れてはならない。第1章で見たように、負の期待値は、数値がいかに小さくても、結局は破産を招く。したがって、市場へのエントリーやエグジットをそういったギャンブルテクニックに基づいて決定させるスケール（タクティカル）タイプのシステムは、数学的に見るとあなたを破綻に追い込むことになるのである。長くトレーディングを続けられれば少額の利益を確保できるかもしれないが、長い目で見ればこういったシステムは数学的に正しいシステムとは言えない。

　トレーダーとしては、こういったギャンブル的手法ではない、しっかりとした基盤に基づいた方法で利益を出すシステムを使ったほうが断然有利である。良いシステムがたくさんあるなかで、よりによって数学的に見て健全と言えないようなスケール（タクティカル）システムを選ばなければならない理由などまったくない。

古くからある格言

　投資した株が下がった場合に安値で買い増しする手法にちなんだ素晴らしい格言をいくつか紹介しよう。

　「ナンピンはするな」
　「追証を入れるな」
　「ポジションを減らさなければならないのなら、最悪のポジションを整理せよ」

　これらの諺は古くからあるものだが、今でも色あせることなく十分

通用する。つい先ほど、スケール（タクティカル）タイプのシステムを批判したばかりだが、これらの格言も内容こそ違え同じ論点をついている。

ここで、もうひとつ格言を追加したい。

「自分のポジションと資産を常に覚えておけ」

これについては特に説明の必要はないと思うが、一言だけ言わせていただくならば、この格言は、ボーっとしながらゲームをプレーすることに対する警告である。注意散漫はミスを誘発する元になる。

ミスの防ぎ方と対処方法

あなたがクリーブランド・インディアンズのショートだとしよう。ノーアウト、ランナー1塁3塁の場面で、バッターがワンバウンドのゴロを打つ。あなたはそれを1塁に送球してアウトにすべきだろうか、それとも2塁に送球してダブルプレーに持ち込むべきか。どちらともノーである。こういった場合はホームに投げてアウトにしなければならない。こういった判断は、バッターがバッターボックスに入る前になされていなければならないものである。「ライナーでないかぎりホームに送球してアウトにする。ライナーの場合は3塁を見て3塁ランナーが3塁ベースに戻ったかどうかを確認する」といったことが、頭の中で事前にまとめられていなければならないのである。

市場でもこれとまったく同じことが言える。つまり、今日のトレーディングを始める前に、今保有しているポジションと資産額をきちんと把握しておかなければならないということである。こうすることで、システムが買いの指示を出してきたときに買い付けるべき枚数が分か

るため、万一ミスをしてもすぐにそのミスに気づくことができる。要するに、安全装置としての役割を果たしてくれるわけである。ミスは小さいうちに見つけるというのが鉄則だ。

　そこで、ミス防止にちなんだ格言をひとつ。

「最初の誤りは最も安い誤り」

　これはトレーダーが特に肝に銘じておくべき格言だろう。たったひとつの小さなミスでもそのまま放っておけば、たちまちのうちにミスは連鎖的に増えていくといったケースが多いことに、あなたもシステムトレーダーならば知っているはずである。

　例えば、明日市場がオープンした時点で現在のポジションを手仕舞うようにシステムが指示してくるとしよう。しかし、あなたはシステムの指示を無視しようと思っている。市場はオープンしたあともあなたに有利に動き続けると思っているからだ。果たして市場はどうなったか。市場はオープンしてから下落を続けたのである。あなたはポジションを抱えたまま立ち往生し、市場はあなたの不利な方向に動き続けている。こんな場合、あなたはそのポジションを手仕舞うべきなのだが、あなたはそのことが分かっていない。この時点で、システムは逆方向の別のトレードを指示してきている。このシステムの指示に厳密にしたがっていたならば、そのトレードではオプティマル f に基づきさらに多くの枚数を買い付けられたはずである。しかし、あなたはシステムに逆らって古いポジションにしがみついている。市場はきっとオープン時の水準に戻るはずだから、システムに従うのはそれからでも遅くはないと信じながら……。

　しかし、そんなことは起こりっこないのだから、こういった間違った考えは捨ててしまおう。最初の誤りは最も安い誤り、という格言は**特にシステムトレーダー**には重要である。市場では感情に流されるの

は避けようもなく、ミスを犯すことも珍しくはないが、ミスはうまくすれば味方につけることも可能だということを覚えておこう。ミスに気づいたら、それを素直に認め（つまり、素早く損切りし）、すみやかにシステムの指示に戻ることである。

利益の引き出し

　昔から投資家たちは口座から利益を引き出さないという誤りを犯してきた。複利運用の場合、資金を引き出す時期が早いほど、複利効果は減少する。しかし、利益の少なくとも一部はいつかは必ず引き出さなければならない。複利運用期間の終盤で引き出せば、それほど大きな影響は出ない。利益を引き出すことで破産するとしても、新しい口座を開設する資金があるのであれば、利益は引き出したほうがよい。これは数学的に見ても理にかなっている。トレーディングシステムが市場に対して持つエッジは時間とともに変化する（つまり、トレーディングシステムが生み出すトレード損益の分布は非定常的であるということ）。良い月もあれば悪い月もあり、良い年もあれば悪い年もある。すでに十分な利益が出ているのであれば、一部は安全な場所に保管しておくのが賢明だろう。こうしておけば、市場がしばらくの間あなたに不利に動いたとしても、再開時には十分な運用資金を確保できているからだ。

最後にもう一度ドローダウンを検証

　第4章では、ドローダウンを無益な尺度であるとして強く批判したが、これはドローダウンがリスク尺度になるという間違った認識を読者には持ってもらいたくなかったからである。とはいえ、ドローダウンの動きを把握しておくことには、いくつかの利点がある。そのひと

つは、ヒストリカルドローダウン（最低５年にわたる30トレード以上のバックデータを元に算出されたドローダウン）を上回るドローダウンが発生したとき、しばらくの間トレーディングを見合わせ、資産が最高値を更新するまで待つといった判断を下せるという点である。この場合のドローダウンは１枚ベースでのドローダウンである。システムはヒストリカルドローダウンを上回れば、やがては破綻する。もちろん、ヒストリカルドローダウンを上回っても、じきに見事な回復を遂げる場合もあるだろうが、そんなことはあなたには分からない。システムが破綻を迎えたときにそのシステムでトレーディングしているという事態を防ぎたければ、システムが最大ヒストリカルドローダウンを上回った時点でトレーディングを中断し、そのドローダウンから完全に回復する（すなわち、１枚ベースのトレーディングで資産額が高値を更新するということ）までそのシステムでのトレーディングは控えることである。ドローダウンのもうひとつの活用法は、システムがヒストリカルドローダウンを上回るということは、そのシステムにはまだ発見されていない何らかの従属性があることを意味するので、それを利用するというものである。

　話は変わるが、この世界に自分の口座資産の利息に興味のない人がいるだろうか。まあ、たまにはいるかもしれない。ファンド口座あるいはスウィープ口座には常に余分な資金を入れておくようにしよう。「見た目ほど甘くはない」の節で紹介した公式を思い出していただきたい。先物取引で稼ごうとしている金額に比べれば利息などたかが知れたものかもしれないが、利用価値のあるものはどんなに小さなものでもすべて利用すべきである。ファンドの利益も利用できる小さなもののひとつなのである。

統計や指標の発表日について

　システムトレーダーにとって極めて重要なのは、**統計や指標が発表される日までに、ポジションをフラットにせよ**ということである。これもまた昔からの格言なのでご存知の方もいらっしゃるかもしれないが、確認の意味であえて繰り返すことにする。コンピューターを駆使したシステムは、素晴らしい成果を上げているように思えても、現実世界では発表日の影響を受けていきなり破綻してしまうといったケースも少なくない。これは非流動性が問題になるひとつのケースである。ストップオーダーを入れている場合を考えてみよう。発表によって市場がそのストップオーダーの水準以上に上昇したとすると、そのポジションに対するスリッページの額は莫大なものになる。発表前に建てたポジションのプロテクティブストップ以上に市場が上昇した場合も、同じことが言える。発表によるサーキットブレーカーの発動も、あなたにとっては不利に働く。また、発表日には市場は激しく上下し、取引量も増えるため、システムトレーダーはちゃぶつくことがよくある。発表日のこういった状況下では、市場に参加しても利点は何もない。見合わせたトレードがその発表内容にたまたま一致していたため、大きな利益を取り損なうといったことがあるかもしれないが、システムはある程度落ち着いた正常な市場でこそ力を発揮するのである。

　例えば、過去の勝率が50％を上回るシステムを考えてみよう。発表日にこういったシステムでトレーディングするのは賢明とは言えない。なぜならこういった日には勝率を50％に下方修正しなければならないからである。つまり、発表の内容はあなたに有利な場合もあれば不利な場合もあるということである。50％を上回る勝率のシステムを、勝率を50％に下方修正しなければならないような日に稼動する必要はないのである。システムの高い勝率を十分に生かすには、トレードは市場が正常な日に行うべきである。クレイジーな日にわざわざトレード

を行って、打ち負かされる必要などまったくない。

　これはシステムの指示に厳密に従っているとは言えないが、コンピューターというものは発表日とその他の日を区別できないので、発表日までにポジションをフラットにし、発表による市場の興奮状態が収まるまでトレーディングを控えるという判断は、システムよりはるかに先をいくものだ。こういったアクションは、システムの現実世界でのパフォーマンスを向上させると同時に、トータルスリッページも大幅に減少できることが多い。そしてその結果として期待値も上がるというわけである。

　どういった数字が発表されたときにトレードを手控えるべきかは、そのときどきによって異なるため一概には言えない。とにかく、市場を常にウオッチし、重大な発表になりそうなものを見極めることが大切である。こういった作業は、発表される前にしっかりやっておかなければならない。こうすることで、市場の動向を分析する時間が持てるため、いつ、どの市場を手控えるべきかの見通しをたてることができる。間違っても発表日当日の市場がオープンする5分前になって慌ててやるようなものではないことを、頭に入れておこう。

カタストロフィーの回避

　トレーディングをやっていて一番困る問題のひとつは、自分に不利な状況が期せずして発生することである。オレンジジュースを空売りしたあと、一夜にしてフロリダを霜害が襲ったり、ある企業の株を空売りしたあと、その企業が買収されたときなどがそうである。何でも起こり得るのが市場なのである。

　幸いにも、市場にはオプションという商品が存在する。オプション買いのメリットのひとつは、損失額がプレミアムに限定される点（限定責任）である。しかし、ほとんどのトレーダーにとって、オプショ

ン取引は、株式や先物の取引に比べるとはるかに難しい。オプションの買いが難しいのは、タイムディケイの問題があるからである。しかし、オプションは先物や株式のトレーディング損失を前もって決めた額に制限するのに利用できる。

例えば、コーヒーのトレーディングをしているとしよう。夏季のコーヒー価格は、南米の霜害によって急騰しやすい。夏にコーヒーを空売りして、そのポジションを抱えたまま身動きできなくなるといった状況を未然に防ぐためには、今トレーディングしているすべての先物に対してコーヒーのコールオプションを購入すればよい。こうすることで、空売りしたあと市況があなたに不利な方向に動いたとしても、コーヒー価格がコールオプションの行使価格まで上昇すれば(ただし、アウト・オブ・ザ・マネー・オプションを想定)、ショートポジションの状況がさらに悪化しても、損失はそのオプションでカバーすることができる。

われわれは今このテクニックを保険的な意味合いでのみ使っているが、このテクニックはオプションが存在するいかなる市場でも利用できる。またオプションは、コール、プットの単独以外に、両方を同時にトレーディングすることもできる。オプションは逆境に陥ったときの緊急避難場所として、トレーダーたちにとっては強い味方である。アウト・オブ・ザ・マネーのプットとアウト・オブ・ザ・マネーのコールを同時購入した場合、先物価格がこれらのオプションの行使価格で囲まれた範囲を外れれば必ずプロテクトされる。オプションにはプレミアムの時間的価値が目減りしていくタイムディケイの問題はあるものの、オプションの保有期間中に発生するかもしれないカタストロフィーリスクに限度を設けるという役割を果たしてくれるのである。

緊急避難と壊滅的損失の話がでてきたところで、不測の事態に備えるための方法について考えてみることにしよう。ここでいう不測の事態とは、ポジションを抱えたままにっちもさっちも行かなくなる状態

のことをいう。発表日にはなるべく市場にかかわらないようにするつもりではいても、どうしても解消できないポジションがある場合もある。これはサーキットブレーカーの発動による場合が多い。こういった万一の場合に備えた対処方法は考えておくべきだろう。

例えば、Tボンドを空売りしているとき、債券市場に打撃を与えるようなニュースが発表されたとする。市場が開いている時間帯であれば、あなたの意に反してサーキットブレーカーが発動されないかぎり、ポジションを手仕舞うことができる。あなたは、自分の債券がストップ安になった場合に（自分自身を保護するために）プットオプションを買えるかどうか、あるいは空売り状態のときにストップ高になった場合にコールオプションを買えるかどうかを、事前にチェックしておかなければならない。一方、ニュースが真夜中に発表された場合はどうだろう。シンガポール市場やロンドン市場でカバーしたり、あるいは少なくともスプレッドすることはできるだろうか。思いがけない事態に陥ってもすぐにアクションがとれるように、こういったことは、すべて事前に計画を立てておかなければならないのである。事前に計画を立てておけば、不測の事態が起こっても、考えたり、躊躇したり、立ち往生することなくすみやかに対処することができる。

もう一度繰り返すが、トレーディングでは事前の準備が重要である。事前に準備しておけば、リスクは最小限に食い止めることができる。誤りを犯したときにはどうするか、市場があなたの目の前で崩壊したらどうするか、10分後に大きな統計や指標の発表があると分かったときにはどうするか、といった具合に、いろいろな事態に備えた対処方法を事前に準備しておけば、大きなリスクは避けることができる。また、準備しておくことで心理的負担が軽くなるのは言うまでもなく、これだけでも誤りを犯す頻度は減るはずである。

システムトレードの非定常分布

本書ではこれまでに何度か、トレーディングシステムが生み出す一連のトレードは非定常分布に従うということを述べてきた。非定常分布に従うのは、トレーディングシステムが生み出すトレードだけでなく、商品（および株式）の価格変動もまた非定常分布に従う。日々の観測であろうが、週ごと、月ごと、年ごと、あるいは分刻みに観測した場合でも、これは変わらない。（トレーディングシステムが生み出すトレードの分布だけでなく）価格変動分布を特定しようとしたマーケットリサーチャーたちの苦労はいかばかりであったろうか。

図7.1はこの現象を図示したものである。図には、同じ形をした定常分布がいくつか示されているが、合成分布（太線）は時間の経過にともなって、上が平らで、裾部が厚くなる（したがって、合成分布はスチューデント分布に似た形をしている）。トレーディングシステムが生み出すトレードの分布も、商品や株式の価格変動分布もちょうどこんな形になる。また、図7.1に示した各定常分布の形は同じである（つまり、歪度または尖度が同じということ）が、実際にはそれぞれの分布は時間軸に沿って移動するだけでなく、形も変わる。

システムがアップモードになったりダウンモードになったりするのは、主としてそのトレードが非定常分布に従うからである。この現象をシステムで使われているパラメータの値が変化したためだと誤解している人は多いが、そういったことは滅多にない。一般に、システムがダウンモードになれば、パラメータ値にかかわらずパフォーマンスは低下する。したがって、システムがドローダウンに入るのは、パラメータ値が変化したためというよりは、システムによって生み出されるトレードの分布が（パラメータがどんな値であっても）好ましくない状態に移行したためなのである。

われわれが今議論しているいるような一連のデータは、非定常分布

図 7.1　時間軸に沿って移動する同じ形状の定常分布

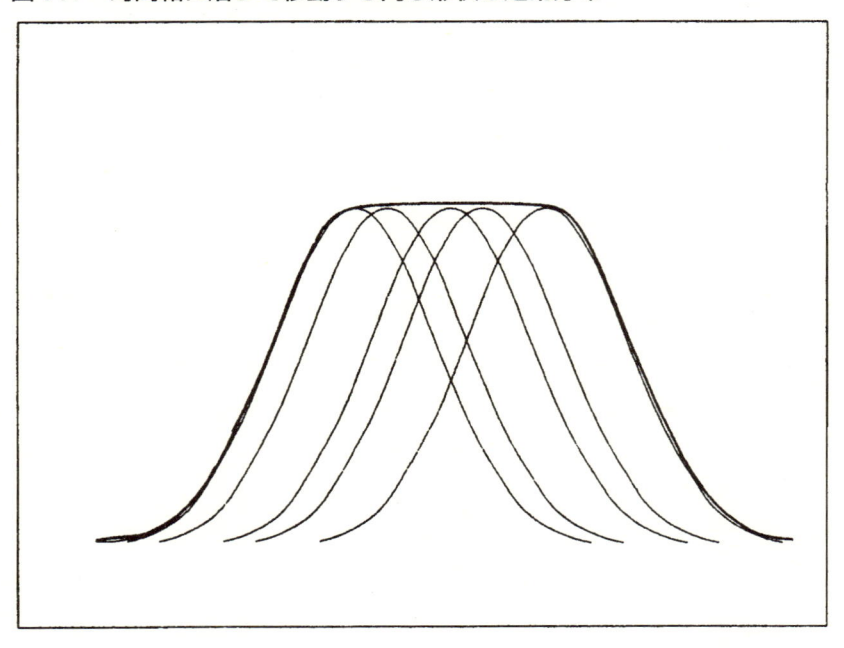

に従うと同時に、独立事象であったことを思い出していただきたい。つまり、そのデータに含まれる各事象は、前の事象とは無関係ということである。本書では全体を通じて、扱うデータは独立事象で、かつ定常分布に従うものと仮定してきた。では、分布が好ましい形状（状態）あるいは好ましくない形状（状態）に移行するのがいつなのかは、どうやって知ればよいのだろうか。

　幸いにも、この最後の質問には解答がある。分布が好ましい状態になったり好ましくない状態になるのがいつなのかが事前に分かるよ

うな有効な統計的手法はない(ここでは、分布を構成する各事象間に従属性はなく、また現在の分布の形状や位置と以前の形状や位置との間には因果関係、あるいはよく知られた因果関係はないものと仮定する)が、分布が好ましい状態あるいは好ましくない状態に転じたことを**できるだけ早期に**知る有効な方法はある。これによって、被る損害や失われる機会を最小限に抑えることが可能になる。

　本書では一貫して、トレーディングシステムが生み出すトレード損益の分布は非定常分布ではなく、定常分布に従うものとして扱ってきた。こうすることで物事を簡単化することができるため、それによって読者の理解度を高めようというのがその狙いである。本書で扱ってきた内容は非定常分布にもそのまま当てはまるが、ここで紹介した非定常分布を観測するためのツールは、本書の内容を別の新しい観点から考えることを可能にしてくれるものである。これは、このツールが本書の内容をガラリと変えてしまうという意味ではなく、非定常分布の観測ツールは、それをいつ適用するのが最も適切なのかや、われわれが観測している市場やシステムをいつ変更すればよいのかを提示してくれるため、本書の内容の補強に役立つということである。非定常分布の変化を初期の段階で見つけるための統計的手法について語ろうと思えば、本丸々1冊分が必要であり、内容的にも本書の範囲を超えるため、ここではこの程度にとどめておくことにする。

潜在的利益の上限

　期待値が正の状態のときにオプティマル f を使うことで期待できる潜在的利益の上限について考えてみよう。ただし、(ドローダウンから最短時間で回復できるように)システムを適切に分散運用しているものとする。5000ドルから始めて、それを2倍に増やそうと考えている場合、そこそこのシステムを使っていれば、可能性はないわけで

はない。オプティマルfの下では、1万ドルを2万ドルにするのと、5000ドルを1万ドルにするのとはまったく同じである（ちなみに、50万ドルを100万ドルにするのもまったく同じ）。問題は流動性ただひとつである。しかし、今の市場は非常に活発なため、流動性は大きなファンドのマネジャーでないかぎり、特に気にする必要はない。5000ドルを2倍にすることができるのであれば、50万ドルだって2倍にできる。これらは事実上、まったく同じトレードなのである。5000ドルからスタートして倍々ゲームで資産が増えていく場合、これが8回続いたときの資産の増え方を示したものが次のリストである。

	5000ドル
1回目	10000ドル
2回目	20000ドル
3回目	40000ドル
4回目	80000ドル
5回目	160000ドル
6回目	320000ドル
7回目	640000ドル
8回目	1280000ドル

　等比（幾何）数列による増加速度がいかに速いかということを、ほとんどの人は理解できていない。この増加速度を最大化するものこそが、本書で述べてきたテクニック（例えば、オプティマルf）なのである。今や読者は、数学的に正しい方法で幾何的成長率を最大にするためには、どのマーケットシステムをどういった比率で組み合わせ、各マーケットシステムでどれくらいの枚数をトレードすればよいのかを知る手段を手に入れた。

　最後に、ぜひ覚えておいていただきたいのは、株式市場がベアマー

ケットになってはまた回復し、といったことが繰り返されるように、先物システムでもドローダウンが発生しては回復するといったことが繰り返されるということである。あなたがトレーダーならば、口座は常に2つの状態——つまり、資産額が高値を次々と更新していくか、ドローダウンに陥るか——のいずれかになることを知っているはずである。資産の成長は未来永劫に続くわけではないので、そういった時期がやってきたときには思いっきりエンジョイするとよい。それからもう一点、朝が来れば必ず夜がやってくるように、資産が高値を次々と更新した後には必ずドローダウンがやってくることも忘れてはならない。こういった事実には常日ごろから慣れておくことが大切である。

　トレーディングをやっていれば、ほとんど常にドローダウン状態にあるといったことも珍しいことではないし、今のドローダウン期を抜けてまた資産額が高値を更新し始めるのはいつなのだろうかという不安も付き物である。トレーダーとして成功するためには、こういった苛酷な環境に耐えられる精神力を鍛えておきたいものである。

付録A　期待値が負のマーケットシステムの利用法

　第3章では、マネーマネジメントのいわゆる要ともいえる重大事項について言及した。つまり、独立試行の下では、ひとつのゲームしか行わない場合、あるいはひとつのマーケットシステムしか使わない場合には、期待値が正でなければならないということである。ひとつのゲームしか行わない場合、プレーを延々と続けたところで、期待値が正でなければいかなるマネーマネージメント戦略を駆使しても、期待値を正に変えることはできない。

　例えば、複数のマーケットシステムを組み合わせてトレーディングを行うといったケースのように、同時に2つ以上のマーケットシステムを使ったり、2つ以上のゲームを行う場合は、話は別である。この場合、負の期待値を持つマーケットシステムでも、ポートフォリオに含まれるほかのマーケットシステムとの相関が強い負の相関であれば、ポートフォリオに含めれば効果的な場合がある。

　再びペイオフレシオが2：1（コインを投げて表が出れば2ドルの儲け、裏が出れば1ドルの損失）のコイン投げを例にとって考えてみよう。こういったケースの場合、期待値が50セントになることはすでに分かっている。また、こういった状況下でのオプティマル f は0.25、幾何平均は1.0607である。

　次に、条件が異なる場合のコイン投げについて考えてみよう。今度は、負けた場合の損失は1.10ドル、勝った場合の利益は0.90ドルである。こういったケースの場合、期待値は−0.10になってしまう。このゲームしか行わなければ、いかなるマネーマネジメント戦略を駆使しても、負の期待値を正に変えることはできない。ゲームを延々と続けたところで、破産するのは時間の問題でしかなく、その確率はゲームを続けるほど1に近づく。こういったシナリオでは、オプティマル f

が存在する余地はなく、したがって幾何平均も存在しない。

　ところで、前述の2種類のゲームを同時に行った場合にはどうなるだろうか。ただし、いずれのゲームも表が出た場合を勝ち、裏が出た場合を負けとする。

	ゲーム1	ゲーム2	ゲーム1と2の組み合わせ
表	+2	+0.9	+2.9
裏	-1	-1.1	-2.1

　また、これら2つのゲームの間には正の相関がある。すなわち、結果は両方とも勝つか、両方とも負けるかのいずれかになる。ペイオフレシオが2：1のゲーム1を単独で行った場合の期待値が50セントであるのに対し、ゲーム1と2を同時に行った場合の期待値は40セントになる。また、ゲーム1単独のときのオプティマル f は0.25、幾何平均は1.0607であるのに対して、ゲーム1と2を同時に行ったときのオプティマル f は0.14で、幾何平均は1.013である。

　ここで、ゲーム2において裏が出た場合を勝ちとした場合にはどうなるだろうか。この場合、2つのゲームの線形相関係数は負になる。

	ゲーム1	ゲーム2	ゲーム1と2の組み合わせ
表	+2	+1.1	+0.9
裏	-1	-0.9	-0.1

　この場合の期待値は40セントで変わらないが、オプティマル f は0.44、幾何平均は1.666にもなるのである。

　幾何平均は1プレー当たりの成長係数であることを思い出していただきたい。最後のシナリオはペイオフレシオが2：1のコイン投げと

期待値が負のゲームを組み合わせたにもかかわらず、幾何平均、すなわち成長係数はペイオフレシオが２：１のゲーム１を単独で行った場合の10倍を上回る。リターンの線形相関がいかに重要であるかは、この例からよくお分かりいただけたことと思う。

付録B 本書に出てきた関数のプログラミング

　ここで紹介するのは、本書に登場した関数のBASICまたはCによるプログラミング例である。関数によっては、両方の言語によるプログラミング例を提示しているものもある。BASICによるプログラムは、特定のマシンやOS、あるいはBASICの表現方法に依存することなく使えるようにできるだけ一般的に書くように努めると同時に、変更の必要がある場合でも、最小限の手直しで済むように配慮した。BASICプログラムは、OSとしてバージョン2.0以上のPC-DOSまたはMS-DOS搭載のIBM PCまたはその互換機対応のBASICAまたはGWBASICインタープリタ環境で実行することができる。お手持ちのパソコンにはこういったインタープリタが備わっているはずである。

　一方、CプログラムはOSとしてバージョン2.0以上のPC-DOSまたはMS-DOS搭載のIBM PCまたはその互換機で実行することができる。コンパイラとしてはMicrosoft C Compilerバージョン5.0が必要である。プログラムはライブラリを利用して作成しているため、若干の手直しをすることで、お使いのプラットフォームやCコンパイラの種類にかかわらず実行できるはずである。

　まず最初に、本書に出てきたさまざまな関数を計算することができる短いBASICプログラムを見てみよう。このプログラムは基本的には、一連のシステムトレードまたは賭けから得られる利益と損失を入力すれば、出力としてオプティマルf、ユーザーが設定した精度での破産確率（R3とR6）、線形相関係数、Zスコア、幾何平均、幾何平均トレード損益、（対元本）最終資産比率、およびfでトレードした場合に得られたであろう利益（ただし、整数賭けを想定）が返ってくる。プログラムには改善の余地が多分にあるので、必要に応じて各自で改善していただきたい。例えば、利益と損失のデータをファイルから読

Cash.BAS Program (in BASIC)

```
10 REM CASH.BAS, A PROGRAM TO DEMONSTRATE SOME OF THE CONCEPTS
20 REM EXPLAINED IN THE TEXT
100 CLS
110 LOCATE 1,1
120 INPUT"DO YOU WISH TO FIND f VIA PARABOLIC INTERPOLATION (Y/N)";FPARB$
130 IF FPARB$="y" THEN FPARB$="Y" ELSE IF FPARB$="n" THEN FPARB$="N"
140 IF FPARB$<>"Y" AND FPARB$<>"N" THEN 110
150 DIM TRAX(1000) 'ALLOWS UP TO 1000 TRADES - BUT YOU CAN DIM IT TO MORE
160 DEF FNCHINT(X)=INT(X+.5) 'ROUNDS TO NEAREST INTEGER,
                             'NOT RESTRICTED TO <32,000
170 PRINT
180 PRINT "INPUT THE VALUES FOR THE BETS/TRADES YOU WISH TO COMPUTE"
190 PRINT "INPUT AN X WHEN FINISHED."
200 PRINT
210 FLAG%=0:TCONT=1
220 WHILE FLAG%=0
230 INPUT"", X$
240 IF X$="X" OR X$="x" THEN FLAG%=1:TCONT=TCONT-1
250 IF X$<>"X" AND X$<>"x" THEN TRAX(TCONT)=VAL(X$):TCONT=TCONT+1
260 WEND
270 PRINT
280 PRINT "YOU INPUT A TOTAL"TCONT"BETS/TRADES"
290 INPUT "PERCENT OF ACCOUNT DEPLETION TILL RUIN ";DEPLE
300 IF DEPLE>1 THEN DEPLE=DEPLE/100
310 WT=0:BL=999999!:FOR Y=1 TO TCONT:IF TRAX(Y)<BL THEN BL=TRAX(Y)
320 IF TRAX(Y)>0 THEN WT=WT+1
330 NEXT
340 GOSUB 850
350 GOSUB 1310
360 PRINT
370 INPUT "OUTPUT DEVICE (1. Screen  2. Printer  3.File) ";IOO%
380 IF IOO%=1 THEN PRTR$="SCRN:" ELSE IF IOO%=2 THEN PRTR$="PRN"
              ELSE IF IOO%<>3 THEN GOTO 370
390 IF IOO%=3 THEN INPUT "FILENAME FOR OUTPUT ",PRTR$
400 OPEN PRTR$ FOR OUTPUT AS #1
410 'NOW OUTPUT THE RESULTS
420 CLS
430 PRINT#1, "FOR THE FOLLOWING BETS/TRADES:"
440 FOR X=1 TO TCONT
450 PRINT#1, TRAX(X)
460 NEXT
470 PRINT#1," "
480 IF GEOMEAN#<=0 OR TRUEF<=0 THEN GOTO 550
490 PRINT#1,"GEOMETRIC AVERAGE TRADE =";
500 PRINT #1, USING "$$######,.##";(GEOMEAN#-1)*ABS(BL/TRUEF)
510 PRINT #1,"GEOMETRIC MEAN =";
520 PRINT #1, USING"###.####";GEOMEAN#
530 PRINT #1, "TERMINAL WEALTH RELATIVE =";
540 PRINT #1, USING "##############,.###";TWR#
550 IF TRUEF<=0 THEN GOTO 1370
560 PRINT#1, "  TRUE OPTIMAL f ="FNCHINT(TRUEF*100)/100"OR 1 CONTRACT
              FOR EVERY";
570 PRINT #1, USING"$$######,.##";ABS(BL/TRUEF);
580 IF FPARB$<>"Y" THEN PRINT#1," " ELSE PRINT#1," ITERATIVE PASSES ="PCOUNT%
590 RA=WT/TCONT
600 VAF=((AW/ABS(BL/TRUEF))*RA)-(ABS(AL/ABS(BL/TRUEF))*(1-RA))
610 FAL=((RA*((AW/ABS(BL/TRUEF))^2))+((1-RA)*((AL/ABS(BL/TRUEF))^2)))^(1/2)
620 PAF=.5*(1+(VAF/FAL))
630 FAN=0:N=1
640 X=1:Y=0:FAP=1
650 WHY=1/X:IF X=1 THEN WHY=DEPLE
660 UAL=WHY/FAL
670 SEA=(((((ABS(BL/TRUEF)/X)+ABS(BL/TRUEF))-((1-WHY)*ABS(BL/TRUEF)))
         /ABS(BL/TRUEF))/FAL
680 Y=1-(((((1-PAF)/PAF)^UAL)-1)/((((1-PAF)/PAF)^SEA)-1))
690 IF X<=N THEN FAP=FAP*Y:X=X+1:GOTO 650
700 FAN=FAN+FAP:IF FAP>.00001 THEN N=N+1:GOTO 640
710 PRINT#1,"PERCENT OF ACCOUNT DEPLETION TILL RUIN ";DEPLE*100"%"
720 PRINT#1,"RISK OF RUIN (FIXED FRACTION)    = ";
730 PRINT #1, USING"#.#####";FAN
740 PRINT#1,"RISK OF RUIN (CONSTANT CONTRACT) = ";
```

```
750 PRINT #1, USING"#.#####";((1-PAF)/PAF)^(DEPLE/FAL)
760 PRINT#1,"EVERY";
770 PRINT #1, USING"$$######,";YUNG;
780 PRINT#1," OF INITIAL EQUITY GREW TO";
790 PRINT #1, USING"$$###############,";(ACCU#)+(YUNG)
800 PRINT#1,"Z SCORE =";
810 PRINT #1, USING"###.####";ZSCORE
820 PRINT#1,"LINEAR CORRELATION = ";
830 PRINT #1, USING"##.####";PEARSON
840 GOTO 1370
850 'PERFORM MAIN CALCULATIONS
860 PEARSON=0:GEOMEAN#=0:TWR#=0:TRUEF=0:IF TCONT<2 OR BL>=0 THEN RETURN
870 PEAR1=0:FOR X=1 TO TCONT:PEAR1=PEAR1+TRAX(X):NEXT:
880 XBAR=(PEAR1-TRAX(TCONT))/(TCONT-1)
890 YBAR=(PEAR1-TRAX(1))/(TCONT-1):SIGXY=0:SIGY=0:SIGXQ=0:SIGYQ=0
900 FOR X=1 TO (TCONT-1):SIGXY=SIGXY+((TRAX(X)-XBAR)*(TRAX(X+1)-YBAR))
910 SIGXQ=SIGXQ+((TRAX(X)-XBAR)*(TRAX(X)-XBAR))
920 SIGYQ=SIGYQ+((TRAX(X+1)-YBAR)*(TRAX(X+1)-YBAR)):NEXT
930 IF (SIGXQ=0 OR SIGYQ=0) THEN GOTO 940 ELSE PEARSON=SIGXY/(SQR(SIGXQ)*
        SQR(SIGYQ))
940 AW=0:AL=0:WCNX=0:LCNX=0:FOR X=1 TO TCONT
950 IF TRAX(X)>0 THEN AW=AW+TRAX(X):WCNX=WCNX+1
960 IF TRAX(X)<=0 THEN LW=LW+TRAX(X):LCNX=LCNX+1
970 NEXT:AW=AW/WCNX:LW=LW/LCNX
980 F=.01:F2=0:TWR2#=0
990 'START INTO THE LOOP THROUGH TRADES
1000 TWR#=1:HPR#=1:IF F>1 THEN F=1
1010 FOR X=1 TO TCONT
1020 HPR#=(1+(F*(TRAX(X)/ABS(BL)))):TWR#=TWR#*HPR#
1030 NEXT
1040 IF TWR#>TWR2# THEN TWR2#=TWR#:F2=F:F=F+.01:IF F2<.999 THEN GOTO 990
1050 IF TWR#<=TWR2# OR F2>=.999 THEN TWR#=TWR2#:TRUEF=F2
1060 GEOMEAN#=TWR#^(1/TCONT)
1070 YUNG=ABS(BL/TRUEF)
1080 ACCU#=0:KON%=1:FOR X=1 TO TCONT:KON=INT(ACCU#/YUNG)
1090 IF KON<1 THEN KON=1
1100 ACCU#=ACCU#+(TRAX(X)*KON)
1110 NEXT
1120 IF FPARB$="N" THEN RETURN
1130 'PARABOLIC INTERPOLATION
1140 TOLERANCE=.005:PCOUNT%=0
1150 PT1=0:PT3=1:P3X=0:P1X=0:PT2=1-TOLERANCE
1160 TWTEMP#=1
1170 PCOUNT%=PCOUNT%+1
1180 TWTEMP#=1
1190 FOR X=1 TO TCONT:HPR#=(1+(PT2*(TRAX(X)/ABS(BL))))
1200 TWTEMP#=TWTEMP#*HPR#:NEXT
1210 P2X=TWTEMP#^(1/TCONT)
1220 X=((PT2-PT1)*(P2X-P3X)-(PT2-PT3)*(P2X-P1X))
1230 IF X=0 THEN X=.00001
1240 ABSCISSA=PT2-.5*((((PT2-PT1)^2)*(P2X-P3X)-((PT2-PT3)^2)*(P2X-P1X))/X)
1250 TPT2=PT2
1260 IF ABS(ABSCISSA-TPT2)<=TOLERANCE THEN TRUEF=TPT2:RETURN
1270 IF ABSCISSA>TPT2 THEN PT1=PT2:P1X=P2X
1280 IF ABSCISSA<TPT2 THEN PT3=PT2:P3X=P2X
1290 PT2=ABSCISSA
1300 GOTO 1170
1310 'NOW DO RUNS TEST
1320 RNS=1:FOR X=2 TO TCONT
1330 IF (TRAX(X)>0 AND TRAX(X-1)<=0) OR (TRAX(X)<=0 AND
        TRAX(X-1)>0) THEN RNS=RNS+1
1340 NEXT
1350 ZSCORE=(TCONT*(RNS-.5)-(2*WT*(TCONT-WT)))/SQR(((2*WT*(TCONT-WT))*
        ((2*WT*(TCONT-WT))-TCONT))/(TCONT-1))
1360 RETURN
1370 'END/RESTART PROMPT
1380 PRINT
1390 INPUT "HIT <ENTER> TO INPUT NEW TRADES, OR <E>ND   ",BRCH$
1400 IF BRCH$="E" OR BRCH$="e" THEN END
1410 IF BRCH$="" OR BRCH$=" " THEN RUN
1420 GOTO 1370
```

Cash.C Program (in C)

```c
/* cash.c - a program to demonstrate some of the */
/* functions described in the book.  This is the */
/* same thing as cash.bas, only written in C     */

#include<stdio.h>
#include<stdlib.h>
#include<math.h>
#include<string.h>
#include<graph.h>
#include<conio.h>
#include<dos.h>
#include<process.h>

#define MAXCHLEN 80

static double  accu_dbl            = 0.0;
static float   al                  = 0.0;
static float   aw                  = 0.0;
static float   bl                  = 0.0;
static char    fparb_str[MAXCHLEN] = "\0";
static double  geomean_dbl         = 0.0;
static int     pcount_int          = 0;
static float   pearson             = 0.0;
static int     tcont               = 0;
static float   trax[1001];


static float   truef               = 0.0;
static double  twr_dbl             = 0.0;
static int     wt                  = 0;
static int     x                   = 0;
static float   xfl                 = 0.0;
static float   yung                = 0.0;
static float   zscore              = 0.0;

FILE *file_no[15];

static void io();
static void calculs();
static void runstest();
static float fround();

void main()
{
  int    brch;

  do {
    io();
    printf("\n\nHIT <ENTER> TO INPUT NEW TRADES,OR <E>ND  ");
    do {
      flushall();
      brch = getche();
    } while (brch != 'E' && brch != 'e' && brch != '\015');
  } while (brch != 'E' && brch != 'e');
  exit(0);
}


static float   fround(xx)
float    xx;
{
  return((float)((long)(xx + 0.5)));
}
static void io()
{
  float   deple;
  float   fal;
  float   fan;
  float   fap;
  int     flag_int;
  int     n;
  float   paf;
```

305

```
char    prtr_str[MAXCHLEN];
float   ra;
float   sea;
char    str[MAXCHLEN];
float   ual;
float   vaf;
float   why;
float   xx;
int     y;
float   yy;
int     ioo;

_clearscreen(_GCLEARSCREEN);
do {
  _settextposition(1, 1);
  printf("%s%s", "DO YOU WISH TO FIND f VIA PARABOLIC
            INTERPOLATION (Y/N)" , "? ");
  scanf("%s", fparb_str);
  if (!(strcmp(fparb_str, "y")))
    strcpy(fparb_str, "Y");
  else if (!(strcmp(fparb_str, "n")))
    strcpy(fparb_str, "N");
} while (strcmpne(fparb_str, "Y") && strcmpne(fparb_str, "N"));
printf("\n");
printf("%s\n", "INPUT THE VALUES FOR THE BETS/TRADES YOU WISH TO COMPUTE");
printf("%s\n", "INPUT X WHEN FINISHED.");
printf("\n");
flag_int = 0;
tcont = 1;
flushall();

  while (flag_int == 0) {
    printf("");
    gets(str);
    if (!(strcmp(str, "x") && strcmp(str, "X"))) {
      flag_int = 1;
      tcont--;
    } else {
      trax[tcont] = atof(str);
      tcont++;
    }
  }
  printf("\n");
  printf("%s%d%s\n", "YOU INPUT A TOTAL ", tcont, " BETS/TRADES");
  printf("%s%s", "PERCENT OF ACCOUNT DEPLETION TILL RUIN " , "? ");
  scanf("%f", &deple);
  if (deple > 1.0)
    deple /= 100.0;
  wt = 0;
  bl = 999999.9;
  for (y = 1; y <= tcont; y++) {
    if (trax[y] < bl)
      bl = trax[y];
    if (trax[y] > 0)
      wt++;
  }
  calculs();
  runstest();
  printf("\n");
  ioo = 0;
  while (ioo < 1 || ioo > 3) {
    printf("OUTPUT DEVICE (1. Screen  2. Printer  3.File) ? ");
    scanf("%d", &ioo);
  }
  if (ioo == 2)
    strcpy(prtr_str, "PRN");
  if (ioo == 3) {
    printf("FILENAME FOR OUTPUT   ");
    scanf("%s", prtr_str);
  }
  /* NOW OUTPUT THE RESULTS*/
  _clearscreen(_GCLEARSCREEN);
  ra = wt / (float)tcont;
  /* HERE IS RISK OF RUIN CALCS */
```

付　録

```
      vaf = ((aw / fabs(bl / truef)) * ra) - (fabs(al / fabs(bl
             / truef)) * (1 - ra));
      fal = pow((double)((ra * (pow((aw / fabs(bl / truef)), (double)2.0))) +
             ((1 - ra) * (pow((al / fabs(bl / truef)), (double)2.0)))),
             (double)(1.0 / 2.0));
      paf = 0.5 * (1 + (vaf / fal));
      fan = 0.0;
      n = 1;
      do {
         x = 1;
         yy = 0.0;
         fap = 1.0;
         while (x <= n) {
            why = 1.0 / x;
            if (x == 1)
               why = deple;
            ual = why / fal;
            sea = (((((fabs(bl / truef) / x) + fabs(bl / truef)) - ((1 - why) *
                   fabs(bl / truef))) / fabs(bl / truef)) / fal;
            yy = 1 - ((pow((double)((1 - paf) / paf), (double) ual) - 1) / ((
                   pow((double)((1 - paf) / paf) , (double)sea)) - 1));
            fap *= yy;
            x++;
         }
         fan += fap;
         n++;
      } while (fap > .000001);
      if (ioo > 1) {
         if ((file_no[1] = fopen(prtr_str, "w")) == NULL)
            exit(0);
         fprintf(file_no[1], "%s\n", "FOR THE FOLLOWING BETS/TRADES:");
         for (x = 1; x <= tcont; x++) {
            fprintf(file_no[1], "%f\n", trax[x]);
         }
         fprintf(file_no[1], "%s\n", " ");
         if (!((geomean_dbl <= 0) || (truef <= 0))) {
            fprintf(file_no[1], "%s", "GEOMETRIC AVERAGE TRADE = ");
            fprintf(file_no[1], "%8.2f\n", (geomean_dbl - 1) * fabs(bl / truef));
            fprintf(file_no[1], "%s", "GEOMETRIC MEAN = ");
            fprintf(file_no[1], "%3.7f\n", geomean_dbl);
            fprintf(file_no[1], "%s", "TERMINAL WEALTH RELATIVE = ");
            fprintf(file_no[1], "%17.3f\n", twr_dbl);
         }
         if (!(truef <= 0)) {
            fprintf(file_no[1], "%s %3.2f %s", "TRUE OPTIMAL f =", truef, "OR
                   1 CONTRACT FOR EVERY ");
            fprintf(file_no[1], "$%9.2f", fabs(bl / truef));
            if (strcmpne(fparb_str, "Y"))
               fprintf(file_no[1], "%s\n", "");
            else
               fprintf(file_no[1], "%s %d\n", " ITERATIVE PASSES =", pcount_int);
            fprintf(file_no[1], "%s%3.0f%s\n", "PERCENT OF ACCOUNT DEPLETION TILL
                   RUIN ", deple * 100 , "%");
            fprintf(file_no[1], "%s", "RISK OF RUIN (FIXED FRACTION)    = ");
            fprintf(file_no[1], "%7.5f\n", fan);
            fprintf(file_no[1], "%s", "RISK OF RUIN (CONSTANT CONTRACT) = ");
            fprintf(file_no[1], "%7.5f\n", pow((double)((1 - paf) / paf),
                   (double)(deple / fal)));
            fprintf(file_no[1], "%s", "EVERY ");
            fprintf(file_no[1], "$%6.0f", yung);
            fprintf(file_no[1], "%s", " OF INITIAL EQUITY GREW TO ");
            fprintf(file_no[1], "$%17.0f\n", (accu_dbl + yung ));
            fprintf(file_no[1], "%s", "Z SCORE = ");
            fprintf(file_no[1], "%7.4f\n", zscore);
            fprintf(file_no[1], "%s", "LINEAR CORRELATION = ");
            fprintf(file_no[1], "%6.4f\n", pearson);
         }
         fcloseall();
      }
      if (ioo == 1) {
         printf("%s\n", "FOR THE FOLLOWING BETS/TRADES:");
         for (x = 1; x <= tcont; x++) {
            printf("%f\n", trax[x]);
```

```
        }
        printf("%s\n", " ");
        if (!((geomean_dbl <= 0) || (truef <= 0))) {
          printf("%s", "GEOMETRIC AVERAGE TRADE = ");
          printf("$%8.2f\n", (geomean_dbl - 1) * fabs(bl / truef));
          printf("%s", "GEOMETRIC MEAN = ");
          printf("%3.7f\n", geomean_dbl);
          printf("%s", "TERMINAL WEALTH RELATIVE = ");
          printf("%17.3f\n", twr_dbl);
        }
        if (!(truef <= 0)) {
          printf("%s %3.2f %s", "TRUE OPTIMAL f =", truef, "OR 1 CONTRACT
                 FOR EVERY ");
          printf("$%9.2f", fabs(bl / truef));
          if (strcmpne(fparb_str, "Y"))
            printf("%s\n", "");
          else
            printf("%s %d\n", " ITERATIVE PASSES =", pcount_int);
          printf("%s%3.0f%s\n", "PERCENT OF ACCOUNT DEPLETION TILL RUIN ",
                 deple * 100 , "%");
          printf("%s", "RISK OF RUIN (FIXED FRACTION)    = ");
          printf("%7.5f\n", fan);
          printf("%s", "RISK OF RUIN (CONSTANT CONTRACT) = ");
          printf("%7.5f\n", pow((double)((1 - paf) / paf), (double)(deple / fal)));
          printf("%s", "EVERY ");
          printf("$%6.0f", yung);
          printf("%s", " OF INITIAL EQUITY GREW TO ");
          printf("$%17.0f\n", (accu_dbl + yung ));
          printf("%s", "Z SCORE = ");
          printf("%7.4f\n", zscore);
          printf("%s", "LINEAR CORRELATION = ");
          printf("%6.4f\n", pearson);
          }
      }
}

static void calculs()
{
  float     abscissa;
  float     f;
  float     f2;
  double    hpr_dbl;
  float     kon;
  int       kon_int;
  float     lcnx;
  float     lw;
  float     p1x;
  float     p2x;
  float     p3x;
  float     pearl;
  float     pt1;
  float     pt2;
  float     pt3;
  float     sigxq;
  float     sigxy;
  float     sigy;
  float     sigyq;
  float     tolerance;
  float     tpt2;
  double    twr2_dbl;
  double    twtemp_dbl;
  float     wcnx;
  float     xbar;
  float     ybar;
/* PERFORM MAIN CALCULATIONS*/
pearson = 0.0;
geomean_dbl = 0.0;
twr_dbl = 0.0;
truef = 0.0;
if ((tcont < 2) || (bl >= 0) )
  return;
pearl = 0.0;
```

```
for (x = 1; x <= tcont; x++) {
  pearl = pearl + trax[x];
}
xbar = (pearl - trax[tcont]) / (tcont - 1);
ybar = (pearl - trax[1]) / (tcont - 1);
sigxy = 0.0;
sigy = 0.0;
sigxq = 0.0;
sigyq = 0.0;
for (x = 1; x <= (tcont - 1); x++) {
  sigxy = sigxy + ((trax[x] - xbar) * (trax[x+1] - ybar));
  sigxq = sigxq + ((trax[x] - xbar) * (trax[x] - xbar));
  sigyq = sigyq + ((trax[x+1] - ybar) * (trax[x+1] - ybar));
}
if (!(((sigxq == 0) || (sigyq == 0))))
  pearson = sigxy / (sqrt(sigxq) * sqrt(sigyq));
aw = 0.0;
al = 0.0;
wcnx = 0.0;
lcnx = 0.0;
for (x = 1; x <= tcont; x++) {
  if (trax[x] > 0) {
    aw += trax[x];
    wcnx++;
  }
  if (trax[x] <= 0) {
    lw += trax[x];
    lcnx++;
  }
}
aw /= wcnx;
lw /= lcnx;
f = 0.01;
  f2 = 0.0;
  twr2_dbl = 0.0;
  do { /* START INTO THE LOOP THROUGH TRADES */
    twr_dbl = 1.0;
    hpr_dbl = 1.0;
    if (f > 1)
      f = 1.0;
    for (x = 1; x <= tcont; x++) {
      hpr_dbl = (1 + (f * (trax[x] / fabs(bl))));
      twr_dbl *= hpr_dbl;
    }
    if (!(twr_dbl > twr2_dbl))
      break;
    twr2_dbl = twr_dbl;
    f2 = f;
    f += 0.01;
  } while (f2 < 0.999);
  if ((twr_dbl <= twr2_dbl) || (f2 >= 0.999)) {
    twr_dbl = twr2_dbl;
    truef = f2;
  }
  geomean_dbl = pow(twr_dbl, (double)(1.0 / (double)tcont));
  yung = fabs(bl / truef);
  accu_dbl = 0.0;
  kon_int = 1;
  for (x = 1; x <= tcont; x++) {
    kon = (double)((long)(accu_dbl / yung));
    if (kon < 1)
      kon = (double)(1);
    accu_dbl = accu_dbl  + (trax[x] * kon);
  }
  if (!(strcmp(fparb_str, "N")))
    return;
  /* PARABOLIC INTERPOLATION*/
  tolerance = 0.005;
  pcount_int = 0;
  pt1 = 0.0;
  pt3 = 1.0;
  p3x = 0.0;
  p1x = 0.0;
```

```
      pt2 = 1.0 - tolerance;
      twtemp_dbl = 1.0;
      while (1) {
        pcount_int += 1;
        twtemp_dbl = 1.0;
        for (x = 1; x <= tcont; x++) {
          hpr_dbl = (1 + (pt2 * (trax[x] / fabs(b1))));
          twtemp_dbl *= hpr_dbl;
        }

        p2x = pow(twtemp_dbl, (double)(1.0 / (double)tcont));
        xf1 = (((pt2 - pt1) * (p2x - p3x)) - ((pt2 - pt3) * (p2x - p1x)));
        if (xf1 == 0)
          xf1 = 0.00001;
        abscissa = pt2 - (0.5 * (((((pow((double)(pt2 - pt1), (double)2.0)) *
              (p2x - p3x)) - ((pow((double)(pt2 - pt3), (double)2.0)) * (p2x -
              p1x))) / xf1));
        tpt2 = pt2;
        if (fabs(abscissa - tpt2) <= tolerance) {
          truef = tpt2;
          return;
        }
        if (abscissa > tpt2) {
          pt1 = pt2;
          p1x = p2x;
        }
        if (abscissa < tpt2) {
          pt3 = pt2;
          p3x = p2x;
        }
        pt2 = abscissa;
    }
}
static void runstest()
{
  float   rns;
  /* NOW DO RUNS TEST*/
  rns = 1.0;
  for (x = 2; x <= tcont; x++) {
    if (((trax[x] > 0) && (trax[x-1] <= 0)) || ((trax[x] <= 0) &&
          (trax[x-1] > 0)))
      rns = rns + 1;
  }
  zscore = ((tcont * (rns - 0.5)) - (2 * wt * (tcont - wt))) / sqrt(((2 * wt *
          (tcont - wt)) * ((2 * wt * (tcont - wt)) - tcont)) / (tcont - 1));
}


int   strcmpne(s1, s2)
char *s1, *s2;
{
  if (strcmp(s1, s2) == 0)
    return(0);
  return(1);
}
```

み込むようにしたり、ほかの計算をさせることも可能だ。
各計算で使われる主な変数は以下のとおりである。

TCONT　　総トレード数
TRAX(X)　1からTCONTまでの各トレードから得られる損益
BL　　　　最大損失
AW　　　　平均利益
LW　　　　平均損失

それぞれの出力がプログラムのどこで計算されているかを見てみよう。幾何平均トレード損益はライン1060で計算され、破産確率（R3）はライン750、破産確率（R6）はライン590-700、線形相関係数はライン870-930でそれぞれ計算されている。また、（対元本）最終資産比率、幾何平均、およびオプティマルfはライン990-1060で計算されている。放物線補間法によるオプティマルfはライン1130-1300、オプティマルfを使った場合に得られたであろう利益総額はライン1070-1110、ランテスト（Zスコア）はライン1350で計算されている。

このプログラムは実際の使用や改善そのものを主たる目的とするものではなく、各タスクのプログラミング方法を学ぶことを主たる目的とするものである。例えば、放物線補間法によるオプティマルfを求めるためにはどのようにプログラミングすればよいのかをはじめ、本書に登場したさまざまな計算のプログラミング方法を学ぶのに役立てていただきたい。プログラムは最初にBASICによるもの、それに続いてCによるものが提示されている（CプログラムはMicrosoft Quickc Compilerでも実行可能）。

付録C 累積正規分布

　累積正規分布（累積正規密度関数ともいう）にはとまどう人も多いことだろう。統計学の本には必ず登場する関数だが、大概は正規分布表という形で提示されているからである。しかし、プログラミングの観点から言えば、表で示されたものは使い勝手が悪い。そこで、正規分布表と同程度の精度で累積正規分布を近似する関数を紹介しよう。変数Aが入力、N（A）が出力である。

　$C = 1 - Z*(1.330274*Y\wedge5 - 1.821256*Y\wedge4 + 1.781478*Y\wedge3 - 0.356538*Y\wedge2 + 0.3193815*Y)$

　A≧0のとき、N(A) = C
　A＜0のとき、N(A) = 1 - C

　ただし、
　$Y = 1/(1 + 0.2316419*abs(A))$
　abs(A) = Aの絶対値
　$Z = 0.3989423*exp(-(A\wedge2)/2)$
　exp(A) = Aの指数関数。統計学の本には大概載っているし、電卓でも計算可能。

付録D　暦

　プログラミングでは、暦計算が必要になる場合が少なくない。特定の日が何曜日に当たるかや、ある2つの日付間の日数は何日か、などがそうである。こういった暦の計算には、それを計算するためのアルゴリズムが必要になる。特に、オプションの計算、ギャン理論の計算をはじめとする市場関連のプログラミングでは暦計算は欠かせない。本書で扱うさまざまな応用は、こういった暦計算が可能であることを前提にしている。

　まず、暦について簡単に説明しておこう。1年は正確にはきっちり365日ではなくて、365日よりわずかに長い。正確な値から365日を引いた小数点以下の端数は分数で表すことのできない無理数である。したがって数学的に言えば、日と年とは通約不能である。

　一般に、年には2つの種類がある。ひとつは恒星年で、これは恒星を基準にしたときの地球の公転周期を測定したもので、およそ365.2564日である。もうひとつは太陽年（または、回帰年）で、これは平均春分点（春分点は黄道が天の赤道と交わる点）に対して太陽が1周する時間を測定したものである。しかし、地球の自転軸の向きは一定ではなく1年を通じて常に変化しており、太陽光線の方向と地球の自転軸との間の角度が最小になるときが夏至と定義されている。したがって、太陽年（回帰年）とは地球の自転軸が任意の点を出発して一回転して再び同じ点に戻ってくるのにかかる時間ということになる。ところが残念なことに、地球の自転軸が一回転するのにかかる時間と、恒星を基準にして地球が太陽の周りを一周するのにかかる時間とは一致しないため、太陽年はおよそ365.2422日となり、恒星年とは2万6000分の1の差がある。したがって、1万3000年前には冬の星座が夏至に現れ、夏の星座が冬至に現れていたということになる。

人間の文明において重要なのは、太陽年（回帰年）のほうである。種まきの時期や宗教上の祝日はすべて太陽年を基準に決められるからだ。また、副次的効果として、政府は2万6000年ごとに特別税を徴収できる。

　ローマでは、1年の日数は時代によって違っていた。旧来のローマ暦（回帰年を基に決められた）では季節と日付とが急速にずれていったため、紀元前46年、ジュリアス・シーザーはその年を445日としてそれまでのずれを補正し、より正確な暦を定めた。これが後のユリウス暦である。ユリウス暦では1年は365日で、4年に一度うるう年を設けた（したがって、4年に一度、1日加算される）。うるう年の導入によって、1年の平均日数は365.25日になった。

　現在使われている暦の最後の4つの月（9月、10月、11月、12月）の名前は、このユリウス暦に由来する。当時は、1年の始まりは3月とされた。5番目の月であったクインチリス（Quintilis）はジュリアス・シーザーにちなんだ名前に変更され、現在英語ではジュライ（July）と呼ばれている。その後、更なる暦の改革を進めたのがアウグストゥス・シーザーで、彼は8月を自分の名にちなんでアウグストゥス（現August）と改めた。またアウグストゥスはジュリアスに負けじとばかりに、2月を1日減らし、その1日分を8月に加えて7月と同じ日数にした。本来ならば平年で29日、うるう年で30日あったはずの2月が1日少なく（ユリウス暦でも2月は最も日数が少ない月であったうえ、1年の最後の月でもあった。うるう年のための1日は年の最後に加算されたため、2月がうるう月となった）、7月と8月が2月続けて31日となったのはこのためである。ユリウス暦はそれ以前の暦に比べるとはるかに正確なものであったが、回帰年とは微妙な差があり、およそ0.0078日長かった。ごくわずかな違いであったため、しばらくは何の問題もなかった。

　ところがその導入から16世紀初頭までには、わずかな差が積もり積

もって回帰年との差は12日以上にもなり、深刻な問題として重視されるようになった。これは農業のことを心配してのことではなかった。1250年前にはある宗教会議開催時と一致していた復活祭が10日もずれてしまったのが、宗教的に問題だったのである。この問題に対する権限を持っていたのは当時のローマ法王、グレゴリウス8世である。法王はこの問題打開に向けて、天文学者たちに相談を持ちかけた。そのときの天文学者のひとりがコペルニクスであった。コペルニクスは法王グレゴリウス8世に、この問題を解決するには時間が必要であることを伝えた。当時、回帰年の精度は365.25日まで計算するのがやっとだったのである。後に、回帰年はバチカンの天文学者によってそれ以上の精度まで計算されることになる。

　1582年2月24日、グレゴリウスは暦のずれを是正するために勅令（声明）を出すとともに、ユリウス暦よりも正確な新暦を制定した。それが今に言うグレゴリオ暦である。新暦ではまず、過去1250年の間に蓄積された余分な10日間が削除されることになった（10月5日から10月14日までを削除して、10月4日の次の日を10月15日にする）。多くの市民は自分たちの人生からこの時間が失われることに反対し、商業上の混乱が発生することも懸念した（例えば、10日間が削除された月の地代などは丸々一月分支払わなければならないのか、といった問題）。グレゴリオ暦は基本的にはユリウス暦と同じだが、4で割り切れても400では割り切れない「世紀年」（1700年、1800年など世紀末に当たる年を世紀年という）は平年に戻した。したがって、1900年は旧ユリウス暦ではうるう年になるはずだが、400で割り切れないのでグレゴリオ暦ではうるう年ではなく平年扱いになる。2000年は4でも400でも割り切れるのでうるう年になる。2000年の次にうるう年になる世紀年は2400年である。

　グレゴリオ暦が公布されると、多くの国々はすぐにこれを採用した。しかし、イギリスでの採用は大きく遅れたため、アメリカの植民地で

はグレゴリオ暦が採用されたのは1752年になってからであり、1752年に11日削除された。ジョージ・ワシントンの誕生日は今では2月22日とされているが、1732年の生まれなので実際には2月11日である。アラスカはアメリカに併合された後、暦をグレゴリオ暦に合わせて変更した。

　グレゴリオ暦による1年の平均日数は365.2425日で、実際の回帰年との差はわずか0.0003日なので、3000年に1日しかずれが生じない（地球の自転速度は実際には1日におよそ0.0000000391秒ずつ遅れている。したがって、回帰年であれ恒星年であれ、地球の自転速度を減らしたり、あるいは日数を減らしたりといった調整が必要になるが、1日が1秒進むのには7万0021年を上回る年数がかかるため、このことはここでは考えない。しかし、父親と同じ年齢まで生きた息子は、実際には父親より長く生きたことになるという事実は大変興味深い）。

　プログラミングでは、暦は標準的なYYMMDDフォーマット（例えば、1968年5月23日は680523と表される）からユリウス積日数（例えば、2440000）に変換するという操作を行う。ユリウス積日数とは、紀元前4713年1月1日を基準にして連続的に数えた通日のことで、日、月、年の区別はない。暦計算には2つの関数があれば便利である。すなわち、YYMMDDフォーマットをユリウス積日数に変換するための関数と、ユリウス積日数をYYMMDDフォーマットに変換するための関数の2つである。したがって、2つの日付間の日数を知りたい場合、これら2つの日付をユリウス積日数に変換し、その差をとればよい。また、ある日付けからX日後の日付を知りたい場合は、ある日付をユリウス積日数に変換し、得られた値にXを足し、それをYYMMDDフォーマットに変換すればよい。

　暦計算のための3番目の関数として曜日を求めるための関数が必要になるが、これも簡単である。まず、ユリウス積日数に1を足し、得られた値を7で割って、その剰余を求めればよい。剰余が0のときは

日曜日、1のときは月曜日、……、6のときは土曜日である。この関数の便利な点は、特定の日が何曜日に当たるかや、その日が平日なのか週末なのかを知ることができるだけでなく、任意の2つの日付間に平日および週末が何日含まれるかや、任意の日付からX平日後あるいはX週末後の日付も知ることができることである。

以下に示すのは、これら3つの関数をBASIC（BASICA）およびCを使ってサブルーティンとして作成したものである。BASICによるプログラムでは、グレゴリオ暦とユリウス暦とは区別していない点に注意しよう（1582年10月15日以降であれば、グレゴリオ暦）。しかし、1582年10月15日より前の日付を使うことはほとんどないため、問題はないはずである。一方、Cによるプログラムではこれら2つの暦は区別されているが、この部分を省いてプログラムを簡潔にし実行速度を上げたいのであれば、そうしてもよい。ではまず、BASICプログラムから見てみよう。

```
Calendar Manipulation Program (in BASIC)

10 REM CNVRT YYMMDD TO JULIAN - INPUT X AND OUTPUT JU#
20 YMD$=STR$(X)
30 YMD$=RIGHT$(YMD$,6)
40 YY#=1900+VAL(LEFT$(YMD$,2))
50 IF VAL(MID$(YMD$,3,2))>2 THEN JY#=YY#:JM#=1+VAL(MID$(YMD$,3,2))
60 IF VAL(MID$(YMD$,3,2))<3 THEN JY#=YY#-1:JM#=13+VAL(MID$(YMD$,3,2))
70 ID#=VAL(RIGHT$(YMD$,2))
80 JU#=INT(365.25*JY#)+INT(30.6001*JM#)+ID#+1720995#
90 JA#=INT(.01*JY#)
100 JU#=JU#+2-JA#+INT(.25*JA#)
110 RETURN


10 REM INPUT JULIAN# AND OUTPUT YMD$
20 JB#=JULIAN#+1+(INT(((JULIAN#-1867216!)-.25)/36524.25))
      -INT(.25*(INT(((JULIAN#-1867216!)-.25)/36524.25)))+1524
30 JC#=INT(6680+((JB#-2439870!)-122.1)/365.25)
40 JD#=365*JC#+INT(.25*JC#):JE#=INT((JB#-JD#)/30.6001)
50 JD#=JB#-JD#+INT(30.6001*JE#):MM#=JE#-1:IF MM#>12 THEN MM#=MM#-12
60 YY#=JC#-4715:IF (MM#>2) THEN YY#=YY#-1
70 IF YY#<0 THEN YY#=YY#-1
80 ID$=STR$(ID#)
90 IF LEFT$(ID$,1)=" " THEN ID$=RIGHT$(ID$,LEN(ID$)-1):GOTO 90
100 IF LEN(ID$)<2 THEN ID$="0"+ID$
110 MM$=STR$(MM#)
120 IF LEFT$(MM$,1)=" " THEN MM$=RIGHT$(MM$,(LEN(MM$)-1)):GOTO 120
130 IF LEN(MM$)<2 THEN MM$="0"+MM$
140 YMD$=RIGHT$(STR$(YY#),2)+MM$+ID$
150 RETURN


10 REM DAY OF THE WEEK ROUTINE
11 REM INPUT X#, THE JULIAN DAY AND OUTPUT X%, THE DAY OF THE WEEK 0-6
20 X#=JU#+1:X#=(X#/7)-INT(X#/7):X%=CINT(X#*7)
30 RETURN
```

次は、Cプログラムである。1582年10月15日以前と以後の日付が区別されていることに注意しよう。

```c
unsigned long   toyymmdd(x) /* converts Julian to YYMMDD */
unsigned long   x;
{
    long  igreg, Jalpha, Ja, Jb, Jc, Jd, Je, id, mm, yy, q;

    igreg = 2299161;
    /* Gregorian Calendar Adopted October 15, 1582 */
    if (x >= igreg) {
        Jalpha = (((x - 1867216) - .25) / 36524.25);
        q = (.25 * Jalpha);
        Ja = x + 1 + Jalpha - q;
    } else {
        Ja = x;
    }
    Jb = Ja + 1524;
    Jc = 6680 + ((Jb - 2439870) - 122.1) / 365.25;
    q = .25 * Jc;
    Jd = 365 * Jc + q;
    Je = (Jb - Jd) / 30.6001;
    q = (30.6001 * Je);
    id = Jb - Jd - q;
    mm = Je - 1;
    if (mm > 12)
        mm = mm - 12;
    yy = Jc - 4715;
    if (mm > 2)
        yy--;
    if (yy <= 0)
        yy--;
    yy = yy - 1900;
    return((unsigned long)((yy * 10000) + (mm * 100) + id));
}

unsigned  dayofweek(x)
/* catches Julian day x, returns day of the week 0-6 */
unsigned long   (x);
{
    x++;
    return((unsigned int)(x % 7));
}
```

                Calendar Manipulation Program (in C)

```c
unsigned long   tojul(x) /* converts YYMMDD to Julian */
unsigned long   (x);
{
    float    day, month, year, igreg, julday, Ja, Jy, Jm;

    igreg = (float)(15 + 31 * (10 + 12 * 1582));
    /* Gregorian Calendar Adopted October 15, 1582 */
    year = (float)((int)(x / 10000));
    month = (float)((int)((x / 100) - ((x / 10000) * 100)));
    day = (float)((int)(x - (year * 10000) - (month * 100)));
    year += 1900.0;
    if (year < 0.0)
        year++;
    if (month > 2.0) {
        Jy = year;
        Jm = month + 1.0;
    } else {
        Jy = year - 1.0;
        Jm = month + 13.0;
    }
```

318

```c
        julday = (float)((unsigned long)(365.25 * jy));
        julday += ((float)((unsigned long)(30.6001 * jm)));
        julday += ((float)(day + 1720995));
    if ((day + 31 * (month + 12 * year)) >= igreg) {
            ja = (float)((unsigned long)(.01 * jy));
            julday += (2.0 - ja);
            julday += (.25 * ja);
    }
    return((unsigned long)(julday));
}
```

付録E　オプションの計算

　次に、暦計算や累積正規分布関数だけでなく、オプション価格付けモデルも含むプログラムを見ていくことにしよう。このプログラムは『プリシジョン・オプションズ・アナリスト（The Precision Options Analyst）』を簡略化した非商業目的のプログラムで、カリフォルニア州サクラメント在住の私の友人、ジョー・ブリスターの好意によって提供されたものである。商品化されたものはカラー版で、しかもここに提示したものよりもはるかに多くの機能を持つ。簡略版プログラムは実行可能ではあるが、商品オプションや株式オプションの公正（理論）価格の計算方法と、そのプログラミング方法を示すことが主たる目的である。いずれにしても、ジョーのプログラムは、使われている公式の多くがローレンス・マクミランの古典『オプションズ・アズ・ア・ストラテジック・インベストメント（Options as a Strategic Investment）』（本書の最後に紹介している「参考文献と推薦図書」を参照）からのものであるという点で、実に素晴らしいものである。

　本書掲載のプログラムは、ジョーの許可の下、オプションの公正価格のオプティマルfを求めるための方法を含むように改良したものである。さらにプログラムには、オプションの決められた行使日として最適な日を求める方法も組み込んだ。これは、こういったテクニックのプログラミング方法を読者がよりよく理解できるようにするためである。プログラムを実行する際、選択肢1の「Fair Market Values & Optimal f（公正市場価格とオプティマルf）」を選んだ場合には計算にかなりの時間がかかることに注意していただきたい。これは、オプティマルfと決められた行使日の計算処理速度が非常に遅いからである。また、このプロセスはちょっとひねくれもので、最適幾何平均

が1を下回ったり、オプティマルfが0未満または1を上回る場合、オプティマルfも決められた行使日も求められないことがある点にも注意が必要である。だったらなぜこんなプログラムを提示するのかといえば、これを出発点として読者にプログラミングへの関心を高めていただきたいからである。さまざまな工夫をこらして、計算速度と効率性の改善にチャレンジしていただきたい。

このプログラムでは、決められた行使日（この日を含む）までのすべての日ごとにHPRを計算しているが、これは現在からその行使日までの間のいつオプションを手仕舞いするかは分かっていないが、その行使日までには必ず手仕舞いすることを前提としているためである。また、オプションは、**このプログラムの解として返される最適な行使日における取引終了時点**で手仕舞いしなければならないものとする。

プロンプトへの対応方法とプログラムで用いられている数学については、この後のソフトウエアマニュアル（『プレシジョン・オプションズ・アナリスト（The Precision Options Analyst）』用マニュアル）の抜粋を参考にしていただきたい。簡略版BASICプログラムは、マニュアル説明後に提示している。

プレシジョン・オプションズ・アナリスト

このプログラムで使われているのは、ブラック・ショールズ株式オプション価格付けモデルである。ブラック・ショールズ・モデルは、上場オプションの取引が開始された1973年初期に発表されたものだ。ブラック・ショールズ・モデルは、比較的使いやすいこと、支持者が多いこと、そして非常に正確であることより、オプション価格を計算するための標準モデルとして普及している。ブラック・ショールズ・モデルは次の式によって表される。

コールオプション価格 = $(P*N(D1)) - (E^{-(R*T)})*(S*N(D2))$

ただし、
$D1 = (\ln(P/S) + (R + (V^2)/2)*T) / (V*(T^{1/2}))$

$D2 = D1 - V*(T^{1/2})$

P＝原資産価格（株価）。ただし、オプションが満期日よりも前に行使された場合には、1株当たり配当を含めなければならない。

S＝行使価格

T＝満期日までの残存期間（年数換算）

R＝現在の無リスク利子率

V＝ボラティリティ（株価の年次標準偏差）

ln＝自然対数

E(X)＝指数関数

N(X)＝累積正規密度関数

ブラックはさらにこのモデルから、先物オプションの評価式を導き出した。

コールオプション価格 = $(E^{-(R*T)})*((P*N(D1)) - (S*N(D2)))$

ただし、
$D1 = (\ln(P/S) + ((V^2)/2)*T) / (V*(T^{1/2}))$
$D2 = D1 - V*(T^{1/2})$

P＝先物価格

S＝行使価格

T＝満期までの残存期間（年数換算）

R＝現在の無リスク利子率

V＝ボラティリティ（先物価格の年次標準偏差）
ln＝自然対数
E(X)＝指数関数
N(X)＝累積正規密度関数

　プット価格式はこれらの公式から得られるコールの理論価格から導き出すことができる。次の公式は、同じ行使価格および同じ満期日のプットの価値とコールの価値との間には、裁定関係という一定の関係があることを前提とするものである。この公式は、変換方式によるプット価格式のひとつで、信頼のおける正確なモデルとして普及している。

　プットオプション価格＝(((C＋S－P＋G)*W)＋Z)/W
P＝原資産価格
S＝行使価格
C＝同じ行使価格および満期日のコールの公正価値
G＝1株当たり配当（ドル価）。オプションを満期日より前に行使する場合に適用。
　W＝1ポイント当たりのドル価。株式の場合は1。
Z＝キャリングコスト

　プット価格は価格付けモデルを使って求めることもできる。プット価格のブラック・ショールズ・モデルは次のように表される。

　プットオプション価格＝－(P*N(－D1))＋(E^(－(R*T)))*(S*N(－D2))

　ただし、

$D1 = (\ln(P/S) + (R + (V^2)/2)*T)/(V*(T^{(1/2)}))$

$D2 = D1 - V*(T^{(1/2)})$

P=原資産価格（株価）。ただし、オプションを満期日より前に行使する場合には、1株当たり配当を含めなければならない。

S=行使価格

T=満期日までの残存期間（年数換算）

R=現在の無リスク利子率

V=ボラティリティ（株価の年次標準偏差）

ln=自然対数

E(X)=指数関数

N(X)=累積正規密度関数

また、ブラックによる先物プットオプションの公式は次のとおりである。

プットオプション価格 = －(E^(－(R*T)))*((P*N(－D1)) － (S*N(－D2)))

ただし、

$D1 = (\ln(P/S) + ((V^2)/2)*T)/(V*(T^{(1/2)}))$

$D2 = D1 - V*(T^{(1/2)})$

P=先物価格

S=行使価格

T=満期日までの残存期間（年数換算）

R=現在の無リスク利子率

V=ボラティリティ（先物価格の年次標準偏差）

ln=自然対数

E(X)=指数関数

N(X) = 累積正規密度関数

オプション価格の原資産価格に関する一次導関数はデルタ（ヘッジ比率ともいう）と呼ばれ、原資産価格がわずかに変化したときに、オプション価格がどれくらい変化するかを示すものである。これらのモデルの便利な点のひとつは、デルタを（微分しなくても）正確に計算できることにある。

コールオプションのデルタ＝N(D1)
プットオプションのデルタ＝－N(－D1)

これらのモデルにおいて注目すべき点はほかにもある。これらのモデルから計算される公正価格が、原資産価格と行使価格との差を下回った場合（コールの場合を想定）、コールの公正価格は原資産価格と行使価格との差に等しくなる。この場合のデルタは1である。プットの場合も同様で、公正価格が原資産価格と行使価格との差を下回った場合、プットの公正価格は原資産価格と行使価格との差に等しくなる。

また、キャリングコストは次のように表すこともできる。

単利＝S*R*T
複利（現在価値）＝S*(1－((1＋R)^(－T)))

ただし、
S＝行使価格（株式モデルの場合）または当初証拠金（先物モデルの場合）
R＝現在の無リスク利子率
T＝満期までの残存期間（年数換算）

各種機能

● 株式オプション用ブラック・ショールズ・モデルだけでなく、先物オプション用フィッシャー・ブラック・モデルにも対応。
● 反復収束法によるインプライド・ボラティリティの計算。
● ユーザーが指定する方法でキャリングコストを計算。ユーザーは単利式もしくは複利(現在価値)式のいずれかを選択することができる。
● 裁定ポジションの分析。価格が数学モデルによるものとどれだけ乖離しているかを分析したり、ほかのオプション価格との比較が可能。
● 公正価格表。すべての変数一定の下で、ファクターをひとつだけ(例えば、満期までの残存期間、原資産価格、行使価格など)変化させたときの価格表をプリントアウト可能。
● 期待リターンの分析。原資産価格が満期日までに一定価格を上回る確率や下回る確率を統計的に算出可能。これによって、満期日に価格が取り得る「価格帯」が分かる。
● 累積正規密度関数の5次多項式または無限級数展開による近似(詳細についてはここでは議論しない)が可能。

プログラムの実行

　プログラムが立ち上がったら、まず今日の日付の入力を求めるプロンプトが現れる。入力した日付が「システム日」となり、数値計算はすべてこのシステム日におけるトレーディング終了時点を基にして行われる。例えば、明日があるオプション取引の最終日で、今日のトレーディングは終了したとすると、そのオプションを市場で取引できる残存日数はあと1日ということになる。したがって、今日の日付をシステム日として入力すると、すべての計算はそのオプションの取引残存日数を1日としたうえで行われる。

次に、ブラック・ショールズ株式オプションモデルとフィッシャー・ブラック先物オプションモデルのどちらかを選択するように指示される。いずれかを選択したら、次にキャリングコストの計算には単利と複利（現在価値）のどちらを選ぶかをきいてくる。キャリングコストの計算は、株式オプションモデルの場合にも先物オプションモデルの場合にも必要になる。通常は複利よりも単利のほうがよく使われるので選択肢に含まれているが、複利（現在価値）式のほうが正確なので、できれば複利を選ぶのがよいだろう。

　次に、累積正規密度関数の計算方法を選ぶ。選択肢は2つで、5次多項式による近似を使うか、無限級数展開と呼ばれる反復法による近似を使うかを選ぶ。ほとんどの場合、どちらを選んでも計算値に大きな違いはないが、選択肢として一応2つ用意されている。

　最後に、プット価値の計算方法として、変換方式もしくは価格付けモデルのいずれかを選ぶ。変換方式では、まず同じ行使価格、同じ満期のコール価格を計算し、裁定取引によってプット価格とコール価格との関係が一定に保たれると仮定して、プット価格を計算する。価格付けモデルによるプット価値の計算は変換方式とはまったく異なる。価格付けモデルによる計算では、コール価値は計算されず、コールオプションの公正価格を計算するための公式をプットオプション用に改良した式を使って、プット価値が直接的に計算される。どちらの方法を使うかはとても重要だ。したがって、オプションの計算にどちらの方法を使ったほうがよいのかが判明するまでは、両方の方法で計算しておいたほうがよいだろう。

主なプロンプト

　メインページが現れると、ページの一番上にシステム日と曜日が表示されていることを確認しよう。あなたが選んだモデル、キャリング

コストの計算方法、累積正規分布の計算方法、プットの計算方法も表示されるので確認しておこう。

メニューは9つあり、メニュー8の「Reset Parameters（パラメータの初期化）」を選択すると最初に戻る（すなわち、システム日、モデルタイプ、キャリングコストの計算方法などの入力や選択を求めるプロンプトが再び現れる）。そして、入力と選択が終わったら再びメニューに進む。

プリンタに結果を印刷したいときには、＜SHIFT＞＋＜PRT SC＞（＋はキーの同時入力を意味する）と入力するといつでも印刷が可能だ。これ以外のときには結果はスクリーンに表示される。

オプション価格付けモデルにおける入力値のなかで最も重要なもののひとつが、原資産価格のボラティリティである。モデルでは原資産価格の年次標準偏差がボラティリティとして用いられているが、ボラティリティは市場そのものに決めさせたものを用いたほうがよいだろう。つまり、コールオプションの市場価格が分かっていれば、その値を公正価格を求める公式に代入すれば、市場がインプライドするボラティリティを逆算できるというわけだ。この方法で求めたボラティリティを**インプライド・ボラティリティ**という。インプライド・ボラティリティを使っていると、任意の原資産価格のインプライド・ボラティリティは日次ベースではほとんど変化しないことに気づくはずだ。インプライド・ボラティリティを計算するにはメニュー7の「Calculate Implied Volatility（インプライド・ボラティリティの計算）」を選択する。必要な事項を入力すると、インプライド・ボラティリティはプログラムが計算してくれる。この計算は反復収束法によって行われる。具体的には、まずインプライド・ボラティリティを50％と仮定し、すべての変数をモデルに代入してオプション価格を計算する。得られた値がコールの市場価格を上回れば、ボラティリティの仮定値は50％では大きすぎるので、0から50の間の中間値、つまり25

%に設定し直し、再びオプション価格を計算する。得られた値がコールの市場価格を下回れば、ボラティリティを25%と50%の間の値に設定し直し、オプション価格を計算し直す。モデルによる計算値がコールの市場価格に等しくなるまで同じプロセスを繰り返す。

　インプライド・ボラティリティを用いるうえで重要なのは、アウト・オブ・ザ・マネーもしくはイン・ザ・マネーに近い状態にあるオプションを使うということである。つまり、アクティブなオプションを使うのである。ディープ・イン・ザ・マネーやディープ・アウト・オブ・ザ・マネー状態のオプションでは正確な結果を得ることはできない。また、インプライド・ボラティリティの決定に用いるオプションはコールでもプットでも構わない。プロのオプショントレーダーは、任意の原資産価格のコールオプションのなかで最も正確なものを2つまたは4つ使って、インプライド・ボラティリティの平均を取る人が多いが、中にはインプライド・ボラティリティの移動平均（10～21日）を取る人もいる。

　メニュー1の「Fair Market Valuations（公正価値の計算）」を選べば、任意のオプションの公正価値とデルタを計算することができる。ここではボラティリティの入力が求められるので、インプライド・ボラティリティはこのメニューを選ぶ前に計算しておかなければならない。公正価値が計算できれば、第4章で紹介したテクニックを使って、その行使価格と満期日のプットやコールのオプティマルfを計算することができる。プログラムが返してきたオプティマルfの値が0以下になった場合、それは良い賭けではないので、そのオプションは買うべきではない。オプティマルfの値が1.00を上回った場合には、資金を借り入れ、口座の運用資産と借り入れ金とを合わせた資金を使ってオプションを購入する。もちろん、第4章で述べたように、オプティマルfの左側でトレーディングする分には構わないので、資金の借り入れを行わなくてもよい。ただし、オプティマルfの左側領域の

どの位置でトレーディングするのが適切であるかは慎重に選ばなければならない。任意の行使価格のプットオプションとコールオプションの公正価格を、すべての変数を一定にして、行使価格を例えば5ポイントずつ増やしながら計算したい場合は、メニュー5の「Fair Value Tables（公正価格表）」を選択する。変化させる項目として選べるのは、行使価格または原資産価格である。行使価格を選んだ場合は、新聞で発表される市場価格表に似た公正価格表が得られ、原資産価格を選んだ場合は、それぞれの原資産価格に対する翌日のオプションの公正価格表が得られる。表にはオプションの公正価値だけでなく、デルタも表示されるので、公正価値のこれまでの推移を知るだけでなく、将来的にどのように変化するのかを予測することもできる。

満期までの残存期間以外の変数を一定にしたい場合には、メニュー6の「Decay Over Time（タイムディケイ）」を選択すればよい。この場合もデルタが表示されるので、オプションの公正価値の将来的な変化を予測することができる。6カ月物のオプションと3カ月物のオプションとを比較する場合にも、この機能が役立つ。

原資産価格が満期までに一定のレベルを上回る確率と下回る確率を知りたいときには、メニュー4の「Expected Return Analysis（期待リターンの分析）」を選択する。原資産価格が満期までどういった「価格帯」にあるかを知りたい場合にもこの機能を使えばよい。この場合の値は、「（現在価格）＋／－（1標準偏差に満期までの残存年数の平方根を掛けた値）」の形で表示される。

理論モデル以外の方法でオプションプレミアムを計算したい場合には、メニュー2および3の「Arbitrage Analysis（裁定分析）」を選択する。この機能を使えば、同じ原資産のほかのオプションの価格との比較が可能だ。

ここで、裁定について簡単に説明しておこう。原資産1単位とプット1枚を買い、プットと同じ行使価格で満期日も同じコールを1枚売

る裁定をコンバージョンという。こういった裁定を行えば、リスクなしで利益が得られることになる。コンバージョンによって利益が得られるということは、コール価格がプット価格よりも高い（または、プット価格がコール価格よりも安い）ことを意味し、つまり原資産の市場相場が上昇傾向にあるということである。コンバージョンの逆がリバーサルである。このほかのオプション戦略に、ボックススプレッドというものがある。これは、満期と行使価格が同じプットとコールの組み合わせを2種類（ただし、行使価格は各組み合わせで異なる）合成するというもので、プレミアムが2つの行使価格の間を外れれば儲けになる。つまり、効率的な市場では裁定機会はないということである。

その他のプロンプト

メニュー1から7までのいずれかを選ぶと、次に示すプロンプトのいずれかが現れる。どちらが現れるかは、用いるオプションモデルと選択した機能によって異なる。

By <S>trike または <U>nderlying

このプロンプトが現れるのは、「Fair Value Tables」を選んだときだけである。すなわち、このプロンプトは、行使価格と原資産価格のどちらを変化させるかをきいているので、行使価格ならばS、原資産価格ならばUと答えればよい。また、本プログラム全体を通じて入力は大文字と小文字のいずれを使っても構わない。

Underlying Price
Strike Price
Price in Question

Starting Strike Price
Underlying Start Price
Call Price
Put Price

これらはすべて価格の入力を求めるプロンプトである。また、分数は入力できない。値はすべて小数で入力しなければならない。

Increment Strike Price
Increment Underlying Price

これらのプロンプトは「Fair Value Tables」を選択し、Starting Strike PriceまたはUnderlying Start Priceと答えた後に現れる。このプロンプトが現れたら、表の各行を計算するときに、初期値からどれくらいずつ増やすかを指示する増分量を入力する。例えば、原資産価格を200から5ずつ増やして（この場合、原資産価格の値は200、205、210、215、……となる）公正価格表を作成したい場合は、「5」と答えればよい。

Expiration Date (YYMMDD)

このプロンプトが現れたら、その年の西暦の下2桁、月（2桁）、日（2桁）を続けて入力する。例えば、満期日として1988年10月9日を入力したい場合、881009と入力すればよい。満期までの残存日数は、今入力した満期日と以前入力したシステム日とからプログラムが自動的に算出してくれる。

Volatility

このプロンプトには、メニュー7の「Calculate Implied Volatility」から得られた値を入力すればよい。例えば、原資産のボラティリティが13.12%だとすると、13.12と入力する。

Short Term Rates

短期金利としては、通常は直近の90日物Tビルレートを用いる。入力値は必ず小数にし、%記号は付けない。例えば、直近の90日物Tビルレートが8 1/2%の場合、8.5と入力する（0.085ではないので注意）。

Dividends Per Share in Dollars

このプロンプトが現れるのは、株式モデルを使っている場合のみである。現在とオプション満期日までの間に発生する配当をドル価で入力する。ただし、配当を入力しなければならないのは、オプションを満期日よりも前に行使する場合のみである。ドル記号は付けないように注意しよう。配当はオプション価格を大きく左右することはないので、もし配当金額が分からなければ0と入力しておけばよい。これによって結果が大きく変わることはない（ただし、配当金が大きくなると、この値を0にすることで結果に与える影響は大きくなる）。一例を挙げよう。例えば1株当たりの配当が75セントで、満期日よりも前に行使する場合には、0.75と入力すればよい。

Margin Per Contract

このプロンプトが現れるのは、先物モデルを使っている場合のみである。当初証拠金必要額をドル記号を付けないで入力する。

Dollars Per Full Point

このプロンプトが現れるのは、先物モデルを使っている場合のみである。例えば、大豆売買を行っている場合、入力値は50になる。この場合もドル記号は付けない。

No. Days to Skip

これは、メニュー6の「Decay Over Time」を選択したときに、「増分量」の入力を求めるために現れるプロンプトである。表の各行の計算を何日ごとに行わせたいかをスキップする日数で入力する。例えば、1週間ごとに計算させたい場合は7と入力する。入力値は必ず1以上の整数にすること。

For <P>ut or <C>alls

このプロンプトには、PまたはCで答える（大文字でも小文字でも構わない）。このプロンプトは、プットとコールのどちらのインプライド・ボラティリティを計算したいかを尋ねるプロンプトなので、現れるのはインプライド・ボラティリティを使っている場合のみである。

Minimum Tick in Decimal

このプロンプトが現れたら、原資産の最小取引単位を入力する。例えば、Tボンドの場合、1ティックが1/32なので0.03125と入力する。

マニュアルの簡単な説明が終わったところで、最後にThe Precision Options Analystの簡易版プログラムを提示しておく。

OPTIONS.BAS Program (in BASIC)

```
10 REM OPTIONS.BAS, A PROGRAM TO SHOW THE MATH OF OPTION MODELS
1000 DIM NUTHR(250),GPH(17,5),GIG$(80),NT$(10,2)
      :ZACH$="
1010 CLS
1020 PRINT "System Date (YYMMDD) ":LOCATE 1,23:INPUT ED$
1030 ED$=DE$:GOSUB 1040:JL=JU#:GOSUB 1280:GOTO 1090
1040 REM CNVRT YYMMDD TO JULIAN
1050 YY#=1900+VAL(LEFT$(ED$,2)):IF VAL(MID$(ED$,3,2))>2
      THEN JY#=YY#:JM#=1+VAL(MID$(ED$,3,2))
1060 IF VAL(MID$(ED$,3,2))<3 THEN JY#=YY#-1
      :JM#=13+VAL(MID$(ED$,3,2))
1070 ID#=VAL(RIGHT$(ED$,2)):JU#=INT(365.25*JY#)+INT(30.6001*JM#)
      +ID#+1720995#:JA#=INT(.01*JY#)
      :JU#=JU#+2-JA#+INT(.25*JA#)
1080 RETURN
1090 ZA$="........................................"
1100 PRINT:PRINT"Carrying Charge Calculations:"
      :PRINT "<S>imple Interest"
      :PRINT"<C>ompound Interest, Present Worth"
      :LOCATE 12,1:PRINT CHR$(219)
1110 CC$=INKEY$:IF CC$="" THEN 1110
1120 IF ASC(CC$)>90 THEN CC$=CHR$(ASC(CC$)-32)
1130 IF CC$<>"S" AND CC$<>"C" THEN 1110
1140 LOCATE 12,1:PRINT CC$:LOCATE 14,1
      :PRINT "Cumulative Normal Distribution:"
      :PRINT"<F>ifth Order Polynomial"
      :PRINT"<I>nfinite Series Expansion"
      :LOCATE 17,1
      :PRINT CHR$(219)
1150 FI$=INKEY$:IF FI$="" THEN 1150
1160 IF ASC(FI$)>90 THEN FI$=CHR$(ASC(FI$)-32)
1170 IF FI$<>"F" AND FI$<>"I" THEN 1150
1180 LOCATE 17,1:PRINT FI$
1190 LOCATE 19,1:PRINT "Put Calculation:"
      :PRINT"<C>onversion Method"
      :PRINT"<P>ricing Models":LOCATE 22,1:PRINT CHR$(219)
1200 PTY$=INKEY$:IF PTY$="" THEN 1200
1210 IF ASC(PTY$)>90 THEN PTY$=CHR$(ASC(PTY$)-32)
1220 IF PTY$<>"C" AND PTY$<>"P" THEN 1200
1230 LOCATE 22,1:PRINT PTY$:GOTO 1340
1240 REM DAY OF THE WEEK ROUTINE
1250 X#=JU#+1:X#=(X#/7)-INT(X#/7):X%=CINT(X#*7)
1260 IF X%=0 THEN D$="Sunday" ELSE IF X%=1 THEN D$="Monday"
      ELSE IF X%=2 THEN D$="Tuesday" ELSE IF X%=3 THEN
      D$="Wednesday" ELSE IF X%=4 THEN D$="Thursday"
      ELSE IF X%=5 THEN D$="Friday" ELSE IF X%=6 THEN
      D$="Saturday"
1270 RETURN
1280 REM WHICH MODEL ?
1290 PRINT:PRINT:PRINT "SELECT:":PRINT"<S>tock Option Model"
      :PRINT "<C>ommodity Option Model"
      :LOCATE 7,1:PRINT CHR$(219)
1300 CM$=INKEY$:IF CM$="" THEN 1300
1310 IF ASC(CM$)>90 THEN CM$=CHR$(ASC(CM$)-32)
1320 IF CM$<>"S" AND CM$<>"C" THEN 1300
1330 LOCATE 7,1:PRINT CM$:RETURN
1340 GOSUB 3590:PRINT "System Date is ";D$;" ";DE$
1350 IF CM$="S" THEN PRINT "Black-Scholes Stock Option Model"
1360 IF CM$="C" THEN PRINT "Black Commodity Option Model       "
1370 IF CC$="S" THEN PRINT "Simple Interest"
1380 IF CC$="C" THEN PRINT "Compound Interest, Present Worth"
1390 IF FI$="F" THEN PRINT "Fifth Order Polynomial" ELSE IF
      FI$="I" THEN PRINT "Infinite Series Expansion"
1400 IF PTY$="C" THEN PRINT"Conversion Put Calculation" ELSE
      PRINT "Pricing Model Put Calculation"
1410 PRINT ZA$:PRINT "Select:"
1420 PRINT "<1> = Fair Market Values & Optimal f"
1430 PRINT "<2> = Arbitrage Analysis - Conversions"
```

```
1440 PRINT "<3> = Arbitrage Analysis - Boxes"
1450 PRINT "<4> = Expected Return Analysis"
1460 PRINT "<5> = Fair Value Tables"
1470 PRINT "<6> = Decay Over Time"
1480 PRINT "<7> = Calculate Implied Volatility"
1490 PRINT "<8> = Reset Parameters"
1500 PRINT "<0> = End"
1510 PRINT:PRINT ZA$
1520 LOCATE 7,9:PRINT CHR$(219)
1530 O$=INKEY$:LOCATE 7,9:PRINT O$;
1540 OO$=" ":IF O$="6" THEN O$="10"
1550 IF O$<>"5" THEN 1630
1560 LOCATE 1,42:PRINT "By <S>trike or <U>nderlying ?"
           :LOCATE 3,42:PRINT CHR$(219)
1570 OO$=INKEY$:IF OO$="" THEN 1570
1580 IF OO$="s" THEN OO$="S"
1590 IF OO$="u" THEN OO$="U"
1600 LOCATE 3,42:PRINT OO$:IF OO$="S" THEN O$="5"
1610 IF OO$="U" THEN O$="6"
1620 IF OO$<>"U" AND OO$<>"S" THEN 1570 ELSE GOSUB 3630
1630 IF O$="1" OR O$="2" OR O$="3" OR O$="4" OR O$="5" OR
        O$="6" OR O$="7" OR O$="10" THEN 1670
1640 IF O$="8" THEN GOSUB 3610:GOTO 1020
1650 IF O$="0" THEN 3580
1660 GOTO 1520
1670 REM MAIN CONTROL
1680 LOCATE 1,42:PRINT"Input the Following:"
1690 ZEB=3
1700 LOCATE ZEB,42:IF O$<>"3" AND O$<>"6" THEN INPUT "Underlying
          Price              ",UU:IF UU<=0 THEN 1700 ELSE ZEB=ZEB+1
1710 LOCATE ZEB,42:IF O$="4" THEN INPUT"Price in
          Question         ",E:ZEB=ZEB+1
1720 LOCATE ZEB,42:IF O$="5" THEN INPUT"Starting Strike
          Price    ",E:ZEB=ZEB+1
1730 LOCATE ZEB,42:IF O$="5" THEN INPUT"Increment Strike
          Price    ",IC:ZEB=ZEB+1
1740 LOCATE ZEB,42:IF O$="6" THEN INPUT"Underlying Start
          Price    ",UU:ZEB=ZEB+1
1750 LOCATE ZEB,42:IF O$="6" THEN INPUT"Inc. Underlying
          Price by ",IC:ZEB=ZEB+1
1760 LOCATE ZEB,42:IF O$<>"4" AND O$<>"5" THEN INPUT "Strike
          Price             ",E:ZEB=ZEB+1
1770 LOCATE ZEB,42:IF O$="3" THEN INPUT"Second Strike
          Price    ",EC:ZEB=ZEB+1
1780 LOCATE ZEB,42:IF O$<>"3" THEN INPUT"Expiration
          Date (YYMMDD) ",ED$:ZEB=ZEB+1
1790 IF VAL(ED$)<VAL(DE$) THEN 1780
1800 LOCATE ZEB,42:IF O$<>"3" THEN GOSUB 1050:TD=JU#-JL
          :TY=TD/365:PRINT "Days to Expiration     "TD:ZEB=ZEB+1
1810 LOCATE ZEB,42:IF O$<>"7" AND O$<>"2" AND O$<>"3" THEN INPUT
          "Volatility              ",SD:ZEB=ZEB+1
1820 SP=SD/100
1830 LOCATE ZEB,42:IF O$<>"4" AND O$<>"3" THEN INPUT"Short
          Term Rates      ",RA:ZEB=ZEB+1
1840 RP=RA/100
1850 IF O$="3" OR CM$="C" THEN U=UU
1860 LOCATE ZEB,42:IF O$="2" THEN
          INPUT"Call Price                    ",C:ZEB=ZEB+1
          :LOCATE ZEB,42 :INPUT"Put Price               ",PU
          :ZEB=ZEB+1
1870 LOCATE ZEB,42:IF O$="3" THEN
          PRINT"For Strike Price"E:ZEB=ZEB+1:LOCATE ZEB,42
          :INPUT"Call Price           ",C:ZEB=ZEB+1
          :LOCATE ZEB,42:INPUT"Put Price              ",PU
          :ZEB=ZEB+1
1880 LOCATE ZEB,42:IF O$="3" THEN  PRINT"For Strike
          Price"EC:ZEB=ZEB+1:LOCATE ZEB,42
1890 IF O$="3" THEN INPUT"Call Price           ",C1
          :ZEB=ZEB+1:LOCATE ZEB,42:INPUT"Put
          Price              ",P1:ZEB=ZEB+1
1900 LOCATE ZEB,42
1910 IF O$="7" THEN INPUT "For <P>ut or <C>all        ",PYUK$
          :IF ASC(PYUK$)>90 THEN PYUK$=CHR$(ASC(PYUK$)-32)
1920 IF O$="7" AND PYUK$<>"P" AND PYUK$<>"C" THEN 1900 ELSE
          IF O$="7" THEN ZEB=ZEB+1
```

```
1930 LOCATE ZEB,42:IF O$><"3" AND CM$><"C" THEN
     INPUT "Dividends per Share in $  ",DA$:DA=VAL(DA$)
     :U=UU-DA:LOCATE ZEB,67:PRINT DA:ZEB=ZEB+1
1940 DPP=E:LOCATE ZEB,42:IF O$><"4" AND O$><"3" AND CM$><"S"
     THEN INPUT"Margin per Contract         ",DPP:ZEB=ZEB+1
1950 DX=1:LOCATE ZEB,42:IF O$><"4" AND CM$><"S" THEN
     INPUT"Dollars per Full Point         ",DX:ZEB=ZEB+1
1960 IF CM$="S" THEN DX=100:DPP=E*100
1970 IF O$="7" AND PYUK$="C" THEN LOCATE ZEB,42:INPUT"Call
     Price                 ",C:ZEB=ZEB+1
1980 IF O$="7" AND PYUK$="P" THEN LOCATE ZEB,42:INPUT"Put
     Price                 ",C:ZEB=ZEB+1
1990 IF O$="1" THEN LOCATE ZEB,41:PRINT ZA$:ZEB=ZEB+2
2000 IF O$="7" THEN LOCATE ZEB,41:PRINT ZA$:GOTO 2590
2010 LOCATE ZEB,41:IF O$="4" THEN PRINT ZA$:ZEB=ZEB+2:GOTO 2310
2020 IF O$="2" THEN ZEB=ZEB+1:GOTO 2240
2030 IF O$="3" THEN ZEB=ZEB+1:GOTO 2370
2040 IF O$="5" THEN 2420
2050 IF O$="6" THEN 2720
2060 IF O$="10" THEN LOCATE ZEB,42:INPUT"No. Days to
     Skip            ",IC:ZEB=ZEB+1:GOTO 2870
2070 REM
2080 GOSUB 3060
2090 PR=INT((PR*1000)+.5)/1000
2100 ZEB=ZEB-1:LOCATE ZEB,42:PRINT "Fair Market Call
     Value  =" PR:ZEB=ZEB+1:PRCALL=PR
2110 N1=INT(N1*1000)/1000
2120 LOCATE ZEB,42:PRINT "Delta                   ="N1:ZEB=ZEB+1
2130 GOSUB 3290
2140 PR=INT((PR*1000)+.5)/1000
2150 LOCATE ZEB,42:PRINT "Fair Market Put Value  ="PR
     :ZEB=ZEB+1:PRPUT=PR
2160 N1=INT(N1*1000)/1000
2170 LOCATE ZEB,42:PRINT "Delta                   ="N1:ZEB=ZEB+1
2180 GOSUB 4010
2190 ZEB=ZEB+1
2200 LOCATE ZEB,42:PRINT "Press Any Key to Continue...";
2210 LOCATE ZEB,71:O$=INKEY$:IF O$="" THEN 2210
2220 PR=0:E=0:U=0:UU=0:DA=0:DX=0:RP=0:RY=0:RA=0:TY=0:Z=0:ZZ=0
     :N=0:C=0:DPP=0:PU=0:SD=0:TD=0:IC=0:IB=0:EC=0:N1=0
     :N2=0:CA=0:ZEB=0
2230 O$="":GOSUB 3630:GOTO 1520
2240 REM CONVERSION
2250 LOCATE ZEB,41:PRINT ZA$:ZEB=ZEB+1
2260 CA=RP*TY*DPP:IF CC$="C" THEN CA=DPP*(1-((1+RP)^(-TY)))
2270 PR=((E+C-UU+DA-PU)*DX)-CA:PR=INT(PR*100)/100
2280 LOCATE ZEB,42:PRINT"Conversion at  $"PR:ZEB=ZEB+2
2290 PR=((-E-C+UU-DA+PU)*DX)+CA:PR=INT(PR*100)/100
2300 LOCATE ZEB,42:PRINT"Reversal at    $"PR:ZEB=ZEB+2:GOTO 2190
2310 Z=(LOG(E/U))/(SP*(TY^.5)):GOSUB 3510
2320 LOCATE ZEB,42:PRINT"Probability <"E" by "ED$" is"
     (INT(N*1000)/1000)*100"%":ZEB=ZEB+2
2330 LOCATE ZEB,42:PRINT"Probability >"E" by "ED$" is"
     (1-(INT(N*1000)/1000))*100"%":ZEB=ZEB+2
2340 UH=U*EXP(SP*(TY^.5)):UL=U+(U-UH):UH=INT(UH*100)/100
     :UL=INT(UL*100)/100
2350 LOCATE ZEB,42:PRINT"One Std Dev Targets at Expiration
     Are:":ZEB=ZEB+1:LOCATE ZEB,42:PRINT UH"       "UL:ZEB=ZEB+2
2360 GOTO 2190
2370 LOCATE ZEB,41:PRINT ZA$:ZEB=ZEB+1
2380 LOCATE ZEB,42:PRINT"Arbitrage Analysis - Boxes":ZEB=ZEB+2
2390 X=ABS(ABS(E-EC)-ABS((C-C1)-(PU-P1))):X=INT(X*100)/100:X=X*DX
2400 LOCATE ZEB,42:PRINT "Riskless Profit = $"X
2410 ZEB=ZEB+2:GOTO 2190
2420 GOSUB 3630:LOCATE 3,41:PRINT"Strike":LOCATE 3,59:PRINT "Fair"
     :LOCATE 3,73:PRINT"Fair"
2430 LOCATE 4,41:PRINT "Price":LOCATE 4,51:PRINT "Delta"
     :LOCATE 4,66:PRINT"Delta"
2440 LOCATE 4,59:PRINT"Call":LOCATE 4,73:PRINT "Put"
2450 LOCATE 1,42:PRINT "Current Price is"UU:LOCATE 1,69
     :PRINT"Exp.  "ED$
2460 ST=5
2470 IB=E:FOR E=IB TO (IB+(IC*16)) STEP IC
2480 ST=ST+1
2490 LOCATE ST,41:PRINT INT((E*1000)+.5)/1000
```

```
2500 GOSUB 3060
2510 PR=INT((PR*1000)+.5)/1000:N1=INT((N1*1000)+.5)/1000
2520 LOCATE ST,59:PRINT PR:LOCATE ST,51:PRINT N1
2530 GOSUB 3290
2540 PR=INT((PR*1000)+.5)/1000:N1=INT((N1*1000)+.5)/1000
2550 LOCATE ST,73:PRINT PR:LOCATE ST,66:PRINT N1
2560 NEXT E
2570 ZEB=ST+1
2580 GOTO 2210
2590 REM IMPLIED VOLATILTIY SUBTNE
2600 VP=0
2610 HI=1:LO=0:SP=.5
2620 VP=VP+1
2630 IF PYUK$="C" THEN GOSUB 3060 ELSE IF PYUK$="P" THEN GOSUB 3290
2640 PR=INT((PR*1000)+.5)/1000
2650 IF VP>999 THEN 2680
2660 IF PR>C THEN HI=SP:SP=((SP+LO)/2):GOTO 2620
2670 IF PR<C THEN LO=SP:SP=((SP+HI)/2):GOTO 2620
2680 SP=SP*100
2690 SP=INT((SP*1000)+.5)/1000
2700 IF O$="X" THEN RETURN
2710 ZEB=ZEB+2:LOCATE ZEB,42:PRINT"Implied Volatility is"SP"%"
     :ZEB=ZEB+2:GOTO 2190
2720 GOSUB 3630:LOCATE 4,41:PRINT"Price":LOCATE 3,59:PRINT"Fair"
     :LOCATE 3,73:PRINT"Fair":LOCATE 4,51:PRINT"Delta"
     :LOCATE 4,66:PRINT"Delta":LOCATE 1,42:PRINT "Strike
     Price is"E:LOCATE 2,42:PRINT"Expires "ED$:LOCATE 3,41
     :PRINT"Market"
2730 LOCATE 4,59:PRINT"Call":LOCATE 4,73:PRINT"Put"
2740 ST=5
2750 IB=UU:FOR UU=IB TO(IB+(IC*16)) STEP IC
2760 ST=ST+1
2770 U=UU-DA:IF O$="3" OR CM$="C" THEN U=UU
2780 LOCATE ST,41:PRINT INT((UU*1000)+.5)/1000
2790 GOSUB 3060
2800 PR=INT((PR*1000)+.5)/1000:N1=INT((N1*1000)+.5)/1000
2810 LOCATE ST,59:PRINT PR:LOCATE ST,51:PRINT N1
2820 GOSUB 3290
2830 PR=INT((PR*1000)+.5)/1000:N1=INT((N1*1000)+.5)/1000
2840 LOCATE ST,73:PRINT PR:LOCATE ST,66:PRINT N1
2850 NEXT UU
2860 ZEB=ST+1:GOTO 2210
2870 GOSUB 3630:LOCATE 4,41:PRINT"Price":LOCATE 3,59:PRINT"Fair"
     :LOCATE 3,73:PRINT"Fair":LOCATE 4,51:PRINT"Delta"
     :LOCATE 4,66:PRINT"Delta":LOCATE 1,42
     :PRINT "Strike ="E"  Underlying ="UU:LOCATE 2,42
     :PRINT"Expires "ED$
2880 LOCATE 4,59:PRINT"Call":LOCATE 4,73:PRINT"Put"
2890 ST=5
2900 IB=TD:FOR TD=IB TO (IB-(IC*16)) STEP -IC:TY=TD/365:IF TY<=0
     THEN TY=.0000001:GOTO 3050
2910 ST=ST+1:JN#=JL+(IB-TD):JX#=INT(((JN#-1867216#)-.25)/36524.25)
     :JX#=JN#+1+JX#-INT(.25*JX#)+1524
2920 JC#=INT(6680+((JX#-2439870#)-122.1)/365.25)
     :JD#=365*JC#+INT(.25*JC#):JE#=INT((JX#-JD#)/30.6001)
     :ID#=JX#-JD#-INT(30.6001*JE#):MM#=JE#-1
     :IF MM#>12 THEN MM#=MM#-12
2930 YN#=JC#-4715:IF MM#>2 THEN YN#=YN#-1
2940 IF YN#<=0 THEN YN#=YN#-1
2950 ID$=RIGHT$(STR$(ID#),(LEN(STR$(ID#))-1)):IF LEN(ID$)<2
     THEN ID$="0"+ID$
2960 MO$=RIGHT$(STR$(MM#),(LEN(STR$(MM#))-1)):IF LEN(MO$)<2
     THEN MO$="0"+MO$
2970 DB$=RIGHT$(STR$(YN#),2)+MO$+ID$:LOCATE ST,41:PRINT
     INT((VAL(DB$)*1000)+.5)/1000
2980 GOSUB 3060
2990 PR=INT((PR*1000)+.5)/1000:N1=INT((N1*1000)+.5)/1000
3000 LOCATE ST,59:PRINT PR:LOCATE ST,51:PRINT N1
3010 GOSUB 3290
3020 PR=INT((PR*1000)+.5)/1000:N1=INT((N1*1000)+.5)/1000
3030 LOCATE ST,73:PRINT PR:LOCATE ST,66:PRINT N1
3040 NEXT TD
3050 ZEB=ST+1:GOTO 2210
3060 REM CALL EVALUATION SUBTNE
```

```
3070 IF CM$="C" THEN 3180
3080 IF TY=0 THEN N=0:GOTO 3110
3090 Z=(LOG(U/E)+((RP+((SP^2)/2))*TY))/(SP*(TY^.5))
3100 GOSUB 3510
3110 N1=N:IF TY=0 THEN N=0:GOTO 3140
3120 Z=((LOG(U/E)+(RP+((SP^2)/2))*TY))/(SP*(TY^.5)))-(SP*(TY^.5))
3130 GOSUB 3510
3140 N2=N
3150 PR=(U*N1)-(EXP(-(RP*TY))*(E*N2))
3160 IF PR<(U-E) THEN N1=1:PR=U-E
3170 RETURN
3180 REM HERE IS BLACK-SCHOLES MODIFIED FOR FUTURES OPTIONS
3190 IF TY=0 THEN N=0:GOTO 3220
3200 Z=(LOG(U/E)+(((SP^2)*TY)/2))/(SP*(TY^.5))
3210 GOSUB 3510
3220 N1=N:IF TY=0 THEN N=0:GOTO 3250
3230 Z=((LOG(U/E)+(((SP^2)*TY)/2))/(SP*(TY^.5)))-(SP*(TY^.5))
3240 GOSUB 3510
3250 N2=N
3260 PR=EXP(-(RP*TY))*((U*N1)-(E*N2))
3270 IF PR<(U-E) THEN N1=1:PR=U-E
3280 RETURN
3290 REM PUT EVAL ROUTINE - FINDS FAIR VALUE VIA THE CONVERSION METHOD
3300 REM COMPUTES FAIR CALL(NOT ADJ FOR DIVS) + STRIKE - UNDLYNG + DIVS
3310 REM THEN MULTUPLIES THE WHOLE THING BY $ PER PT, ADDS CARRYING CHGS
3320 REM THEN DIVIDES WHOLE THING BY $ PER POINT
3330 CA=RP*TY*DPP:IF CC$="C" THEN CA=DPP*(1-((1+RP)^(-TY)))
3340 IF D$><"6" THEN U=UU
3350 IF PTY$="P" THEN 3380
3360 GOSUB 3060
3370 PR=((((PR+E-UU+DA)*DX)-CA)/DX:IF TY=0 THEN N=0:GOTO 3410
3380 IF CM$="S" THEN Z=-((LOG(U/E)+((RP+((SP^2)/2))*TY))
      /(SP*(TY^.5)))
3390 IF CM$="C" THEN Z=-((LOG(U/E)+(((SP^2)*TY)/2))
      /(SP*(TY^.5)))
3400 GOSUB 3510
3410 N1=N:IF PTY$="C" THEN 3500
3420 IF TY=0 THEN N=0:GOTO 3460
3430 IF CM$="S" THEN Z=-((LOG(U/E)+((RP+((SP^2)/2))*TY))
      /(SP*(TY^.5)))-(SP*(TY^.5))
3440 IF CM$="C" THEN Z=-((((LOG(U/E)+(((SP^2)*TY)/2))
      /(SP*(TY^.5))))
      -(SP*(TY^.5)))
3450 GOSUB 3510
3460 N2=N
3470 IF CM$="C" THEN PR=-(EXP(-RP*TY))*(U*N1-E*N2)
3480 IF CM$="S" THEN PR=-((U*N2)-(EXP((RP*TY))*(E*N1)))
3490 IF PR<E-U THEN PR=E-U:N1=1
3500 RETURN
3510 REM CUMULATIVE NORMAL DISTRIBUTION R/UTINE BY 5TH ORDER POLYNOMIAL
3520 IF FI$="I" THEN 3680
3530 ZZ=.3989423*EXP((-(Z^2))/2)
3540 Y=1/(1+(ABS(Z)*.2316419))
3550 N=1-(ZZ*((1.330274*Y^5)-(1.821256*Y^4)+(1.781478*Y^3)
      -(.3565638*Y^2)+(.3193815*Y)))
3560 IF Z<0 THEN N=1-N
3570 RETURN
3580 CLS:END
3590 FOR X=24 TO 1 STEP -1:LOCATE X,1
     :PRINT"                                    :";
3600 NEXT:LOCATE 1,1:RETURN
3610 FOR X=1 TO 24:LOCATE X,1
     :PRINT"                                    ";
3620 NEXT:LOCATE 1,1:RETURN
3630 FOR X=1 TO 24:LOCATE X,41
     :PRINT"                                    ";
3640 NEXT:LOCATE 1,1:RETURN
3650 ZEB=23
3660 LOCATE ZEB,1:O$=INKEY$:IF O$="" THEN 3660
3670 CLS:PR=0:E=0:U=0:UU=0:DA=0:DX=0:RP=0:RY=0:RA=0:TY=0:Z=0:ZZ=0
     :N=0:C=0:DPP=0:PU=0:SD=0:TD=0:IC=0:IB=0:EC=0:N1=0:N2=0
     :CA=0:ZEB=0:PYUK$="":GOTO 1340
3680 REM CUMULATIVE NORMAL DISTRIBUTION ROUTINE BY INFINITE SERIES EXPANSION
3690 IF Z>4 THEN 3840
3700 IF Z<-4 THEN 3860
```

```
3710 ZZ=ABS(Z)/SQR(2)
3720 N%=0
3730 S=ZZ
3740 T=ZZ
3750 REM START LOOPING
3760 N%=N%+1
3770 H=S
3780 T=2*T*(ZZ^2)/(1+(2*N%))
3790 S=T+H
3800 IF(T)>.000001*S) THEN 3750
3810 EEE=S*EXP(-ZZ^2)/SQR(3.14159)
3820 IF Z<0 THEN N=.5-EEE ELSE N=.5+EEE
3830 RETURN
3840 N=1
3850 RETURN
3860 N=0
3870 RETURN
3880 REM INPUT JULIAN# AND OUTPUT YMD$
3890 JB#=JULIAN#+1+(INT(((JULIAN#-1867216!)-.25)/36524.25))
         -INT(.25*(INT(((JULIAN#-1867216!)-.25)/36524.25)))+1524
3900 JC#=INT(6680+((JB#-2439870!)-122.1)/365.25)
3910 JD#=365*JC#+INT(.25*JC#):JE#=INT((JB#-JD#)/30.6001)
         :ID#=JB#-JD#-INT(30.6001*JE#):MM#=JE#-1
         :IF MM#>12 THEN MM#=MM#-12
3920 YY#=JC#-4715:IF (MM#>2) THEN YY#=YY#-1
3930 IF YY#<0 THEN YY#=YY#-1
3940 ID$=STR$(ID#)
3950 IF LEFT$(ID$,1)=" " THEN ID$=RIGHT$(ID$,LEN(ID$)-1):GOTO 3950
3960 IF LEN(ID$)<2 THEN ID$="0"+ID$
3970 MM$=STR$(MM#)
3980 IF LEFT$(MM$,1)=" " THEN MM$=RIGHT$(MM$,(LEN(MM$)-1)):GOTO 3980
3990 IF LEN(MM$)<2 THEN MM$="0"+MM$
4000 YMD$=RIGHT$(STR$(YY#),2)+MM$+ID$:RETURN
4010 ZEB=ZEB+1:LSTDAY#=JU#:LOCATE ZEB,42:INPUT "FIND OPTIMAL f
         FOR <P>ut or <C>all ",PYUK$:IF ASC(PYUK$)>90 THEN
         PYUK$=CHR$(ASC(PYUK$)-32)
4020 ZEB=ZEB+1:LOCATE ZEB,42:INPUT "COMM. PER CONTRACT (1
         SIDE) $",COMMIS:COMMIS=COMMIS/DX
4030 ZEB=ZEB+1
4040 LOCATE ZEB,42:INPUT "MINIMUM TICK IN DECIMAL ",MINTICK
4050 ZEB=ZEB+1:LOCATE ZEB,42:PRINT "WAIT"
4060 WSTDAY#=JU#:ED$=DE$:GOSUB 1040:FSTDAY#=JU#:CURPRC=UU
4070 TROOF=0:TRUEF=0:TGEO=0:NSTDAY#=FSTDAY#+1:WHILE NSTDAY#<=WSTDAY#
4080 X%=CINT((((NSTDAY#+1)/7)-INT((NSTDAY#+1)/7))*7):IF X%=0 OR
         X%=6 THEN NSTDAY#=NSTDAY#+1:GOTO 4080
4090 GOSUB 4210:IF P2X>TGEO THEN TGEO=P2X:TROOF=TRUEF:MSTDAY#=NSTDAY#
4100 NSTDAY#=NSTDAY#+1
4110 WEND
4120 IF TGEO<=1.0 OR TROOF<=0 OR TROOF>1 THEN 4190
4130 LOCATE ZEB,42:PRINT "GEOMETRIC MEAN =";TGEO
4140 ZEB=ZEB+1:LOCATE ZEB,42:PRINT"OPTIMAL f =";TROOF
4150 ZEB=ZEB+1:LOCATE ZEB,42
4160 IF PYUK$="C" AND TROOF>0 THEN PRINT "OR 1 CONTRACT
         PER";USING "$$#######.##";(PRCALL*DX)/TROOF
4170 IF PYUK$="P" AND TROOF>0 THEN PRINT "OR 1 CONTRACT
         PER";USING "$$#######.##";(PRPUT*DX)/TROOF
4180 JULIAN#=MSTDAY#:GOSUB 4650:ZEB=ZEB+1:LOCATE ZEB,42:PRINT
         "OPTIMAL EXIT IS ";YMD$
4190 ZEB=ZEB+1
4200 RETURN
4210 REM PARABOLIC INTERPOLATION
4220 TOLERANCE=.005:PCOUNT%=0
4230 PT1=0:PT3=1:P3X=0:P1X=0:PT2=1-TOLERANCE
4240 PCOUNT%=PCOUNT%+1
4250 TWTEMP#=1:TCONT%=0
4260 GOSUB 4370
4270 P2X=TWTEMP#
4280 X=((PT2-PT1)*(P2X-P3X)-(PT2-PT3)*(P2X-P1X))
4290 IF X=0 THEN X=.00001
4300 ABSCISSA=PT2-.5*((((PT2-PT1)^2)*(P2X-P3X)-((PT2-PT3)^2)
         *(P2X-P1X))/X)
4310 TPT2=PT2
4320 IF ABS(ABSCISSA-TPT2)<=TOLERANCE THEN TRUEF=TPT2:RETURN
4330 IF ABSCISSA>TPT2 THEN PT1=PT2:P1X=P2X
```

```
4340 IF ABSCISSA<TPT2 THEN PT3=PT2:P3X=P2X
4350 PT2=ABSCISSA
4360 GOTO 4240
4370 REM LOOP THROUGH WEEKDAYS AND PRICES OF -3 TO +3 STD DEVS,
4380 REM GET HPRS & GEOMEANS
4390 XSTDAY#=NSTDAY#
4400 X%=CINT((((XSTDAY#+1)/7)-INT((XSTDAY#+1)/7))*7)
           REM WHAT DAY OF THE WEEK IS XSTDAY#
4410 IF X%=0 OR X%=6 THEN 4620
4420 TY=(XSTDAY#-FSTDAY#+1)/365
4430 LOPRC=CURPRC-3*((CURPRC*EXP(SP*(TY^(1/2))))-CURPRC)
           REM 1 STD DEV BELOW
4440 LOPRC=INT(LOPRC/MINTICK)*MINTICK REM ROUND IT DOWN TO THE TICK
4450 HIPRC=CURPRC+3*((CURPRC*EXP(SP*(TY^(1/2))))-CURPRC)
           REM 1 STD DEV ABOVE
4460 HIPRC=(INT(HIPRC/MINTICK)*MINTICK)+MINTICK REM ROUND IT UP TO THE TICK
4470 FOR UU=LOPRC TO HIPRC STEP MINTICK
4480 IF CM$<>"C" THEN U=UU-DA ELSE U=UU
4485 TY=(XSTDAY#-FSTDAY#+1)/365
4490 TCONT=TCONT+1:IF TY=0 THEN PROB=0:GOTO 4530
4500 Z=LOG(U/CURPRC)/(SP*(TY^(1/2)))
4510 GOSUB 3510   REM CALCULATE PROBABILITY
4520 IF U<=CURPRC THEN PROB=N ELSE PROB=1-N
4530 TY=(LSTDAY#-XSTDAY#)/365
4540 IF PYUK$="C" THEN GOSUB 3060
4550 IF PYUK$="P" THEN GOSUB 3120
4560 ON ERROR GOTO 0
4570 IF (PR-COMMIS)<0 THEN X=0 ELSE X=PR-COMMIS
4580 IF PYUK$="C" THEN HPR=1+(PT2*((X/(PRCALL+COMMIS))-1))
4590 IF PYUK$="P" THEN HPR=1+(PT2*((X/(PRPUT+COMMIS))-1))
4595 IF HPR<=0 THEN HPR=0 ELSE HPR=HPR^PROB
4600 TWTEMP#=TWTEMP#*HPR
4610 NEXT
4620 XSTDAY#=XSTDAY#+1
4630 RETURN
4640 REM END OF OPTIMAL F ROUTINE
4650 REM INPUT JULIAN# AND OUTPUT YMD$
4660 JB#=JULIAN#+1+(INT(((JULIAN#-1867216!)-.25)/36524.25))
          -INT(.25*(INT(((JULIAN#-1867216!)-.25)/36524.25)))+1524
4670 JC#=INT(6680+((JB#-2439870!)-122.1)/365.25)
4680 JD#=365*JC#+INT(.25*JC#):JE#=INT((JB#-JD#)/30.6001)
          :ID#=JB#-JD#-INT(30.6001*JE#):MM#=JE#-1
          :IF MM#>12 THEN MM#=MM#-12
4690 YY#=JC#-4715:IF (MM#>2) THEN YY#=YY#-1
4700 REM
4710 IF YY#<0 THEN YY#=YY#-1
4720 ID$=STR$(ID#)
4730 IF LEFT$(ID$,1)=" " THEN ID$=RIGHT$(ID$,LEN(ID$)-1):GOTO 4730
4740 IF LEN(ID$)<2 THEN ID$="0"+ID$
4750 MM$=STR$(MM#)
4760 IF LEFT$(MM$,1)=" " THEN MM$=RIGHT$(MM$,(LEN(MM$)-1)):GOTO 4760
4770 IF LEN(MM$)<2 THEN MM$="0"+MM$
4780 YMD$=RIGHT$(STR$(YY#),2)+MM$+ID$:RETURN
```

付録F　ポートフォリオ・プログラム

　次に、ポートフォリオ・プログラムDIV.Cを見ていくことにしよう。このプログラムは第6章で説明したように、日々のトレード損益をファイルから読み込み、異なるマーケットシステムの日々の資産カーブの相関を、固定比率ベースでのトレーディングを前提に計算するものである。最終結果は出力ファイルに入力され、これを見れば口座資産の異なるマーケットシステム間でのベストな分散方法を知ることができる。

　最初に示しているのは、本プログラムへの入力データファイルである。プログラムコードはCで作成しており、使いたい入力ファイルに合わせて変更することができる。関数gitvarbls()はこの入力ファイルを読み込むために定義した関数である。したがって、別の入力ファイルを使いたい場合には、gitvarbls()も変更する必要がある。

　入力ファイルの1行目は、このファイルの作成日時である。2行目はシステム名、3行目は銘柄名、つまりこのプログラムを実行する市場である。プログラムでは、2行目と3行目を組み合わせたものがマーケットシステムの名前として使われている。4～5行目はパラメータの入力値で、次の行が開始日と終了日である。"START DATE:"とその日付"770926"、および"END DATE:"とその日付"780621"との間にはそれぞれ空白を入れなければならない。最後の行に示しているのは、1トレード当たりの手数料とスリッページである。それに続いて、4行にわたるページの表題があり、それぞれの表題の下にあるのが実際のデータである。

　データは、各行が各日のデータを表す。プログラムは1行ずつ読み込むので行の幅は問題にはならないが、各列(各項目)の間には必ずホワイトスペース(空白やタブ)を入れなければならない。date列の

付　録

```
08-07-1989 09:53:13
SYSTEM A
TBONDS
PARAM1 = 0    PARAM2 = 0    PARAM3 = 0
PARAM4 = 0    PARAM5 = 0    PARAM6 = 0
START DATE: 770926    END DATE: 780621
SLIPPAGE & COMMISSIONS PER TRADE:  $50.00
```

DATE	POS	FROM	CLOSE	OPEN EQ IN $$	DRAWDOWN IN $$	OPEN+CLOSED EQ IN $$	CHANGE IN $$
770927	L	10209	10209	0	0	0	0
770928	F	10208	10208	0	-80	-80	-80
770929	F	10208	10210	0	-80	-80	0
770930	S	10207	10207	0	-80	-80	0
771003	S	10207	10200	220	-80	140	220
771004	S	10207	10203	130	-80	50	-90
771005	S	10207	10202	160	-80	80	30
771006	S	10207	10128	340	-80	260	180
771007	S	10207	10121	560	-80	480	220
771010	S	10207	10119	630	-80	550	70
771011	S	10207	10106	1,030	-80	950	400
771012	F	10100	10029	0	-80	1,080	130
771013	L	10102	10031	-90	-90	990	-90
771014	L	10102	10107	160	-90	1,240	250
771017	L	10102	10102	0	-90	1,080	-160
771018	L	10102	10100	-60	-90	1,020	-60
771019	L	10102	10107	160	-90	1,240	220
771020	L	10102	10109	220	-90	1,300	60
771021	L	10102	10107	160	-90	1,240	-60
771024	L	10102	10107	160	-90	1,240	0
771025	S	10103	10108	100	-90	1,230	-10
771026	S	10103	10030	160	-90	1,290	60
771027	S	10103	10030	160	-90	1,290	0
771028	L	10028	10027	-31	-90	1,279	-11
771031	L	10028	10010	-561	-561	749	-530
771101	L	10028	9931	-901	-901	409	-340
771102	L	10028	9930	-931	-931	379	-30
771103	L	10028	9931	-901	-931	409	30
771104	L	10028	10008	-621	-931	689	280
771107	L	10028	10010	-311	-931	999	310
771108	L	10028	10023	-151	-931	1,159	160
771109	F	10023	10022	0	-931	1,110	-49
771110	L	10023	10024	30	-931	1,140	30
771111	L	10023	10108	530	-931	1,640	500
771114	F	10100	10100	0	-931	1,340	-300
.	.	.	.	.	.	.	.
.	.	.	.	.	.	.	.
.	.	.	.	.	.	.	.
.	.	.	.	.	.	.	.
.	.	.	.	.	.	.	.
780523	F	9511	9502	0	-1,020	2,940	0
780524	S	9429	9426	100	-1,020	3,040	100
780525	S	9429	9420	200	-1,020	3,220	190
780526	S	9429	9418	350	-1,020	3,290	70
780530	S	9429	9415	440	-1,020	3,380	90
780531	F	9417	9413	0	-1,020	3,270	-110
780601	F	9417	9418	0	-1,020	3,270	0
780602	F	9417	9428	0	-1,020	3,270	0
780605	F	9417	9431	0	-1,020	3,270	0
780606	F	9417	9503	0	-1,020	3,270	0
780607	F	9417	9507	0	-1,020	3,270	0
780608	F	9417	9502	0	-1,020	3,270	0
780609	F	9417	9430	0	-1,020	3,270	0
780612	F	9417	9429	0	-1,020	3,270	0
780613	F	9417	9431	0	-1,020	3,270	0
780614	F	9417	9505	0	-1,020	3,270	0
780615	F	9417	9503	0	-1,020	3,270	0
780616	F	9417	9427	0	-1,020	3,270	0
780619	F	9417	9423	0	-1,020	3,270	0
780620	F	9417	9415	0	-1,020	3,270	0
780621	F	9417	9407	0	-1,020	3,270	0

```
RUN ENDED 08-07-1989 09:53:13
```

日付にはYYMMDDフォーマットを使用する。position列のL、F、Sはそれぞれロング、フラット、ショートを意味し、その右側にシステムがロング、フラット、ショートした価格が表示される。その隣のclose列はそのポジションのその日の終値を表す。ポジションがフラットでない場合、open equity列にはオープンポジションの金額（ドル価）または0が記載される。その隣のdrawdown列の数字は、それまでの実行過程における最大ドローダウン（ドル価）を表す。その隣のopen+closed equity列は、closed equity（当初資産＋手仕舞いによって得られた累積損益）＋open equity（すべてのオープンポジションの値洗い損益）を表す。そして最後のchange列は、open+closed equityの前日比である。プログラムではこれらのデータがすべて使われるわけではないことに注意しよう。プログラムで使われるのは、最初のdate列と最後のchange列のデータだけである。データの最後には空白行が入り、最後にファイルの作成日時が再び記載される。

このファイルは1枚ベースでのトレーディングを前提に作成されていることに注意しよう。プログラムはこれを内部で固定比率ベースのトレーディングに変換する。

次に、出力ファイルを見てみよう。このプログラミング例では、3つのマーケットシステムが使われているが、必要に応じて"CASH（NON-INTEREST BEARING)"というマーケットシステムを追加することができる。ポートフォリオによっては、キャッシュをマーケットシステムとして扱うことが効果的な場合がある（資本資産評価理論による）。例えば、ある最適ポーフォリオで資産の10％をキャッシュに配分する場合などがそれに当たるが、これは珍しいことではない。

出力ファイルではまず最初にシステムの実行期間が表示される。示される日付は、すべてのシステムが含まれる最初と最後の日である。したがって、すべてのシステムが稼動している期間のみが実行対象と

なる。入力ファイルと出力ファイルを比較すると分かるように、入力ファイルの開始日および終了日と出力ファイルの日付は必ずしも一致している必要はない。日付に続いて、プログラムで各マーケットシステムに割り当てられた番号と、1枚（1k）当たりの金額としてあなたが入力した値が表示される。この値はドル価に換算したオプティマルfを入力するのが一般的だが、どんな値を入力してもプログラムに拒絶されることはない。

このプログラムではひとつのマーケットシステムに割り当てられる資産の最大比率に制限がある。出力ファイルの目的を考慮して、ここでは50％に制限している。したがって、割り当て比率が50％を超えるマーケットシステムを含む組み合わせに対しては、計算は実行されない。ただし、複数のマーケットによるポートフォリオが作成されないような場合は、最大割り当て比率の制限は無視される。例えば、含まれるマーケットシステム数がひとつのときに100％を下回る比率を使ったとしても、プログラムはひとつのマーケットシステムで構成されたポートフォリオとして計算する。含まれるマーケットシステム数が2つのときに最大割り当て比率として50％を下回る値を指定した場合にも同じことが言える。つまり、この場合には、プログラムは2つのマーケットシステムのあらゆる組み合わせに対して、それぞれの割り当て比率を50％として計算を実行するということである。

それではファイルの本体を見てみよう。一番上の行の4つの数字（この例では1から4）はそれぞれのマーケットシステムを意味する。その右側の4列は計算内容を表す。これについては後ほど説明する。ファイルの一番左側の列はマーケットシステムをいろいろに組み合わせたポートフォリオ番号を表す。一例としてポートフォリオ8を見てみよう。これは、"50% SYSTEM A HEAT_OIL 1k per \$2210"と"50% SYSTEM Z DMARKS 1k per \$2820"を組み合わせたものだ。これは、口座資産の50％をSYSTEM A HEAT_OILに割り当て、

資産2210ドルにつき1枚トレードし、口座資産の残りの50％をSYSTEM Z DMARKSに割り当て、資産2820ドルにつき1枚トレードした場合の結果が、その右側に示した各数字になることを意味する

（ただし、小数点以下の枚数での売買が可能であることを想定。また、固定比率トレーディングを想定。口座資産は毎日変化するので、それに伴い枚数も毎日変わる）。プログラムはマーケットシステムのこの組み合わせで実行期間中の日々のトレーディングをシミュレートし、その組み合わせに対する日々の正味HPRを計算する。

さて、ここで出力結果を表す列を見てみよう。"avg hpr"は各マーケットシステムの組み合わせに対する日々のHPRの算術平均を意味し、"std dev"は日々のHPRの母標準偏差である。これら2つの値をX-Yグラフにプロットすると、おなじみの現代ポートフォリオ理論のグラフが得られる。平均HPRがリターン（Y軸）を表し、標準偏差がリスク（X軸）を表す。その隣が"drawdown"で、これは口座資産の比率で表される。ポートフォリオ8の場合、drawdown列の値は47.69％になっているが、これはポートフォリオ8でトレーディングしていたならば、トレーディング過程のある時点での口座資産が前回の最高額のわずか52.31％に減少しただろうことを意味する。最後のgeomean列は最も重要な値（実際にはgeomeanの概算値）で、幾何平均と日々のHPRの算術平均や母標準偏差との関係に基づいて計算されたものである。

これらのデータの下には、各マーケットシステム間の日々のHPRの線形相関係数をリストにしたものが提示されている。+0.3を上回る値は相関係数が極めて高いことを意味し、その2つのマーケットシステムで同時にトレードすべきではないことを示している。相関係数が小さい組み合わせほど良い組み合わせであるが、相関係数が-0.1を下回るような組み合わせは滅多にない。

ファイルの最後には、"BEST PORTFOLIOS"と表題のつけられ

Output File for DIV.C Program

FOR THE FOLLOWING MARKET SYSTEMS:

Data used is from 831010 to 890309

1 = SYSTEM A TBONDS   1k per $1901
2 = SYSTEM A HEAT_OIL 1k per $2210
3 = SYSTEM Z DMARKS   1k per $2820
4 = CASH (NON-INTEREST BEARING)

	1	2	3	4	avg hpr	std dev	drawdown	geomean
1	100%	0%	0%	0%	1.0250	0.1495	87.86%	1.0141
2	0%	100%	0%	0%	1.0054	0.0643	83.52%	1.0034
3	0%	0%	100%	0%	1.0091	0.1012	88.57%	1.0040
4	0%	0%	0%	100%	1.0000	0.0000	0.00%	1.0000
5	50%	50%	0%	0%	1.0152	0.0826	65.42%	1.0119
6	50%	0%	50%	0%	1.0171	0.0905	62.72%	1.0130
7	50%	0%	0%	50%	1.0125	0.0747	56.17%	1.0098
8	0%	50%	50%	0%	1.0073	0.0598	47.69%	1.0055
9	0%	50%	0%	50%	1.0027	0.0322	53.13%	1.0022
10	0%	0%	50%	50%	1.0045	0.0506	55.57%	1.0033
11	50%	40%	10%	0%	1.0156	0.0807	62.74%	1.0124
12	50%	30%	20%	0%	1.0160	0.0806	62.41%	1.0127
13	50%	20%	30%	0%	1.0163	0.0823	62.18%	1.0130
14	50%	10%	40%	0%	1.0167	0.0857	62.35%	1.0131
15	40%	50%	10%	0%	1.0136	0.0698	58.71%	1.0112
16	40%	40%	20%	0%	1.0140	0.0692	56.91%	1.0116
17	40%	30%	30%	0%	1.0144	0.0706	56.61%	1.0119
18	40%	20%	40%	0%	1.0147	0.0740	56.43%	1.0120
19	40%	10%	50%	0%	1.0151	0.0790	56.55%	1.0120
.	.	.	.	.	.	.	.	.
.	.	.	.	.	.	.	.	.
.	.	.	.	.	.	.	.	.

CORRELATION COEFFICIENTS:

+0.0426   SYSTEM A TBONDS
          SYSTEM A HEAT_OIL

+0.0066   SYSTEM A TBONDS
          SYSTEM Z DMARKS

-0.0071   SYSTEM A HEAT_OIL
          SYSTEM Z DMARKS

——————————BEST PORTFOLIOS——————————

Based on Highest Geometric Means:
# Mkts	Portfolio #	Geomean
1	1	1.0141
2	6	1.0130
3	14	1.0131
4	86	1.0126

Based on Lowest Drawdowns (without including cash):
# Mkts	Portfolio #	Drawdown
1	2	83.52%
2	8	47.69%
3	27	41.53%

た部分があるが、これは、マーケットシステムをひとつ、2つ、3つ……組み合わせたときのベストな組み合わせを、2つの尺度——幾何平均の高さとドローダウンの低さ——を基に選び出したものである。ただし、ドローダウンの低さを判断基準にしたポートフォリオは、キャッシュを含まないものを対象とする。

　このプログラムを使ってシミュレーションを続けていると、興味深い事実が明らかになる。3つ、4つ、あるいは5つを上回る数の相関のないマーケットシステムに分散しても、何のメリットもないことが、シミュレーションを重ねていくと次第にはっきりしてくるのである。事実、4つ、5つ、あるいは6つのマーケットシステムを使った場合、パフォーマンスは下落し始める。つまり、重要なのは、いくつのマーケットシステムに分散するかではなく、どのマーケットシステムに分散するかなのである。

　最後にプログラムを見てみることにしよう。プログラムを見ていくに当たっては、注意点がいくつかある。まず、このプログラムは、OSとしてバージョン2.0以上のPC-DOSまたはMS-DOSを搭載したIBM PC用に、バージョン5.0のMicrosoft Cコンパイラでライブラリを利用してコンパイルしたものである。そのため、ひとつの配列が64Kを上回ることはなく、したがってマニフェスト定数"MAXMKTS"および"MAXDAYS"はあまり大きな値にはならないため、配列が64Kを上回る場合に発生するような問題が発生することはない。

　"MAXMKTS"は1回の実行で読み込むマーケットシステムの数を表し、"MAXDAYS"はひとつの入力ファイルにおける最大日数を表す。BASICには多くの制約があるため、残念ながらこのプログラムはBASICでは、ここに示したCと同じような形式で作成することはできない。

　プログラムでは付録Dで説明したカレンダー関数が使われているこ

とに注目しよう。また、HPRの計算は、祝日であるか否かにかかわらず、すべての平日を基に計算されていることにも注意しよう。というのは、すべての取引所が同じ日に祝日であるとは限らないからである。特定の平日に関するデータが入力ファイルから得られない場合には、プログラムはその日のそのマーケットシステムのHPRを1.00としたうえで計算する。そういった日にはそのシステムマーケットの資産の変化はないので、これは数学的に正しい。

関数combos()は異なるマーケットシステムの可能なかぎりの組み合わせを割り出し、関数whatpcnts()は関数combos()から引き渡されたマーケットシステムのすべての組み合わせについて、各システムの可能なかぎりの比率の組み合わせを割り出す。各組み合わせに対する各システムの比率をすべて割り出し終えたら、関数whatpcnts()は関数getfolio()を呼び出し、各組み合わせの正味HPRを計算させる。

このプログラムを提示したのは、第一に、読者がプログラムを必要に応じて変更することができるようにすること、そして第二に——これは第一の理由よりも重要なのだが——、プログラムを検証することで本書で説明したプロセスに対する理解を高めてもらうためである。以上のことを念頭においたうえでプログラムを読み進めていただきたい。

```
DIV.C Program (in C)
/* div.c a program to find the efficient frontier and geometric optimals */
#include <stdio.h>
#include <graph.h>
#include <dos.h>
```

```c
#include <conio.h>
#include <string.h>
#include <math.h>          /*   *** note ****      */
#include <ctype.h>         /*   MAXMKTS * MAXDAYS  */
#define MAXMKTS 9          /*   must be < 16000    */
#define MAXDAYS 1600       /*   for hpr[][] to be <=64k */

static unsigned      howmany, howfew, nmbrmkts = 0;
static float    f[MAXMKTS+1];
static float    hpr[MAXMKTS+1][MAXDAYS+1];
static unsigned long   sdate[MAXMKTS+1], edate[MAXMKTS+1];
static unsigned     elem[MAXMKTS+1];
static float    amts[MAXMKTS+1];
static float    mpa;
static int      usecash = 0;
char mkts[MAXMKTS+1][80];
char mktsys[MAXMKTS+1][50];
unsigned long  tojul(unsigned long), toyymmdd(unsigned long);
unsigned  dayofweek(unsigned long), nocols;
char *commaout(char *);
int yorn();
static char     outfl[50];
FILE *in;
struct bestg {
    unsigned   f1olnmbr[MAXMKTS+1];
    unsigned   f2olnmbr[MAXMKTS+1];
    float      gmn[MAXMKTS+1];
    float      lodraw[MAXMKTS+1];
} summa;

main()
{
    void gitvarbls(void), findhprs(void), combos(void), esum(void);

    fcloseall();
    gitvarbls();
    findhprs();
    combos();
    esum();
    exit(0);
}
void combos()
{
    unsigned  a, x, b, w, z, y, nmbrdown, flag, minmkts = 0;
    void whatpcnts();
    float     pcnts;

    fcloseall();
    for (x = 0; x < MAXMKTS + 2; x++) {
        summa.f1olnmbr[x] = 0;
        summa.f2olnmbr[x] = 0;
        summa.gmn[x] = 0.0;
        summa.lodraw[x] = 1000.0;
    }
    summa.lodraw[0] = 0.0;
    flushall();
    printf("\n\n");
    printf("Specify Output File: ");
    scanf("%s", outfl);
    printf("\n\nSpecify Percentage Increments for Combining Market-Systems ");
    pcnts = 0.0;         /* reqd to get fp routines working correctly */
    scanf("%f", &pcnts);
    in = fopen( outfl, "w" );
    printf("\n\n\n\n");
    fprintf(in, "FOR THE FOLLOWING MARKET SYSTEMS:\n\n");
    fprintf(in, "Data used is from %lu to %lu\n\n", sdate[0], edate[0]);
    for (x = 1; x <= nmbrmkts - usecash; x++)
        fprintf(in, "%u = %s 1k per $%-7.0f\n", x, mktsys[x], f[x]);
    if (usecash)
        fprintf(in, "%u = CASH (NON-INTEREST BEARING) \n\n", nmbrmkts);
    fprintf(in, "\n       ");
    for (x = 1; x <= nmbrmkts; x++)
        fprintf(in, "%6u", x);
    fprintf(in, "    avg hpr   std dev    drawdown    geomean");
    minmkts = howfew;
```

```
            for (flag = 0; flag < 2; flag++) {
                if (flag == 1) {
                    minmkts = 1;
                    fprintf(in, "\n\nCORRELATION COEFFICIENTS:\n");
                    printf("\n\nNow Calculating Correlation Coefficients.........");
                }
                for (x = minmkts; x <= howmany; x++) {
                    for (a = 1; a <= nmbrmkts; a++) {
                        elem[a] = 0;
                        amts[a] = 0.0;
                    }
                    if (x == 1) {
                        for (a = 1; a <= nmbrmkts; a++) {
                            elem[1] = a;
                            whatpcnts(pcnts, flag);
                        }
                    } else {
                        b = 1;
                        do {
                            w = 1;
                            for (a = b; a <= (x + b - 1); a++) {
                                elem[w] = a;
                                w++;
                            }
                            z = x;
                            nmbrdown = 0;
                            while (z > 1) {
                                for (y = (x + b - 1); y <= (nmbrmkts
                                                - nmbrdown); y++) {
                                    elem[z] = y;
                                    whatpcnts(pcnts, flag);
                                }
                                /* the combination is now recorded      */
                                /* e.g. elem[1]=1,elem[2]=2..elem[nmbmkts] */
                                /* now you need to set the %'s          */
                                z--;
                                nmbrdown++;
                            }
                            b++;
                        } while ((x + b - 1) <= nmbrmkts);
                    }
                }
            }
        }

void whatpcnts(p, f)
float       p;
unsigned int    f;
{
    void corrcof(void);
    void getfolio(int);
    int  x, farright, k;
    float    mx, tempindex;

    for (x = nmbrmkts; x > 1; x--) {
        /* find how many elements u r pesently working with */
        if (elem[x] == 0)
            farright = x - 1;
    }
    if (elem[nmbrmkts] > 0)
        farright = nmbrmkts;
    mx = 1.0 - (p * (float)(farright - 1.0));
    if (f == 1) {
        if (farright == 2)
            corrcof();
        return;
    }
    amts[1] = mx;                   /* now initialize amounts */
    if (farright == 1) {
        getfolio(farright);
    } else if (farright == 2) {
        amts[2] = p;
        do {
```

351

```c
                    if (amts[1] > .005 && amts[2] > .005)
                        getfolio(farright);
                    amts[1] -= p;
                    amts[2] += p;
                } while (amts[1] >= 0.0);
        } else {
            for (x = 1; x <= nmbrmkts; x++) {
                if ((x <= farright) && ((1.0 / farright) <= mpa))
                    amts[x] = mpa;
                if ((x <= farright) && ((1.0 / farright) > mpa))
                    amts[x] = 1.0 - p;
                if (x > farright)
                    amts[x] = 0.0;
            }
            while (amts[1] > 0.0) {
                tempindex = 0.0;
                for (x = 1; x <= farright; x++)
                    tempindex += amts[x];
                k = 1;
                for (x = 1; x <= farright; x++) {
                    if (amts[x] < .00001)
                        k = 0;
                }
                if ((tempindex > 1.0 - ( p - .00001))
                        && (tempindex < 1.0 + ( p - .00001)) && (k))
                    getfolio(farright);
                amts[farright] -= p;
                for (x = farright; x > 1; x--) {
                    if (amts[x] <= 0.0) {
                        amts[x-1] -= p;
                        if ((1.0 / farright) <= mpa)
                            amts[x] = mpa;
                        if ((1.0 / farright) > mpa)
                            amts[x] = 1.0 - p;
                    }
                }
            }
        }
}


void asum()
{
    int  x;

    fprintf(in, "\n\n\n\n_____BEST PORTFOLIOS_____\n");
    printf("\n\nNow Calculating Best Portfolios...................");
    fprintf(in, "\n\nBased on Highest Geometric Means:");
    fprintf(in, "\n# Mkts      Portfolio #         Geomean");
    for (x = howfew; x < howmany + 1; x++)
        fprintf(in, "\n%3d            %7u          %7.4f", x,
                summa.f1olnmbr[x-1], summa.gmn[x-1]);
    if (!usecash)
        fprintf(in, "\n\nBased on Lowest Drawdowns:");
    fprintf(in, "\n# Mkts      Portfolio #         Drawdown");
    for (x = howfew; x < howmany + 1; x++)
        if (summa.lodraw[x-1] < 999.0)
            fprintf(in, "\n%3d            %7u          %7.2f%%", x,
                    summa.f2olnmbr[x-1], summa.lodraw[x-1]);
    fcloseall();
}


void getfolio(farright)
int farright;
{
    unsigned  x, y, z;
    float     avg, sd, geom, sx;
    double    cum, max, ddown;
    static unsigned   foliono = 0;
    int  blowup = 0;

    foliono++;
    for (x = 1; x <= nocols; x++)
        hpr[0][x] = 0.0;
```

```c
        for (x = 1; x <= nocols; x++) {
            for (y = 1; y <= farright; y++) {
                z = elem[y];
                hpr[0][x] += (hpr[z][x] * amts[y]);
            }
            if (hpr[0][x] <= 0.0)
                blowup = 1;
        }
        if (blowup) {
            avg = 0.0;
            sd = 999.0;
            ddown = 1.0;
            geom = 0.0;
        }
        if (!blowup) {
            avg = 0.0;
            ddown = 0.0;
            max = 0.0;
            cum = 1.0;
            for (x = 1; x <= nocols; x++) {
                cum *= ((double) hpr[0][x]);
                if (cum > max)
                    max = cum;                          /* ddown is % retracement  */
                if (max > 0) {                          /* therefore ddown=>100% is */
                    if ((1.0 - (cum / max)) > ddown)    /* a bust. If=40% means    */
                        ddown = 1.0 - (cum / max);      /* the a/c had 60% left    */
                    if (ddown > 1.0)
                        ddown = 1.0;
                }
                avg += hpr[0][x];
            }
            avg = avg / ((float) nocols);
            sx = 0.0;
            for (x = 1; x <= nocols; x++)
                sx += ((hpr[0][x] - avg) * (hpr[0][x] - avg));
            sd = (float)(sqrt(sx / nocols));
        }
        _settextposition(23, 1); /* print near the bottom of the screen */
        printf("Now Processing Portfolio Combination Number %u", foliono);
        fprintf(in, "\n%5u", foliono);
        _settextposition(24, 1); /* print this at the bottom of the screen */
        x = 1;
        y = 1;
        while (y <= nmbrmkts) {
            if (elem[x] == y) {
                fprintf(in, "%5.0f%%", (amts[x] * 100));
                if (y < 13)
                    printf("%5.0f%%", (amts[x] * 100));
                x++;
            } else {
                fprintf(in, "    0%%");
                if (y < 13)
                    printf("    0%%");
            }
            y++;
        }
        if (!blowup)
            geom = sqrt((avg * avg) - (sd * sd));
        fprintf(in, " %7.4f   %7.4f   %7.2f%%   %7.4f", avg, sd, ((double)
                (ddown * 100.0)), geom);
        if (geom > summa.gmn[farright-1]) {
            summa.f1olnmbr[farright-1] = foliono;
            summa.gmn[farright-1] = geom;
        }
        if (summa.lodraw[0] == 0)
            summa.lodraw[0] = 1000.0;
        if (((ddown * 100) < summa.lodraw[farright-1]) &&
                (elem[farright] <= nmbrmkts - usecash)) {
            summa.f2olnmbr[farright-1] = foliono;
            summa.lodraw[farright-1] = (ddown * 100);
        }
    }
}

void corrcof()
```

```c
{
    int  x;
    double    fc2, fc3, fc4, xbar, ybar = 0.0;
    float     cof;

    if ((elem[2] == nmbrmkts) && (usecash))
         return; /* if cash is one of them then forget it */
    xbar = 0.0;
    ybar = 0.0;
    for (x = 1; x <= nocols; x++) {
         xbar += hpr[elem[1]][x];
         ybar += hpr[elem[2]][x];
    }
    xbar /= nocols;
    ybar /= nocols;
    fc2 = 0.0;
    fc3 = 0.0;
    fc4 = 0.0;
    for (x = 1; x <= nocols; x++) {
         fc2 += ((hpr[elem[1]][x] - ybar) * (hpr[elem[1]][x] - xbar));
         fc3 += ((hpr[elem[1]][x] - xbar) * (hpr[elem[1]][x] - xbar));
         fc4 += ((hpr[elem[2]][x] - ybar) * (hpr[elem[2]][x] - ybar));
    }
    if (fc3 < 0)
         fc3 *= -1.0;
    if (fc4 < 0)
         fc4 *= -1.0;
    cof = (float)(fc2 / (sqrt(fc3) * sqrt(fc4)));
    fprintf(in, "\n\n%+6.4f       %s\n              %s", cof, mktsys[elem[1]],
         mktsys[elem[2]]);
}

void findhprs()
{
    int  x, y, z; /* x is what mkt, y is what day */

    z = nmbrmkts;
    if (usecash) {
         z = nmbrmkts - 1;
         for (y = 0; y <= nocols; y++) /*set cash hpr's to 1.0 */
              hpr[nmbrmkts][y] = 1.0;
    }
    for (x = 1; x <= z; x++) {
         hpr[x][0] = f[x];
         for (y = 1; y <= nocols; y++) {
              hpr[x][y] = ((hpr[x][y] / f[x]) + 1.0);
         }
         hpr[x][0] = 0.0;
    }
}

void gitvarbls()
{
    int  x;
    unsigned  y, u, eflag;
    FILE * datafile;
    char blk1[80], blk2[50], blk3[50];
    char owcrlf(char *);
    void dates(void);
    float     q, h;
    char p[25], i[25];

    printf("\n\n\nNumber of Market Systems You Wish to Investigate ? ");
    scanf("%u", &nmbrmkts);
    if (nmbrmkts > MAXMKTS)
         nmbrmkts = MAXMKTS;
    if (nmbrmkts < MAXMKTS) {
         printf("\n\nUse Cash as Another Market System ? ");
         usecash = yorn();
    }
    printf("\n\n\nMinimum Number of Markets Systems Per Combination? ");
    scanf("%u", &howfew);
```

```c
    if ((howfew > (nmbrmkts + usecash)) || (howfew <= 0))
        howfew = 1;
printf("\n\nMaximum Number of Markets Systems Per Combination? ");
scanf("%u", &howmany);
    if ((howmany > (nmbrmkts + usecash)) || (howmany <= 0))
        howmany = nmbrmkts;
mpa = 0.0;
printf("\n\nMaximum Percentage Allotment Per Market System ? ");
scanf("%f", &mpa);
if (mpa > 1)
    mpa /= 100.0;
if (mpa <= 0)
    mpa = 1;
for (x = 1; x <= nmbrmkts; x++) {
    printf("\n\nLocation of File Number %d: ", x);
    scanf("%s", mkts[x]);
    printf("\nDollars to Apply Towards Each Contract $");
    f[x] = 0.0; /* reqd to get fp routines working correctly */
    scanf("%f", &f[x]);
}
fcloseall();
for (x = 1; x <= nmbrmkts; x++) {
    fcloseall();
    printf("\n\nPlease make the file %s available and hit any key...",
        mkts[x]);
    getch();
    datafile = fopen( mkts[x], "r" );
    fgets(blk1, 80, datafile);
    fgets(blk2, 50, datafile);
    fgets(blk3, 50, datafile);
    strcat(mktsys[x], blk2);
    strcat(mktsys[x], blk3);
    fgets(blk1, 80, datafile);
    fgets(blk1, 80, datafile);
    fscanf(datafile, "%s", blk1);
    fscanf(datafile, "%s", blk1);
    fscanf(datafile, "%lu", &sdate[x]);
    fscanf(datafile, "%s", blk1);
    fscanf(datafile, "%s", blk1);
    fscanf(datafile, "%lu", &edate[x]);
    fclose(datafile);
    owcrlf(mktsys[x]);
}
fcloseall();
dates(); /* now find latest start and earliest end dates set up array */
for (x = 1; x <= nmbrmkts; x++) {
    u = 1;
    fcloseall();
    for (y = 0; y <= MAXDAYS; y++)
        hpr[x][y] = 0.0;
    printf("\n\nPlease make the file %s available and hit any key...",
        mkts[x]);
    getch();
    datafile = fopen( mkts[x], "r" );
    for (y = 1; y <= 12; y++)
        fgets(blk1, 80, datafile); /* read the first 12 blank lines */
    eflag = 0;
    do {
        fscanf(datafile, "%f", &q);
        if ((unsigned long)(q) == edate[0])
            eflag = 1;
        while (hpr[0][u] < q)   /* if date read, q, is>1st day in array */
            u++;
        fscanf(datafile, "%s", p);
        fscanf(datafile, "%s", p);
        fscanf(datafile, "%s", p);
        fscanf(datafile, "%s", p);
        fscanf(datafile, "%s", p);
        fscanf(datafile, "%s", p);
        fscanf(datafile, "%s", p);
        strcpy(i, commaout(p));
        if (q == hpr[0][u]) {
            hpr[x][u] = atof(i);
            u++;
```

```
                    }
                if (eflag == 1)
                        eflag = 2;
            } while (eflag < 2 && *p != EOF && q != 0.0 );
            fclose(datafile);
        }
        if (usecash)
            nmbrmkts++;
}


void dates()
{
    unsigned long  xdate;
    unsigned  d, u, x;

    sdate[0] = 0;
    edate[0] = 999999;
    u = 1;
    for (x = 1; x <= nmbrmkts; x++) {
        if (sdate[x] > sdate[0])
            sdate[0] = sdate[x];
        if (edate[x] < edate[0])
            edate[0] = edate[x];
    }
    sdate[0] = tojul(sdate[0]);
    xdate = sdate[0];
    edate[0] = tojul(edate[0]);
    while (xdate <= edate[0]) {
        d = dayofweek(xdate);
        if (d > 0 && d < 6) {
            hpr[0][u] = (float)(toyymmdd(xdate));
            u++;
        }
        xdate++;
    }
    edate[0] = toyymmdd(edate[0]);
    sdate[0] = toyymmdd(sdate[0]);
    nocols = u;
}


unsigned  dayofweek(x)
unsigned long  (x);
{
    x++;
    return((unsigned int)(x % 7));
}


unsigned long  tojul(x)   /* converts yymmdd format to julian */
unsigned long  (x);
{
    float   day, month, year, igreg, julday, ja, jy, jm;

    igreg = (float)(15 + 31 * (10 + 12 * 1582));
                            /* Gregorian Calendar Adopted October 15, 1582 */
    year = (float)((int)(x / 10000));
    month = (float)((int)((x / 100) - ((x / 10000) * 100)));
    day = (float)((int)(x - (year * 10000) - (month * 100)));
    year += 1900.0;
    if (year < 0.0)
        year++;
    if (month > 2.0) {
        jy = year;
        jm = month + 1.0;
    } else {
        jy = year - 1.0;
        jm = month + 13.0;
    }
    julday = (float)((unsigned long)(365.25 * jy));
    julday += ((float)((unsigned long)(30.6001 * jm)));
    julday += ((float)(day + 1720995));
    if ((day + 31 * (month + 12 * year)) >= igreg) {
        ja = (float)((unsigned long)(.01 * jy));
```

```
            julday += (2.0 - ja);
            julday += (.25 * ja);
        }
        return((unsigned long)(julday));
}
unsigned long  toyymmdd(x)
unsigned long  x;
{
    long igreg, jalpha, ja, jb, jc, jd, je, id, mm, yy, q;

    igreg = 2299161;
    if (x >= igreg) {
        jalpha = (((x - 1867216) - .25) / 36524.25);
        q = (.25 * jalpha);
        ja = x + 1 + jalpha - q;
    } else {
        ja = x;
    }
    jb = ja + 1524;
    jc = 6680 + ((jb - 2439870) - 122.1) / 365.25;
    q = .25 * jc;
    jd = 365 * jc + q;
    je = (jb - jd) / 30.6001;
    q = (30.6001 * je);
    id = jb - jd - q;
    mm = je - 1;
    if (mm > 12)
        mm = mm - 12;
    yy = jc - 4715;
    if (mm > 2)
        yy--;
    if (yy <= 0)
        yy--;
    yy = yy - 1900;
    return((unsigned long)((yy * 10000) + (mm * 100) + id));
}


char *commaout(str)
/* cnvts string to a format that can be atof'd, atol'd by getting the junk out*/
char str[14];
{
    char intarr[14]; /* store input string - up to 13 characters */
    int  ch;
    int  ind = 0; /* array index */
    int  u = 0;

    while ((ch = str[u]) != NULL) {
        if (ch == '-' || ch == '.' || isdigit(ch)) {
            intarr[ind] = ch;
            ind++;
        }
        u++;
    }
    intarr[ind] = NULL;
    strcpy(str, intarr);
}
char owcrlf(str)   /* converts cr and lf to spaces */
char str[160];
{
    int  a, b;

    a = 1;
    b = strlen(str);
    while (a <= b) {
        if (str[a] == '\012' || str[a] == '\015')
            str[a] = '\040';
        a++;
    }
    str[a] = NULL;
    str[a++] = NULL;
}

int  yorn ()
```

```
{
    int  x = 0;

    printf(" ( Y or N ) ");
    do {
        x = getch();
    } while (x != 'N' && x != 'n' && x != 'y' && x != 'Y');
    printf("%c", x);
    if (x == 'N' || x == 'n')
        return(0);
    if (x == 'Y' || x == 'y')
        return(1);
}
```

プログラムDIV.Cおよび最適ポートフォリオを利用するうえでの注意点

　最大の幾何的成長を達成し得るポートフォリオでは、それを構成するマーケットシステムの資産配分比の合計が100％を上回ることがある。例えば、相関が負（すなわち、r＜0）になる以外はすべての条件が同じ2つのマーケットシステムAとBを考えてみよう。各マーケットシステムのドル価によるオプティマルfを5000ドルとする。（幾何平均の高さで見た）最適ポートフォリオにおけるこれら2つのマーケットシステムの配分比がそれぞれ50％だとすると、マーケットシステムAでは資産1万ドルにつき1枚、マーケットシステムBでも資産1万ドルにつき1枚トレードすることになる。しかしマーケットシステム間の相関が負の場合、口座の最適成長は実際には、マーケットシステムAおよびBの少なくともいずれか一方は資産1万ドル未満につき1枚のトレーディングで達成できる。したがって相関が負の場合には、配分比の合計が100％を超えることがあり得るというわけである。さらに、それぞれのマーケットシステムの配分比が単独で100％を上回ることも、可能性はそれほど高くはないが、あり得る。

ところで、2つのマーケットシステムの相関が-1.00に近づくとどうなるのかを考えてみるのは、大変興味深い。このような場合、各マーケットシステムに割り当てられるトレード額は無限に小さくなる傾向がある。これは、こういったマーケットシステムを組み合わせたポートフォリオは絶対に損失日を出さないという性質を持つからである（任意の日に一方のシステムが出した損失は、同じ日にそのポートフォリオのもう一方のマーケットシステムの得た利益で相殺されるため）。つまり分散することによって、最適ポートフォリオを構成するマーケットシステムのfファクター（金額換算）を、そのマーケットシステム単独でトレーディングする場合よりも小さい値に設定することが可能になるのである。

　そのためには、各マーケットシステムのドル価によるオプティマルfを、プログラムで用いるマーケットシステム数で割ればよい。したがってこの例では、マーケットシステムAのオプティマルfの値を5000ドルではなく、2500ドル（オプティマルfの値5000ドルを、使用するマーケットシステム数2で割ったもの）と入力する。マーケットシステムBも同じである。したがってこの場合、プログラムが最適幾何平均ポートフォリオとしてAに50％、Bに50％配分するポートフォリオを指示してきたとすると、マーケットシステムAでは資産5000ドル（2500ドル/0.5）につき1枚、マーケットシステムBについても資産5000ドルにつき1枚トレードすればよいということになる。

　つまり、プログラムを使ってトレード量を決める場合、各マーケットシステムのドル価によるオプティマルfを、使用するマーケットシステム数で割ればよいのである。もうひとつ**忘れてはならない**のは、3番目のマーケットシステムとしてはキャッシュを用いなければならないということである。例えば前の例でプログラムが、最適成長を達成するためにはマーケットシステムの配分比は50％、マーケットシステムBの配分比は40％にするよう指示してきたとしよう。つまり、マ

ーケットシステムAでは資産5000ドルにつき1枚、マーケットシステムBでは資産6250ドル（2500ドル/0.4）につき1枚のトレードになる。もうひとつのマーケットシステムとしてキャッシュを使っていれば、（残りの10％をキャッシュに配分したポートフォリオを最適ポートフォリオとして）この組み合わせで計算が実行されるが、もうひとつのマーケットシステムをキャッシュにしていなければ、この組み合わせでは計算は実行されない。

　プログラムではなぜ配分比の合計が100％を上回ってはいけないのかというと、こういった相関はプログラムに設定されていないからである。たとえ各マーケットシステム間の相関がすべて＋1.00に変わったとしても、実際のオプティマルfの値をプログラムに入力すれば、（合成ポートフォリオの）fカーブのピークにとどまることは可能だ。しかし、過去であれば最大幾何成長を達成できたであろうポートフォリオの配分比が100％を上回る場合があるという事実には十分な注意が必要だ。これまでの説明でお分かりのように、ここに提示したプログラムはこの問題にも対応可能である。

付録G　Zスコアの信頼度への変換

　Zスコアを信頼度に変換する簡単な表は第1章に示したが、プログラミングでは表は使い勝手が悪いので、任意のZスコアを信頼度に変換する公式を紹介しておこう。

　信頼度＝1－(2*((X*0.31938153)－(Y*0.356563782)
　　　　＋(X*Y*1.781477937)－(Y*Y*1.821255978)
　　　　＋(Y*Y*X*1.330274429))*(1/((EXP(Z*Z)
　　　　*6.283185307)^(1/2))))

ただし、
X＝1.0/((ABS(Z)*0.2316419)＋1.0)
Y＝X^2
Z＝変換するZスコア
EXP()＝指数関数
ABS()＝絶対値関数

　この式から得られるのは、いわゆる「両側検定」の信頼度である。この値を「片側検定」の信頼度に変換するには次の式を使う。

　信頼度＝1－((1－A)/2)

ただし、
A＝両側検定の信頼度

付録H　結果のばらつきが幾何的成長に与える影響

　話を簡単にするために、ギャンブルを例にとって説明することにしよう。まず、2つのシステムを考えてみよう。ひとつは、勝率が10％でペイオフレシオが28：1のシステムA、もうひとつは勝率が70％でペイオフレシオが1：1のシステムBである。1単位の賭けに対する期待値は、Aが1.9で、Bが0.4である。したがって、1単位ベースの賭けではシステムAのリターンは平均でシステムBの4.75倍ということになる。これを固定比率トレーディングで考えてみるとどうなるだろうか。各システムのオプティマルfは期待値をペイオフレシオで割ることで得られるので、システムAのオプティマルfは0.0678、システムBのオプティマルfは0.4になる。したがって、それぞれのオプティマルfでの幾何平均は次のようになる。

A ＝ 1.044176755
B ＝ 1.0857629

システム	勝率	ペイオフレシオ	期待値	f	幾何平均
A	0.1	28：1	1.9	0.0678	1.0441768
B	0.7	1：1	0.4	0.4	1.0857629

　表から分かるように、システムBは期待値はシステムAの4分の1に満たないが、1回の賭けについての儲けはシステムAのほぼ2倍である（オプティマルfで再投資ベースでトレーディングした場合、1回の賭け当たりのリターン（資産の比率で表したもの）の平均はシステムBが8.57629％で、システムAが4.4176755％）。
　したがって、50％のドローダウン（資産の比率で表したもの）を取

り戻すためには100％の収益率を上げなければならないと仮定すると、次のことが言える。

　1.044177のX乗が2.0に等しくなるためには、Xはおよそ16.5でなければならない。つまり、システムAの場合、50％のドローダウンを取り戻すためには16を上回る回数のトレードが必要になる。これに対してシステムBの場合、1.0857629のX乗はXがおよそ9のとき2.0に等しくなるので、50％のドローダウンを取り戻すために必要なトレード数はおよそ9である。

　これは一体どういうことなのだろうか。システムBのほうが勝率が高いということなのか。そうではない。システムBのパフォーマンスがシステムAより高いのは、結果の分散具合とそれが成長関数に与える影響と関係があるのだ。ほとんどの人は成長関数TWRを次のように間違って理解している。

　TWR＝(1＋R)^N

ただし、
R＝1期間当たりの利子率（例えば、7％＝0.07）
N＝期間数

　(1＋R)＝HPRなので、ほとんどの人は成長関数TWRを次のように誤解していることになる。

　TWR＝HPR^N

　この式が成り立つのは、リターン（＝HPR）が一定のときだけで

あり、これはトレーディングではあり得ない。

　トレーディング（あるいは、HPRが一定ではないあらゆる試行）における成長関数は正しくは、HPRの幾何積で表される。例えば、コーヒーのトレーディングを考えてみよう。オプティマルfは資産2万1000ドルにつき1枚で、2トレード行うものとする。2トレードの結果が210ドルの損失（HPRは0.99）と210ドルの利益（HPRは1.01）だとすると、TWRは次のようになる。

　　TWR = 1.01*0.99
　　　　 = 0.9999

　TWRは、幾何平均のN乗として概算できることは以前述べたとおりである。したがって、成長関数TWRは次のように書き表すことができる。

　　TWRの概算値 = (((HPR^2) − (SD^2))^(1/2))^N
　　または
　　TWRの概算値 = (((HPR^2) − V)^(1/2))^N

　ただし、
　N = 期間数
　HPR = HPRの平均
　SD = HPRの母標準偏差
　V = HPRの母分散

　つまり数学的に言えば、トレーディングでは、トレード（HPR）の算術平均とHPRの分散とのトレードオフが重要ということになる。勝率70％でペイオフレシオ1：1のシステムが勝率10％でペイオフレ

シオ28：1のシステムよりも優れたパフォーマンスを上げるのはこのためなのである。

したがって、われわれが目指すべきものは、この関数の係数、すなわち、

$$((HPR^2) - V)^{\wedge}(1/2)$$

を最大化することである。これを言葉で表すと、「HPRの2乗からHPRの母分散を引いたものの平方根を最大化する」ということになる。

ベキ指数Nは気にする必要はない。フォローする市場数を増やしたり、用いる短期型システム数を増やせばNは増えるが、Nがゼロ以下になることはないからである（つまり、Nは1以上の正数にしかならないので、TWRはNのどういった値に対しても単調増加関数である。したがって係数の最大化だけを考えればよい）。

しかし、分散（V）や標準偏差（SD）といったばらつきを表す統計尺度は、統計学の専門家以外には分かりづらいものがある。こういった尺度の代わりによく用いられるのが絶対平均偏差（以下Mと呼ぶ）である。Mを求めるには、各データとデータ全体の平均との差の絶対値の和の平均を計算すればよい。これを式で表すと次のようになる。

$$M = \Sigma \, abs(X_i - \bar{X})/N$$

釣鐘状の分布（トレーディングシステムから得られる損益はほとんどの場合この分布に従う）では、絶対平均偏差は標準偏差のおよそ0.8（正規分布では0.7979）なので、次の式が成り立つ。

$$M = 0.8*SD \quad および \quad SD = 1.25*M$$

HPRの算術平均をA、HPRの幾何平均をGとすると、幾何平均の概算値は次のように表すことができる。

G =（(A^2) − V）^(1/2)

これを変形すると、

G^2 =（(A^2) − V）

分散を標準偏差の2乗で置き換えると、上の式は次のように表すことができる。

G^2 =（(A^2) −（SD^2））

　この式より、算術平均、幾何平均、分散（ここではSD^2）の基本的な関係を表す式をはじめ、それぞれの変数について解いた式が得られる。

　（A^2）−（G^2）−（SD^2）= 0
G^2 =（A^2）−（SD^2）
SD^2 =（A^2）−（G^2）
A^2 =（G^2）+（SD^2）

　これらの式中のSD^2は、Vまたは（1.25*M)^2で置き換えてもよい。
　これで3つの変数の関係がはっきりした。最後の式がピタゴラスの定理（直角三角形の斜辺の2乗は、ほかの2つの辺をそれぞれ2乗したものの和に等しい）に似ていることに注目しよう。ただしここでは、

Aが斜辺に相当し、最大化したいのはGである。

Gを最大化するに当たっては、D（ばらつきを表す。＝SD＝V^(1/2)＝1.25*M）が増えれば、その増分を打ち消すためにAもその分だけ増やさなければならない。また、D＝0のとき、G^2＝(A^2)－(SD^2)よりA＝Gとなり、間違って理解されているTWR＝(1+R)^Nが成り立つ。したがって、前述の「リターン一定（つまり、D＝0）のときのみTWR＝(1+R)^Nが成り立つ」ことはこれで証明されたことになる。

Gに対するAとDとの相対効果の観点からは、A^2が増加すると同じ量だけ(1.25*M)^2が減少するということが言える。

A^2 = －((1.25*M)^2)

具体例として、Aが1.1から1.2に増えた場合について見てみよう。

A	SD	M	G	A^2	SD^2= (1.25*M) ^2
1.1	0.1	0.08	1.095445	1.21	0.01
1.2	0.4899	0.39192	1.095445	1.44	0.24
				0.23	0.23

A＝1.1のときSD＝0.1であるとすると、A＝1.2になったとき、Gが一定であるためには、SD＝0.4899（SD^2＝(A^2)－(G^2)より）でなければならない。また、M＝0.8*SDより、M＝0.3919である。A＝1.1およびA＝1.2のときのAとSDをそれぞれ2乗してそれぞれの差を取ると、いずれの場合も差は0.23になり、A^2＝－((1.25*M)^2)どおりの結果が得られる。

今度は次の例を見てみよう。

A	SD	M	G	A^2	SD^2= (1.25*M) ^2
1.1	0.25	0.28	1.071214	1.21	0.0625
1.2	0.5408	0.4327	1.071214	1.44	0.2925
				0.23	0.23

　A＝1.1のときのばらつきが小さい前の例では、Gを一定にした場合、A＝1.2になったときのばらつきの増加度が後の例に比べてはるかに大きいことに注目しよう。このことから次のことが言える――**ばらつきをうまく減らすことができるほど、ばらつきの減少に伴い利益は増加する**。なぜなら、これはばらつきの最小値が0で、そのときG＝Aとなる指数関数だからである。

　つまり、固定比率トレーディングでは、損失が500ドルのときの利益は、損失が1000ドルのときの利益の2倍になるのではなく、**2倍を上回る利益**が得られるのである。この点を間違って理解している人は多い。

　多くの人はリターンの算術平均（A）を重視し、それが勝率とペイオフレシオという2つの要素から成るものだと考えている。したがって、勝率とペイオフレシオを重視するというわけである。期待値（平均トレード損益）が重視されるのは、おそらくはこのためだろう。これに対して、結果のばらつきに注目する人はほとんどいない。

　固定比率ベースでトレーディングする場合、最大の目的はGを最大化することであり、Aを最大化することでは必ずしもない。Gを最大化するに当たってトレーダーがしっかり認識しておかなければならないことは、ピタゴラスの定理の類推で示したように、標準偏差SDがAと同程度にGに直接的な影響を及ぼすということである。つまりトレーディングでは、トレード結果の標準偏差（SD）が減少すれば、その分だけHPRの算術平均（A）は増加し、逆にSDが増加すればAは減少するという関係が成り立つのである。

付　録

参考文献と推薦図書

Balsara, Nauzer J. *Money Management Discipline in Commodities Trading*, John Wiley & Sons, Inc., New York, 1990.
Cohen, Jerome B., Zinbarg, Edward D., and Zeikel, Arthur. *Investment Analysis and Portfolio Management*, Richard D. Irwin, Inc., Homewood, Illinois, 1977.
Epstein, Richard A. *The Theory of Gambling and Statistical Logic*, Academic Press, New York, 1977.
Gehm, Fred. *Commodity Market Money Management*, Ronald Press, John Wiley & Sons, New York, 1983.
Griffin, P. *The Theory of Blackjack*, Gamblers Press, Las Vegas, Nevada, 1981.
Kelly, J. L., Jr. "A New Interpretation of Information Rate," *Bell System Technical Journal*, pp. 917–926, July 1956.
ドナルド・E・クヌース著、『The Art of Computer Programming Volume 1 Fundamental Algorithms Third Edition 日本語版　ASCII Addison Wesley Programming Series』（アスキー）
ドナルド・E・クヌース著、『The Art of Computer Programming (2) 日本語版 Seminumerical algorithms Ascii Addison Wesley programming series』（アスキー）
Latane, Henry, and Tuttle, Donald. "Criteria for Portfolio Building," *Journal of Finance* 22, pp. 362–363, September 1967.
MacMillan, Lawrence. *Options as a Strategic Investment*, New York Institute of Finance, New York.
Markowitz, Dr. Harry. *Portfolio Selection—Efficient Diversification of Investments*, Yale University Press, New Haven, Connecticut, 1959.
Newman, James R. *The World of Mathematics*, Simon & Schuster, New York, 1956.
Pasachoff, Jay M. *Contemporary Astronomy*, W. B. Saunders Company, Philadelphia, 1977.
Pascual, Mike. *Bankroll Control: The Mathematics of Money Management*, Reno, Nevada, 1987. (Available from the author for $30. The subject matter deals with finding the optimal f values for simultaneous wagers. Mike Pascual has mathematically solved these problems and is the sole source for these original solutions. Interested readers should write Mike Pascual, 150 North Center #219, Reno, Nevada 89501.)
Press, William H., Flannery, Brian P., Teukolsky, Saul A., and Vetterling, William T. *Numerical Recipes: The Art of Scientific Computing*, Cambridge University Press, New York, 1986.
Shannon, C. E. "A Mathematical Theory of Communication," *Bell System Technical Journal*, pp. 379–423, 623–656, October 1948.
Skinner, Michael. Easy Money, *Omni Magazine*, pp. 42–45, 48, 115–116, May 1989.
エドワード・O・ソープ著、『ディーラーをやっつけろ！』（パンローリング）
Thorp, Edward O. *The Mathematics of Gambling*, Gambling Times, Inc., Hollywood, California, 1984.
Wentworth, R. C. "Utility, Survival, and Time: Decision Strategies under Favorable Uncertainty," April 1989. (This paper is available at cost directly from the author. Interested readers should write Dr. R. C. Wentworth, 8072 Broadway Terrace, Oakland, California 94611.)

Wiley, Dean. *Understanding Gambling Systems*, Gambler's Book Club, Las Vegas, Nevada, 1975.
ラリー・ウィリアムズ著、『ラリー・ウィリアムズの相場で儲ける法』(日本経済新聞社)
Wilson, Allan. *The Casino Gambler's Guide*, Harper & Row, New York, 1965.
Ziemba, William T. "A Betting Simulation: The Mathematics of Gambling and Investment," *Gambling Times*, pp. 46–47, 80, June 1987.
Ziemba, William T. "Betting Systems: Money Management, the Mathematics of Gambling and Investment," *Gambling Times*, pp. 77, 80, May 1987.

■著者紹介
ラルフ・ビンス（Ralph Vince）
コンピューターによるトレーディングシステム・コンサルタント。トレーダーやアドバイザー、ソフトウエアベンダーのために、先物やオプションや株式市場のコンピューターによるトレーディング戦略を開発している。ラリー・ウィリアムズから絶大な信頼を受け、親交が深い。著書に『マセマティックス・オブ・マネーマネジメント（The Mathematics of Money Management）』『ニューマネー・マネジメント（The New Money Management）』『ウィズアウト・マネーマネジメント・ユー・ドント・ハブ・ア・システム（Without money management, you don't have a system）』『エンサイクロペディア・オブ・ポートフォリオ・マネジメント・マセマティックス（The Encyclopedia of Portfolio Management Mathematics）』などがある。

■監修者紹介
長尾慎太郎（ながお・しんたろう）
東京大学工学部原子力工学科卒。日米の銀行、投資顧問会社などを経て、現在はヘッジファンドマネジャー。訳書に『魔術師リンダ・ラリーの短期売買入門』『タートルズの秘密』『新マーケットの魔術師』『マーケットの魔術師【株式編】』『デマークのチャート分析テクニック』（いずれもパンローリング、共訳）、監修に『ワイルダーのテクニカル分析入門』『ゲイリー・スミスの短期売買入門』『ロスフックトレーディング』『間違いだらけの投資法選び』『私は株で200万ドル儲けた』『バーンスタインのデイトレード入門』『究極のトレーディングガイド』『投資苑2』『投資苑2 Q&A』『ワイルダーのアダムセオリー』『マーケットのテクニカル秘録』『マーケットのテクニカル百科　入門編・実践編』『市場間分析入門』『投資家のためのリスクマネジメント』（いずれもパンローリング）など、多数。

■訳者紹介
山下恵美子（やました・えみこ）
電気通信大学・電子工学科卒。エレクトロニクス専門商社で社内翻訳スタッフとして勤務したあと、現在はフリーランスで特許翻訳、ノンフィクションを中心に翻訳活動を展開中。主な訳書に『EXCELとVBAで学ぶ先端ファイナンスの世界』『リスクバジェッティングのためのVaR』『ロケット工学投資法』（以上、パンローリング）、『FORBEGINNERSシリーズ90　数学』（現代書館）、『ゲーム開発のための数学・物理学入門』（ソフトバンク・パブリッシング）がある。

```
2005 年 10 月 15 日    初版第 1 刷発行
2007 年  3 月  5 日         第 2 刷発行
2008 年  1 月  1 日         第 3 刷発行
```

ウィザードブックシリーズ ⑨②

投資家(とうしか)のためのマネーマネジメント
資産を最大限に増やすオプティマル f

著　者	ラルフ・ビンス
監修者	長尾慎太郎
訳　者	山下恵美子
発行者	後藤康徳
発行所	パンローリング株式会社
	〒 160-0023　東京都新宿区西新宿 7-9-18-6F
	TEL　03-5386-7391　FAX　03-5386-7393
	http://www.panrolling.com/
	E-mail　info@panrolling.com
編　集	エフ・ジー・アイ（Factory of Gnomic Three Monkeys Investment）合資会社
装　丁	久保田真理子
組　版	a-pica
印刷・製本	株式会社シナノ

ISBN 978-4-7759-7056-0

落丁・乱丁本はお取り替えします。
また、本書の全部、または一部を複写・複製・転訳載、および磁気・光記録媒体に
入力することなどは、著作権法上の例外を除き禁じられています。

© Emiko Yamashita 2005 Printed in Japan

トレード基礎理論の決定版!!

定価 本体5,800円＋税　ISBN:9784939103285

【トレーダーの心技体とは？】
それは3つのM「Mind=心理」「Method=手法」「Money=資金管理」であると、著者のエルダー医学博士は説く。そして「ちょうど三脚のように、どのMも欠かすことはできない」と強調する。本書は、その3つのMをバランス良く、やさしく解説したトレード基本書の決定版だ。世界13カ国で翻訳され、各国で超ロングセラーを記録し続けるトレーダーを志望する者は必読の書である。

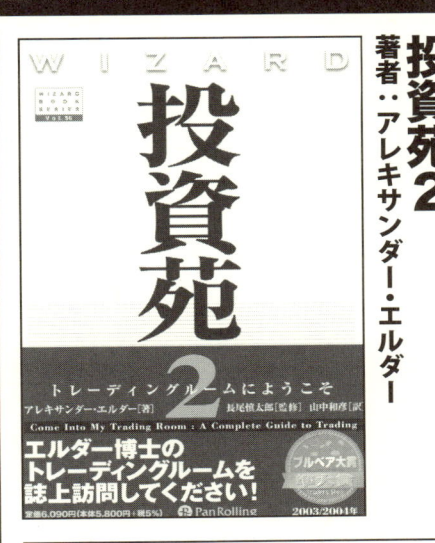

定価 本体5,800円＋税　ISBN:9784775970171

【心技体をさらに極めるための応用書】
「優れたトレーダーになるために必要な時間と費用は？」「トレードすべき市場とその儲けは？」「トレードのルールと方法、資金の分割法は？」——『投資苑』の読者にさらに知識を広げてもらおうと、エルダー博士が自身のトレーディングルームを開放。自らの手法を惜しげもなく公開している。世界に絶賛された「3段式売買システム」の威力を堪能してほしい。

ウィザードブックシリーズ 50
投資苑がわかる203問
著者：アレキサンダー・エルダー　定価 本体2,800円＋税　ISBN:9784775970119

分かった「つもり」の知識では知恵に昇華しない。テクニカルトレーダーとしての成功に欠かせない3つのM（心理・手法・資金管理）の能力をこの問題集で鍛えよう。何回もトライし、正解率を向上させることで、トレーダーとしての成長を自覚できるはずだ。

投資苑2 Q&A
著者：アレキサンダー・エルダー　定価 本体2,800円＋税　ISBN:9784775970188

『投資苑2』は数日で読める。しかし、同書で紹介した手法や技法のツボを習得するには、実際の売買で何回も試す必要があるだろう。そこで、この問題集が役に立つ。あらかじめ洞察を深めておけば、いたずらに資金を浪費することを避けられるからだ。

バリュー株投資の真髄!!

バフェットからの手紙
著者：ローレンス・A・カニンガム

定価 本体1,600円＋税　ISBN:9784939103216

【世界が理想とする投資家のすべて】
「ラリー・カニンガムは、私たちの哲学を体系化するという素晴らしい仕事を成し遂げてくれました。本書は、これまで私について書かれたすべての本のなかで最も優れています。もし私が読むべき一冊の本を選ぶとしたら、迷うことなく本書を選びます」
———ウォーレン・バフェット

賢明なる投資家
著者：ベンジャミン・グレアム

定価 本体3,800円＋税　ISBN:9784939103292

【バリュー株投資家必読の古典的名著】
ウォーレン・バフェットが師と仰ぎ、尊敬したベンジャミン・グレアムが残した「バリュー投資」の最高傑作！ 株式投資の普遍的真理、株式と債券の配分方法、だれも気づかないうちに将来伸びる「魅力のない二流企業株」や「割安株」を見つけ出す方法が詳細に解説されている。

新賢明なる投資家【上・下】
著者：ベンジャミン・グレアム、ジェイソン・ツバイク
定価（各）本体3,800円＋税
ISBN:(上)9784775970492　(下)9748775970508

グレアムの理論がよく分かる「バリュー株投資の参考書」。「不朽の名作」に最近の事例に基づいた新たな注解を加え、グレアムの英知を現代の市場に再びよみがえらせる！

賢明なる投資家【財務諸表編】
著者:ベンジャミン・グレアム、スペンサー・B・メレディス
定価 本体3,800円＋税
ISBN:9784939103469

グレアムが著した企業の財務報告書分析に関する永遠の手引書。長らく絶版になっていた1937年版を忠実に復刻。簡単かつ応用可能な企業分析の普遍的モノサシを紹介する。

証券分析【1934年版】
著者：ベンジャミン・グレアム、デビッド・L・ドッド
定価 本体9,800円＋税
ISBN:9784775970058

グレアムの名声をウォール街で不動かつ不滅なものとした一大傑作。ここで展開されている割安な株式や債券のすぐれた発掘法は、今も多くの投資家たちが実践して結果を残している。

最高経営責任者バフェット
著者：ロバート・P・マイルズ
定価 本体2,800円＋税
ISBN:9784775970249

バフェット率いるバークシャー・ハサウェイ社が買収した企業をいかに飛躍させてきたか？ 同社子会社の経営者へのインタビューを通しバフェット流「無干渉経営方式」の極意を知る。

マーケットの魔術師 ウィリアム・オニールの本と関連書

ウィザードブックシリーズ12
成長株発掘法
著者：ウィリアム・オニール

定価 本体2,800円＋税　ISBN:9784939103339

【究極のグロース株選別法】
米国屈指の大投資家ウィリアム・オニールが開発した銘柄スクリーニング法「CAN-SLIM（キャンスリム）」は、過去40年間の大成長銘柄に共通する7つの要素を頭文字でとったもの。オニールの手法を実践して成功を収めた投資家は数多く、詳細を記した本書は全米で100万部を突破した。

ウィザードブックシリーズ71
相場師養成講座
著者：ウィリアム・オニール

定価 本体2,800円＋税　ISBN:9784775970331

【進化するCAN-SLIM】
CAN-SLIMの威力を最大限に発揮させる5つの方法を伝授。00年に米国でネットバブルが崩壊したとき、オニールの手法は投資家の支持を失うどころか、逆に人気を高めた。その理由は全米投資家協会が「98～03年にCAN-SLIMが最も優れた成績を残した」と発表したことからも明らかだ。

ウィザードブックシリーズ93
オニールの空売り練習帖
著者：ウィリアム・オニール、ギル・モラレス
定価 本体2,800円＋税　ISBN:9784775970577

氏いわく「売る能力もなく買うのは、攻撃だけで防御がないフットボールチームのようなものだ」。指値の設定からタイミングの決定まで、効果的な空売り戦略を明快にアドバイス。

DVDブック　大化けする成長株を発掘する方法
著者：鈴木一之　定価 本体3,800円＋税
DVD1枚 83分収録　ISBN:9784775961285

今も世界中の投資家から絶大な支持を得ているウィリアム・オニールの魅力を日本を代表する株式アナリストが紹介。日本株のスクリーニングにどう当てはめるかについても言及する。

ウィザードブックシリーズ95
伝説のマーケットの魔術師たち
著者：ジョン・ボイク　訳者：鈴木敏昭
定価 本体2,200円＋税　ISBN:9784775970591

ジェシー・リバモア、バーナード・バルーク、ニコラス・ダーバス、ジェラルド・ローブ、ウィリアム・オニール。5人の投資家が偉大なのは、彼らの手法が時間を超越して有効だからだ。

ウィザードブックシリーズ49
私は株で200万ドル儲けた
著者：ニコラス・ダーバス　訳者：長尾慎太郎、飯田恒夫
定価 本体2,200円＋税　ISBN:9784775970102

1960年の初版は、わずか8週間で20万部が売れたという伝説の書。絶望の淵に落とされた個人投資家が最終的に大成功を収めたのは、不屈の闘志と「ボックス理論」にあった。

マーケットの魔術師シリーズ

ウィザードブックシリーズ 19
マーケットの魔術師
著者：ジャック・D・シュワッガー
定価 本体 2,800 円＋税　ISBN:9784939103407

【いつ読んでも発見がある】
トレーダー・投資家は、そのとき、その成長過程で、さまざまな悩みや問題意識を抱えているもの。本書はその答えの糸口を「常に」提示してくれる「トレーダーのバイブル」だ。「本書を読まずして、投資をすることなかれ」とは世界的トレーダーたちが口をそろえて言う「投資業界の常識」だ！

ウィザードブックシリーズ 13
新マーケットの魔術師
著者：ジャック・D・シュワッガー
定価 本体 2,800 円＋税　ISBN:9784939103346

【世にこれほどすごいヤツらがいるのか!!】
株式、先物、為替、オプション、それぞれの市場で勝ち続けている魔術師たちが、成功の秘訣を語る。またトレード・投資の本質である「心理」をはじめ、勝者の条件について鋭い分析がなされている。関心のあるトレーダー・投資家から読み始めてかまわない。自分のスタイルづくりに役立ててほしい。

ウィザードブックシリーズ 14
マーケットの魔術師 株式編《増補版》
著者：ジャック・D・シュワッガー
定価 本体 2,800 円＋税　ISBN:9784939103353

投資家待望のシリーズ第三弾、フォローアップインタビューを加えて新登場!!　90年代の米株の上げ相場でとてつもないリターンをたたき出した新世代の「魔術師＝ウィザード」たち。彼らは、その後の下落局面でも、その称号にふさわしい成果を残しているのだろうか？

◎アート・コリンズ著 マーケットの魔術師シリーズ

マーケットの魔術師 システムトレーダー編
著者：アート・コリンズ
定価 本体 2,800 円＋税　ISBN:9784939103353

システムトレードで市場に勝っている職人たちが明かす機械的売買のすべて。相場分析から発見した優位性を最大限に発揮するため、どのようなシステムを構築しているのだろうか？ 14人の傑出したトレーダーたちから、システムトレードに対する正しい姿勢を学ぼう！

ウィザードブックシリーズ 111
マーケットの魔術師 大損失編
著者：アート・コリンズ
定価 本体 2,800 円＋税　ISBN:9784775970775

スータートレーダーたちはいかにして危機を脱したか？　局地的な損失はトレーダーならだれでも経験する不可避なもの。また人間のすることである以上、ミスはつきものだ。35人のスーパートレーダーたちは、窮地に立ったときどのように取り組み、対処したのだろうか？

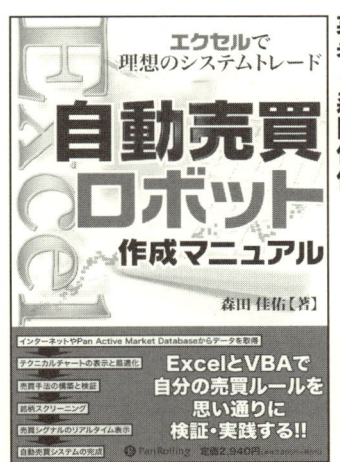

トレーディングシステムで機械的売買!!

自動売買ロボット作成マニュアル
エクセルで理想のシステムトレード
著者:森田佳佑

定価 本体2,800円+税　ISBN:9784775990391

【パソコンのエクセルでシステム売買】
エクセルには「VBA」というプログラミング言語が搭載されている。さまざまな作業を自動化したり、ソフトウェア自体に機能を追加したりできる強力なツールだ。このVBAを活用してデータ取得やチャート描画、戦略設計、検証、売買シグナルを自動化してしまおう、というのが本書の方針である。

売買システム入門
ウィザードブックシリーズ11
著者:トゥーシャー・シャンデ

定価 本体7,800円+税　ISBN:9784939103315

【システム構築の基本的流れが分かる】
世界的に高名なシステム開発者であるトゥーシャー・シャンデ博士が「現実的」な売買システムを構築するための有効なアプローチを的確に指南。システムの検証方法、資金管理、陥りやすい問題点と対処法を具体的に解説する。基本概念から実際の運用まで網羅したシステム売買の教科書。

トレードステーション入門
やさしい売買プログラミング
著者:西村貴郁
定価 本体2,800円+税　ISBN:9784775990452

売買ソフトの定番「トレードステーション」。そのプログラミング言語の基本と可能性を紹介。チャート分析も売買戦略のデータ検証・最適化も売買シグナル表示もできるようになる!

勝利の売買システム
ウィザードブックシリーズ 113
トレードステーションから学ぶ実践的売買プログラミング
著者:ジョージ・プルート、ジョン・R・ヒル
定価 本体7,800円+税　ISBN:9784775970799

世界ナンバーワン売買ソフト「トレードステーション」徹底活用術。このソフトの威力を十二分に活用し、運用成績の向上を計ろうとするトレーダーたちへのまさに「福音書」だ。

究極のトレーディングガイド
ウィザードブックシリーズ 54
全米一の投資システム分析家が明かす「儲かるシステム」
著者:ジョン・R・ヒル/ジョージ・プルート/ランディ・ヒル
定価 本体4,800円+税　ISBN:9784775970157

売買システム分析の大家が、エリオット波動、値動きの各種パターン、資金管理といった、曖昧になりがちな理論を適切なルールで表現し、安定した売買システムにする方法を大公開!

トレーディングシステム入門
ウィザードブックシリーズ 42
仕掛ける前が勝負の分かれ目
著者:トーマス・ストリズマン
定価 本体5,800円+税　ISBN:9784775970034

売買タイミングと資金管理の融合を売買システムで実現。システムを発展させるために有効な運用成績の評価ポイントと工夫のコツが惜しみなく著された画期的な書。

心の鍛錬はトレード成功への大きなカギ！

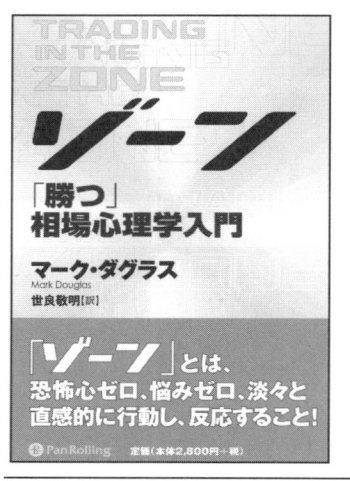

ウィザードブックシリーズ 32
ゾーン 相場心理学入門
著者：マーク・ダグラス

定価 本体2,800円+税　ISBN:9784939103575

【己を知れば百戦危うからず】
恐怖心ゼロ、悩みゼロで、結果は気にせず、淡々と直感的に行動し、反応し、ただその瞬間に「するだけ」の境地、つまり「ゾーン」に達した者こそが勝つ投資家になる！　さて、その方法とは？　世界中のトレード業界で一大センセーションを巻き起こした相場心理の名作が究極の相場心理を伝授する！

ウィザードブックシリーズ 114
規律とトレーダー 相場心理分析入門
著者：マーク・ダグラス

定価 本体2,800円+税　ISBN:9784775970805

【トレーダーとしての成功に不可欠】
「仏作って魂入れず」――どんなに努力して素晴らしい売買戦略をつくり上げても、心のあり方が「なっていなければ」成功は難しいだろう。つまり、心の世界をコントロールできるトレーダーこそ、相場の世界で勝者となれるのだ！『ゾーン』愛読者の熱心なリクエストにお応えして急遽刊行！

ウィザードブックシリーズ 107
トレーダーの心理学
トレーディングコーチが伝授する達人への道
著者：アリ・キエフ
定価 本体2,800円+税　ISBN:9784775970737

高名な心理学者でもあるアリ・キエフ博士がトップトレーダーの心理的な法則と戦略を検証。トレーダーが自らの潜在能力を引き出し、目標を達成させるアプローチを紹介する。

ウィザードブックシリーズ 30
魔術師たちの心理学
トレードで生計を立てる秘訣と心構え
著者：バン・K・タープ
定価 本体2,800円+税　ISBN:9784939103544

あまりの内容の充実に「秘密を公開しすぎる」との声があがったほど。システムトレードに必要な情報がこの一冊に！個性と目標利益に見合った売買システム構築のコツを伝授。

マンガ 投資の心理学
原作：青木俊郎　　作画：麻生はじめ
定価 本体1,200円+税　ISBN:9784775930267

「損切りできないのはなぜ？」「すでに値上がりした株の買いをためらうのはなぜ？」「投資判断を揺るがす心理的バイアスとは？」――投資家心理の綾、投資の心構えをやさしく解説。

相場で負けたときに読む本
～真理編～
著者：山口祐介
定価 本体1,500円+税　ISBN:9784775990469

なぜ勝者は「負けても」勝っているのか？　なぜ敗者は「勝っても」負けているのか？　10年以上勝ち続けてきた現役トレーダーが相場の"真理"を詩的に表現。

※投資心理といえば『投資苑』も必見!!

日本のウィザードが語る株式トレードの奥義

生涯現役の株式トレード技術
著者：優利加

定価 本体 2,800円＋税　ISBN:9784775990285

【ブルベア大賞2006-2007受賞!!】
生涯現役で有終の美を飾りたいと思うのであれば「自分の不動の型＝決まりごと」を作る必要がある。本書では、その「型」を具体化した「戦略＝銘柄の選び方」「戦術＝仕掛け・手仕舞いの型」「戦闘法＝建玉の仕方」をどのようにして決定するか、著者の経験に基づいて詳細に解説されている。

実力をつける信用取引 売買戦略からリスク管理まで
著者：福永博之

定価 本体 2,800円＋税　ISBN:9784775990445

【転ばぬ先の杖】
「あなたがビギナーから脱皮したいと考えている投資家なら、信用取引を上手く活用できるようになるべきでしょう」と、筆者は語る。投資手法の選択肢が広がるので、投資で勝つ確率が高くなるからだ。「正しい考え方」から「具体的テクニック」までが紹介された信用取引の実践に最適な参考書だ。

DVD　生涯現役のトレード技術【銘柄選択の型と検証法編】
講師：優利加　定価 本体 3,800円＋税
DVD1枚 95分収録　ISBN:9784775961582

ベストセラーの著者による、その要点確認とフォローアップを目的にしたセミナー。激変する相場環境に振り回されずに、生涯現役で生き残るにはどうすればよいのか？

DVD　生涯現役の株式トレード技術 実践編
講師：優利加　定価 本体 38,000円＋税
DVD2枚組 356分収録　ISBN:9784775961421

著書では明かせなかった具体的な技術を大公開。4つの利（天、地、時、人）を活用した「相場の見方の型」と「スイングトレードのやり方の型」とは？　その全貌が明らかになる!!

DVDブック　4つの組み合わせで株がよくわかる テクニカル分析MM法
著者：増田正美　定価 本体 3,800円＋税
DVD1枚 72分収録　ISBN:9784775961216

MM（マネー・メーキング）法は、ボリンジャーバンド、RSI、DMI、MACDの4つの指標で構成された銘柄選択＋売買法。DVDとテキストを活用して知識を効率的に蓄積させよう！

DVDブック　短期売買の魅力とトレード戦略
著者：柳谷雅之　定価 本体 3,800円＋税
DVD1枚 51分収録　ISBN:9784775961193

ブルベア大賞2004特別賞受賞。日本株を対象に改良したOOPSなど、具体的な技術はもちろん、短期システム売買で成功するための「考え方」が分かりやすく整理されている。

Audio Book

Pan Rolling オーディオブックシリーズ

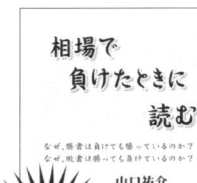

相場で負けたときに読む本 真理編・実践編
山口祐介　パンローリング
[真] 約160分 [実] 約200分
各1,575円（税込）

売り上げ1位

負けたトレーダー破滅するのではない。負けたときの対応の悪いトレーダーが破滅するのだ。敗者は何故負けてしまうのか。勝者はどうして勝てるのか。10年以上勝ち続けてきた現役トレーダーが相場の"真理"を詩的に紹介。

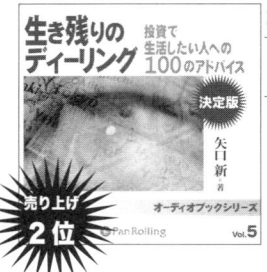

生き残りのディーリング
矢口新　パンローリング
約510分　2,940円（税込）

売り上げ2位

──投資で生活したい人への100のアドバイス──
現役ディーラーの座右の書として、多くのディーリングルームに置かれている名著を全面的に見直しし、個人投資家にもわかりやすい工夫をほどこして、新版として登場！現役ディーラーの座右の書。

その他の売れ筋

マーケットの魔術師
ジャック・D・シュワッガー
パンローリング　約1075分
各章 2,800円（税込）

──米トップトレーダーが語る成功の秘訣
世界中から絶賛されたあの名著がオーディオブックで登場！

マーケットの魔術師 大損失編
アート・コリンズ、鈴木敏昭
パンローリング　約610分
DL版 5,040円（税込）
CD-R版 6,090円（税込）

「一体、どうしたらいいんだ」と、夜眠れぬ経験や神頼みをしたことのあるすべての人にとって必読書である！

規律とトレーダー
マーク・ダグラス、関本博英
パンローリング　約440分
DL版 3,990円（税込）
CD-R版 5,040円（税込）

常識を捨てろ！
手法や戦略よりも規律と心を磨け！
ロングセラー『ゾーン』の著者の名著がついにオーディオ化!!

NLPトレーディング
エイドリアン・ラリス・トグライ
パンローリング約590分
DL版 3,990円（税込）
CD-R版 5,040円（税込）

トレーダーとして成功を極めるため必要なもの……それは「自己管理能力」である。

私はこうして投資を学んだ
増田丞美
パンローリング　約450分
DL版 3,990円（税込）
CD-R版 5,040円（税込）

10年後に読んでも20年後に読んでも色褪せることのない一生使える内容です。実際に投資で利益を上げている著者が今現在、実際に利益を上げている考え方＆手法を大胆にも公開！

マーケットの魔術師 ～日出る国の勝者たち～ Vo.01
塩坂洋一、清水昭男
パンローリング　約100分
DL版 840円（税込）
CD-R版 1,260円（税込）

勝ち組のディーリング
トレード選手権で優勝し、国内外の相場師たちとの交流を経て、プロの投機家として活躍している塩坂氏。「商品市場の勝ちパターン、個人投資家の強味、必要な分だけ勝つ」こととは！？

マーケットの魔術師～日出る国の勝者たち～ 続々発売中!!

Vo.02 FX戦略：キャリートレード次に来るもの
松田哲、清水昭男
パンローリング　約98分

Vo.03 理論の具体化と執行の完璧さで、最高のパフォーマンスを築け!!!!
西村貴郁、清水昭男
パンローリング　約103分

Vo.04 新興国市場──残された投資の王道
石田和靖、清水昭男
パンローリング　約91分

Vo.05 投資の多様化で安定収益／銀座ロジックの投資術
浅川夏樹、清水昭男
パンローリング　約98分

Vo.06 ヘッジファンドの奥の手拝見／その実態と戦略
青木俊郎、清水昭男
パンローリング　約98分

Vo.07 FX取引の確実性を積み取れ／スワップ収益のインテリジェンス
空隼人、清水昭男
パンローリング　約100分

Chart Gallery 4.0 for Windows

パンローリング相場アプリケーション
チャートギャラリー
Established Methods for Every Speculation

最強の投資環境

成績検証機能が加わって新発売！

検索条件の成績検証機能 [New] [Expert]

指定した検索条件で売買した場合にどれくらいの利益が上がるか、全銘柄に対して成績を検証します。検索条件をそのまま検証できるので、よい売買法を思い付いたらその場でテスト、機能するものはそのまま毎日検索、というように作業にむだがありません。

表計算ソフトや面倒なプログラミングは不要です。マウスと数字キーだけであなただけの売買システムを作れます。利益額や合計だけでなく、最大引かされ幅や損益曲線なども表示するので、アイデアが長い間安定して使えそうかを見積もれます。

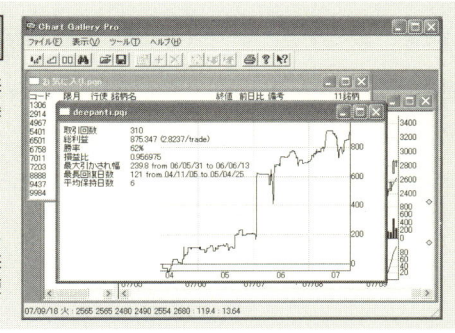

チャートギャラリープロに成績検証機能が加わって、無敵の投資環境がついに誕生!!
投資専門書の出版社として8年、数多くの売買法に触れてきた成果が凝縮されました。いつ仕掛け、いつ手仕舞うべきかを客観的に評価し、きれいで速いチャート表示があなたのアイデアを形にします。

●価格（税込）
チャートギャラリー 4.0
エキスパート **147,000 円** ／ プロ **84,000 円** ／ スタンダード **29,400 円**

●アップグレード価格（税込）
以前のチャートギャラリーをお持ちのお客様は、ご優待価格で最新版へ切り替えられます。
お持ちの製品がご不明なお客様はご遠慮なくお問い合わせください。

プロ 2、プロ 3、プロ 4 からエキスパート 4 へ	105,000 円
2、3 からエキスパート 4 へ	126,000 円
プロ 2、プロ 3 からプロ 4 へ	42,000 円
2、3 からプロ 4 へ	63,000 円
2、3 からスタンダード 4 へ	10,500 円

Pan Rolling

相場データ・投資ノウハウ
実践資料…etc

ここでしか入手できないモノがある

今すぐトレーダーズショップに
アクセスしてみよう！

1 インターネットに接続して http://www.tradersshop.com/ にアクセスします。インターネットだから、24時間どこからでも OK です。

2 トップページが表示されます。画面の左側に便利な検索機能があります。タイトルはもちろん、キーワードや商品番号など、探している商品の手がかりがあれば、簡単に見つけることができます。

3 ほしい商品が見つかったら、お買い物かごに入れます。お買い物かごにほしい品物をすべて入れ終わったら、一覧表の下にあるお会計を押します。

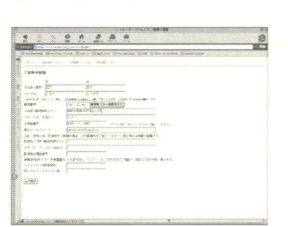

4 はじめてのお客さまは、配達先等を入力します。お支払い方法を入力して内容を確認後、ご注文を送信を押して完了（次回以降の注文はもっとカンタン。最短2クリックで注文が完了します）。送料はご注文1回につき、何点でも全国一律250円です（1回の注文が2800円以上なら無料！）。また、代引手数料も無料となっています。

5 あとは宅配便にて、あなたのお手元に商品が届きます。
そのほかにもトレーダーズショップには、投資業界の有名人による「私のオススメの一冊」コーナーや読者による書評など、投資に役立つ情報が満載です。さらに、投資に役立つ楽しいメールマガジンも無料で登録できます。ごゆっくりお楽しみください。

Traders Shop

http://www.tradersshop.com/

投資に役立つメールマガジンも無料で登録できます。 http://www.tradersshop.com/back/mailmag/

パンローリング株式会社

お問い合わせは

〒160-0023 東京都新宿区西新宿 7-9-18-6F
Tel：03-5386-7391 Fax：03-5386-7393
http://www.panrolling.com/
E-Mail info@panrolling.com

携帯版